磷石膏稳定土路用性能及机理

陈开圣　戴　韬　著

中国建筑工业出版社

图书在版编目（CIP）数据

磷石膏稳定土路用性能及机理/陈开圣，戴韬著
. —北京：中国建筑工业出版社，2023.5
ISBN 978-7-112-28515-0

Ⅰ.①磷…　Ⅱ.①陈…②戴…　Ⅲ.①磷石膏—应用
—红土—道路施工　Ⅳ.①U415

中国国家版本馆 CIP 数据核字（2023）第 050003 号

本书为贵州省科技支撑计划项目"磷石膏稳定土路基修筑技术研究"（黔科合支
撑〔2020〕4Y038号）和贵州省自然科学基金重点项目"高掺量磷石膏稳定土长期路
用性能及机理研究"（黔科合基础-ZK〔2023〕重点016）的成果。该书系统阐述了磷
石膏稳定红黏土的强度性能、水稳性能、变形性能及裂隙的扩展规律，揭示了其改性
机理。通过试验路检测，进一步检验磷石膏稳定红黏土路用性能，为磷石膏在道路工
程中的应用奠定理论基础。

本书可作为交通土建专业研究生、本、专科师生的教学辅导材料，也可作为从事
公路、铁路、建筑、地质、岩土、环境、生态等方面研究的专业技术人员、科研人员
的参考书。

责任编辑：刘瑞霞　李静伟
责任校对：张惠雯

磷石膏稳定土路用性能及机理
陈开圣　戴　韬　著

＊

中国建筑工业出版社出版、发行（北京海淀三里河路9号）
各地新华书店、建筑书店经销
北京龙达新润科技有限公司制版
北京建筑工业印刷厂印刷

＊

开本：787毫米×1092毫米　1/16　印张：15¾　字数：392千字
2023年4月第一版　　2023年4月第一次印刷
定价：60.00元
ISBN 978-7-112-28515-0
（40779）

前　言

　　红黏土是一种典型的特殊性黏土，用于路基填筑时具有高天然含水率、高液限等不良物理性质，压实困难、干缩开裂严重、水稳定性差等特点大大影响了红黏土在公路工程中的应用。目前每生产 1t 磷胺就要排出 5t 左右的磷石膏，以贵州每年生产 100 万 t 的产量计算，排放磷石膏每年均为 500 万 t 左右。磷石膏处理方法多采用陆地堆放和江、湖、海填埋，这些方法既侵占土地又破坏植被，而且酸性废水的渗漏和部分放射性元素又给人类的生存造成污染，危害人类的健康。本书紧密结合国家公路建设重大需求，积极响应贵州省政府关于磷石膏综合利用的号召，以水泥/石灰为固化剂，按照磷石膏和红黏土的不同配合比，系统研究了磷石膏稳定红黏土的强度特性、动力特性、水稳性能、变形性能、裂隙的扩展规律，从微观形态、矿物组成和化学成分揭示其改性机理。依托工程试验，进一步检验磷石膏稳定红黏土路用性能，为磷石膏在道路工程中的应用奠定理论基础，同时改善红黏土工程特性。本书的研究有益于国家节能减排目标的实现，符合国家可持续发展的战略目标。研究成果具有重要的科学意义和工程应用价值。

　　全书共分为 12 章，内容包括：绪论；磷石膏稳定土基本性能；磷石膏稳定土无侧限抗压强度特性；磷石膏稳定土水稳性能；磷石膏稳定土动力特性；磷石膏稳定土 CBR 特性；水泥磷石膏稳定土变形特性；石灰磷石膏稳定土变形特性；干湿循环下磷石膏稳定土裂隙扩展规律试验；外加剂对磷石膏稳定土变形特性及裂隙发育的影响；磷石膏稳定土微观结构；磷石膏稳定土路基试验。

　　限于作者水平，书中不足之处敬请读者批评指正。

著者

2022 年 11 月

目　录

第1章　绪论

1.1　研究背景及意义

贵州省境内碳酸盐岩分布地区的地表普遍分布着残积红黏土，覆盖厚度一般为5～7m，最厚可达20m以上，是一种典型的特殊性黏土，用于路基填筑时具有高天然含水率、高液限等不良物理性质，压实困难、干缩开裂严重（图1.1）、水稳定性差等特点大大影响了红黏土在公路工程中的应用[1]，传统的做法是废弃换填，对环境造成了很大影响，也增加了建设成本。另外，红黏土边坡极易坍塌，很难处治，一些通车多年的红黏土边坡仍然不时出现坍塌（图1.2），这也成为工程建设中的顽疾[2]。

据估计，目前全世界磷酸工业每年产生13000万t以上的磷石膏，仅利用470万t左右，利用率极低。我国有磷矿的省区共有27个，我国的磷石膏年产量800余万t，居世界第三，但70%以上的储量都集中在云南、贵州、湖北、湖南和四川5省，且品位在25%～30% P_2O_5 的富磷矿仅占10%左右，只分布在云贵高原。贵州拥有开阳、瓮福两大大型富磷矿，磷肥及磷化工已成为贵州一大支柱产业，总生产能力已达100万t/a以上，在国内居第一位。目前磷石膏生产工艺，每生产1t磷铵就要排出5t左右的磷石膏，以贵州每年生产100万t的产量计算，排放磷石膏每年均为500万t左右[3]。

图1.1　红黏土路基干湿循环裂隙　　图1.2　运营期红黏土边坡坍塌　　图1.3　磷石膏堆场

到目前为止，磷石膏处理方法多采用陆地堆放和江、湖、海填埋（图1.3），这些方法既侵占土地又破坏植被，而且酸性废水的渗漏和部分放射性元素又给人类的生存造成污染，危害人类的健康[4-6]。

近年来，贵州省人民政府出台了《关于加快磷石膏资源综合利用的意见》（黔府发〔2018〕10号），省推进磷石膏综合利用工作领导小组办公室制定了"关于《贵州省磷石膏资源综合利用工作考核方案（征求意见稿）》征求意见的函"，贵阳市磷石膏资源综合利用领导小组办公室也分别出台了《贵阳市磷石膏资源综合利用行动计划（2018—2020）》

（征求意见稿）、《贵阳市磷石膏资源综合利用十条措施（2018—2020）（试行）》（征求意见稿）、《贵阳市磷石膏资源综合利用产业扶持专项资金管理办法（2018—2020）（试行）》（征求意见稿）。

本书紧密结合国家公路建设重大需求，积极响应贵州省政府关于磷石膏综合利用的号召，以水泥/石灰为固化剂，按照磷石膏和红黏土的不同配合比，通过无侧限抗压强度、水稳定性、动力特性试验探究强度变化规律，同时开展了变形特性及裂隙扩展规律的试验研究，最后通过 XRD 和 SEM 试验，从微观形态、矿物组成和化学成分揭示改性机理。通过试验路铺筑、施工质量检测和工后监测（含水率、孔隙水压力、位移、钻芯取样、地下水重金属离子浓度），检验磷石膏稳定红黏土长期路用性能和水稳性能，为磷石膏在道路工程中应用奠定理论基础，解决磷石膏堆放占用场地、污染问题和公路建设中的筑路材料需求，实现磷石膏的循环利用，同时改善红黏土工程特性。本书的研究有益于国家节能减排目标的实现，符合国家可持续发展的战略目标。研究成果具有重要的科学意义和工程应用价值。

1.2 国内外研究现状

1.2.1 红黏土改良技术研究

根据贵州余凯羊、贵清、晴兴、清织、贵阳绕城、毕生、毕都等高速公路沿线的红黏土的室内试验（表 1.1），结果分析表明，贵州地区红黏土液限大于 50%，塑性指数大于 26。《公路路基设计规范》JTG D30—2015 第 3.3.3 条规定：液限大于 50%、塑性指数大于 26 的细粒土，不得直接作为路堤填料。

贵州不同地区红黏土物理力学特性指标比较 表 1.1

指标＼地区	六盘水	贵阳	安顺	遵义	铜仁	凯里
重度及均值 (kN/m³)	16.1~17.3 16.7	16.4~17.7 17.1	16.0~17.4 16.7	16.7~19.3 18	15.5~19.4 17.5	16.1~19.1 17.6
天然含水率 及均值(%)	49~72 60.5	40~65 52.5	43~62 52.5	27.7~59.9 43.8	26.8~59 42.9	20.2~60 40.1
孔隙比	1.20~1.74 1.47	1.18~1.80 1.49	1.30~1.81 1.56	0.78~1.60 1.19	0.78~1.62 1.20	0.85~2.01 1.43
饱和度(%)	97~100 98.5	95~97 96	97~99 98	97~99 98	94~99 96.5	79~99 89
液限(%)	59~81 70	51~69 60	69~82 75.5	42~96 69	49~103 76	37~103 70
塑限(%)	41~62 51.5	36~57 46.5	38~52 45	21.0~64.7 42.9	24.6~60.5 42.6	19.1~72 45.6
塑性指数	19~40 29.5	20~33 26.5	21~53 37	26~60 43	24~60 42	19~72 45.5
液性指数	0.32~1 0.66	0.12~0.77 0.45	0.12~0.61 0.37	0.26~0.87 0.57	0.22~0.82 0.52	0.11~0.90 0.51

续表

指标 \ 地区	六盘水	贵阳	安顺	遵义	铜仁	凯里
内摩擦角(°)	3.4~9.2 6.3	5~18 11.5	5.5~18 11.8	2~9 5.5	5~25 15	7~27 17
黏聚力(kPa)	5.7~13.6 9.7	11~37 24	21~37 29	30~50 40	8~98 53	10~60 35

针对红黏土的改良技术，国内外开展了大量研究。在国外，石灰、水泥、砂、聚合物、纤维都被用作改良红黏土的收缩性能[7-11]。国内采用化学改良、物理改良也是常见的手段。郭彪[12]为研究改良红黏土路基的长期路用性能，对素红黏土、机制砂改良红黏土（掺砂比 40%）、生石灰改良红黏土（掺灰比 4%）3 种情况分别进行了 0 次、1 次、3 次、5 次干湿循环试验研究，得到了试样 CBR 值与干湿循环次数的关系。刘之葵[13]为了研究水泥掺量和养护时间对桂林红黏土的改良效果，通过直剪试验、液塑限联合测定法等室内定量试验进行分析，并且研究不同 pH 值条件下桂林改良红黏土的工程性质。颜椿钊等[14]研究了用废弃轮胎颗粒改良呼和浩特地区红黏土的效果，通过三轴试验得出内摩擦角增大是轮胎颗粒能提升红黏土强度增加的主要因素。肖桂元等[15]以雁山地区红黏土为研究对象，通过快剪试验探究不同水泥掺量及不同含水率对红黏土的改良效果，结果发现水泥土的抗剪强度随水泥掺入比的增加而增大，随着含水率的增大而减小。水泥掺入比在 9%~13%，含水率为 40%时，土的抗剪强度增加最为明显。李家成等[16]将一定量的纳米石墨粉加入红黏土中，发现其可以降低红黏土的压缩性，提高红黏土的抗剪强度，减小红黏土的渗透性。万有元等[17]将一定量玻璃纤维加入红黏土中，发现可以明显提高红黏土的压缩模量，随着纤维掺量和长度的增加先增加后减小，在掺量为 1‰和长度为 9mm 时达到最大值。陈学军等[18]通过三轴试验探寻纳米碳酸钙对红黏土力学强度的影响，发现随着纳米碳酸钙掺量增加，红黏土黏聚力、内摩擦角以及抗剪强度呈现先减小后增大的趋势。王海湘等[19]利用废弃混凝土颗粒改良红黏土，通过击实试验及无侧限抗压强度试验，发现掺入混凝土颗粒后，无侧限抗压强度得以提高，随着混凝土颗粒掺量的增大，最大干密度增大，最优含水率降低。

由以上研究可见，在红黏土改良技术上最常见的方法是掺加水泥、石灰、砂、砂砾、碎石等，这些研究极大地丰富了红黏土改良的理论与工程实践。近年来，出现了用粉煤灰、废旧橡胶颗粒、纳米石墨粉等一些新型改良红黏土的技术。

1.2.2　磷石膏基本性能及加固机理

(1) 磷石膏是潮湿的细粉末，外观一般是灰白、灰黄、浅绿等色，自然含水率为 20%~30%，相对密度 2.22~2.37，颗粒直径一般为 5~15μm，pH 值为 2~6。

(2) 磷石膏的化学成分主要为二水硫酸钙（$CaSO_4 \cdot 2H_2O$），其含量一般可达到 70%~90%，SO_3 含量一般为 40%~52%，明显高于天然石膏的含硫量。

(3) 磷石膏的结晶形态取决于多种因素，其结晶形态有针状晶体、单分散板状晶体、密实晶体和多晶核晶体。

（4）磷石膏中含有一定量的杂质，根据溶解性分为可溶杂质和不溶杂质。可溶杂质是洗涤时未清除出去的酸或盐，主要有可溶 P_2O_5、K^+、Na^+、可溶 F 等，不溶杂质主要有未反应完的磷矿石、以磷酸盐络合物形式存在的不溶 P_2O_5、不溶氟化物、金属等。

（5）磷石膏中通常还含有镭、钍等放射性元素，其放射性程度与矿石产地有关。

磷石膏主要成分是二水石膏，红黏土主要成分是二氧化硅，本身并不是胶凝材料，若单掺磷石膏，稳定效果不好。磷石膏用于稳定土，一般是和水泥、石灰、粉煤灰等固化剂复掺。混合料的强度来源于水泥水化反应产生 $Ca(OH)_2$ 会与红黏土中活性的 SiO_2、Al_2O_3 发生反应，快速生成不溶于水的稳定纤维状结晶矿物水化硅酸钙和水化铝酸钙，主要的化学反应为：$3Ca(OH)_2 + SiO_2 + (n-3)H_2O \rightarrow 3CaSiO_2 \cdot nH_2O$，$3Ca(OH)_2 + Al_2O_3 + (n-3)H_2O \rightarrow 3CaAl_2O_3 \cdot nH_2O$，水化铝酸钙可以和水泥中的石膏进一步反应生成钙钒石（AFt）。AFt 的形成所产生的体积膨胀，使内部结构密实、孔径变小、孔隙率降低，这不仅有利于早期强度提高，而且可降低材料的干缩率，改善其抗裂性（图 1.4）。磷石膏含量偏小时，二水硫酸钙反应产物早期增强作用不明显；磷石膏掺量过高时，由于

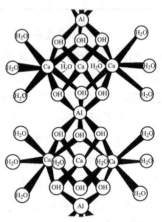

图 1.4　钙矾石结构图

大量的 AFt 晶体产生体积膨胀，会在材料内部形成反向积压应力，导致微裂纹的出现，从而严重降低了材料的强度性能。因此，磷石膏稳定土强度主要是由水泥发生水化反应形成水泥石强度骨架以及磷石膏与水泥水化产物反应生成的钙矾石所提供，最终在加固体内形成三维的网络状胶结。

1.2.3　磷石膏稳定土力学性能研究

唐庆黔等[20] 为了研究将磷石膏应用于路基路面的可行性以及力学性能，通过室内试验和野外模拟，发现在一定的施工工艺下，磷石膏既是优良的路基填料又是优良的路面基层，还可以改善半刚性基础的工程性能。沈卫国等[21-22] 在研究水泥粉煤灰稳定粒料用作路面基层材料时，发现水泥粉煤灰稳定粒料的强度发展稳定，其早期强度与水泥稳定粒料相当，远高于二灰稳定粒料。如果加入 3%磷石膏，水泥粉煤灰稳定粒料的强度会有明显提高；在研究粉煤灰与磷石膏混合料作为路面基层材料用于公路建设时，又发现混合料的早期强度较一般的二灰材料早期强度更大，试验结果表明加入 2%的磷石膏对改性二灰有明显的增强作用，磷石膏的最佳掺量为 4%，若达到 10%则基本失去增强作用，可见磷石膏的掺量也很关键。黄新等[23-26] 将磷石膏与水泥以不同配合比混合后进行一系列的试验，发现虽然单纯用水泥加固土体能提高土体的强度，但再加入磷石膏后，磷石膏与水泥共同作用下的软土地基强度又得到了更大的提升。另外，水泥仅能对一部分不良土体进行加固，而磷石膏和水泥共同作用能加固大部分不良土质的土体，其适用性更强。水泥水化后能与磷石膏反应生成晶体结构填充孔隙，且水泥自身水化生成的胶凝结构也能胶结土颗粒，与晶体结构共同作用提高上体强度。同时，混合料中的 $Ca(OH)_2$ 浓度决定了混合料

的适用性及其增强效果。徐雪源等[27-30] 通过大量试验研究，以无侧限抗压强度为指标，发现在石灰、粉煤灰以及红黏土的混合料中如果掺入 15％的磷石膏能大大提高其无侧限抗压强度，而当磷石膏：粉煤灰：石灰：黏土＝15：25：8：52 和 15：20：6：59 时为最优的配合比，在此两种配合比下磷石膏混合料能获得较好的抗剪强度，同时水稳性也能满足工程中对填料的要求。在国外也有许多学者对磷石膏的路用性能进行研究[31-32]，如美国的佛罗里达大学和迈阿密大学[33-34] 学者在研究中发现，将磷石膏加入黏土后，能将其作为筑路材料使用。MOtz H 等[35] 对磷石膏用作混合料作了系统的研究，主要设计体系为磷石膏-二灰体系，提出了适宜的配合比，磷石膏（0～65％）、粉煤灰（33％～60％）、石灰（6％～11％），粉煤灰：石灰＝（3～10）：1，并且随着磷石膏和石灰掺量的增加，强度及强度发展速度都出现下降的趋势，同时磷石膏底基层材料易出现开裂的现象。Dutta R K 等[36] 通过无侧限抗压强度、间接抗拉强度、承载率等指标证明了养护 28d 的石灰粉煤灰磷石膏混合料可用作道路的基层和底基层。Ahmed K I 等[37] 对 8 种不同石膏含量的砂土混合物进行了击实试验。试验表明石膏含量在 0～30％时，土样最大干密度略微增加，当石膏含量达到 15％时，最优含水率减小。石膏含量超过 30％时，最大干密度显著减小而最优含水率显著增大。

李丽华等[38] 利用室内动三轴试验，对比研究了不同废旧轮胎颗粒含量和不同围压下混合土和纯砂土动强度、动弹性模量及等效阻尼比等动力参数的影响规律。研究表明，相同围压和动剪应力比条件下，混合土的动强度比纯砂土的略低；混合土的动弹性模量相较于纯砂土减小效果显著；混合土等效阻尼比先随轮胎颗粒含量的增大而增加，之后又随之减小。在纯砂土中掺入废旧轮胎颗粒，可以有效降低剪切刚度，发挥减振隔振优势。何奇宝[39] 探究常规黏土以及黏土与 EPS 颗粒的混合轻质土（LCES）在动荷载下的强度特性，研究表明，LCES 的动模量衰减速度比黏土的衰减速度慢，动模量均随着围压的增大而增大；LCES 的阻尼比相较于黏土更小，如果提高水泥含量和降低 EPS 颗粒含量，LCES 的阻尼比显著减小。李庆冰[40] 研究橡胶水泥土的动力特性时发现即使试样配合比不同，动应变与振动次数的关系曲线是大致相同的。随着围压的增大，动强度和动弹性模量逐渐增大，而阻尼比逐渐减小。随着置换率和橡胶含量的增大，动强度和动弹性模量逐渐减小，而阻尼比逐渐增大。尚守平[41] 和刘方成等[42] 在不同配合比下和不同固结压力条件下，通过一系列橡胶砂的循环单剪试验研究动剪模量，研究表明，随着胶粉含量的增大，动剪模量呈减小的趋势；在相同配合比情况下，随着固结压力的升高，动剪模量呈增加的趋势。王能[43] 对青海玉树地震后的土体进行了动三轴试验，发现振次越小、含水率越低、孔隙率越小，则土体动强度越大，所以减小土体孔隙率有助于边坡的稳定。刘启旺等[44] 对深层覆盖的土体进行了现场试验和室内试验，发现固结比对最大动剪切模量的影响很小，而且原位最大动剪切模量大于室内测定的最大动剪切模量。贺建清[45] 对石灰改良土进行动三轴试验，发现动强度随破坏振次的增加衰减越快，石灰改良土的动弹性模量和阻尼比随掺灰比的增大而增大。

以上研究表明在力学性能方面磷石膏作为路基填料是可行的，但国内外研究主要集中在水泥改良、石灰粉煤灰磷石膏共同改良，橡胶颗粒改良，且只集中在部分土力学性能，对石灰磷石膏改良红黏土的研究较少且不系统。

1.2.4 磷石膏稳定土水稳定性研究

李章锋等[46-47] 通过击实、CBR、无侧限试验和水稳定性试验对不同配合比的磷石膏改良土进行研究，发现纯磷石膏虽然 CBR 值达到路基填料的要求，但仍然因为其较差的水稳定性和较强的亲水性不适宜用作路基填料，在经过智源固化剂处理后，其水稳定性和 CBR 值都能满足路基填料的要求，适宜用作路基填料。董满生等[48-49] 通过大量的室内试验对磷石膏应用于路基和路面基层进行了系统性的研究，发现磷石膏不仅是优良的路基填料，而且可以与二灰一起用作软基处理掺加料，还是良好的半刚性基层改性材料。克高果等[50] 通过一系列室内试验表明掺入 7％～9％的煅烧磷石膏能明显提高其路用性能，其强度、水稳定性、膨胀性满足公路工程路基填料的要求。冯巧云等[51] 通过室内试验研究电石渣与磷石膏对膨胀土的影响，发现适量掺入电石渣和磷石膏能够有效改善膨胀土的力学特性，从而增加了膨胀土的 CBR 强度，改良后的膨胀土可以满足高等级公路下路床及以下部位的路基填料。李志清[52] 用硅酸钠改良水泥基稳定磷石膏，通过室内试验发现，当硅酸钠掺量为 2％～4％时，水泥基稳定磷石膏混合料的抗压强度、水稳定性能、失水率及干缩应变均得到改善，而控制路基失水与干缩的最佳时间为基层施工后的 4～5d。

1.2.5 磷石膏在道路工程应用

磷石膏等工业固体废弃物在道路工程中的应用一是可以当作路基填料，二是用于改善公路基层、底基层的路用性能。根据相关资料显示，**掺有磷石膏的混合料按照一定的配合比已经应用于某些实际工程。**如云池桥至罗家湾一级公路上路床质量百分比为磷石膏：粉煤灰：砂砾料＝15：15：70 即二灰与砂砾石的质量百分比为 30：70。底基层采用磷石膏-粉煤灰稳定土材料替代水泥稳定砂砾，配合比为磷石膏：粉煤灰＝1：1，稳定剂（水玻璃）4％。陕西省境内的合铜高速公路对试验段分别采用不同的配合比方案，即石灰：磷石膏：土＝5：7：88、石灰：磷石膏：土＝6：9：85、石灰：磷石膏：土＝7：10：83。磷渣粉：粉煤灰：石灰混合料按一定配合比应用于贵州省花溪区某公路段（长×宽×厚＝210m×8.5m×30cm）。磷石膏：复合黄磷渣凝胶粉混合料按一定配合比应用于贵州省开磷集团厂区地坪（长×宽×厚＝430m×9m×60cm），从工程的后期检测结果得到弯沉值与强度均满足规范要求，证实磷石膏不加集料的混合料应用于公路路面底基层是可行的。磷石膏：黄磷渣凝胶粉：碎石混合料按一定配合比应用于贵州省息烽永靖大道（长×宽×厚＝1981m×36m×30cm）。两年后对其进行取芯调查，测得的强度满足二级公路及以下等级公路基层的强度要求。贵州省某集团公司对磷石膏在一些方面已经有了一定程度的应用，比如新型砂浆和底基层材料方面的代表性产品；瓮福集团也正致力于改性磷石膏作为固化剂应用于公路路面底基层材料的研究之中。

1.2.6 磷石膏稳定土微观结构研究

董满生等[49] 采用 X 射线结合电镜扫描，从微观层面分析了磷石膏加入半刚性材料中的作用机理，发现磷石膏中的二水硫酸钙与火山灰的产物反应最终生成的单硫型水化铝酸钙对半刚性材料的强度具有加强效果。王继宇[63]探究了电石渣对磷石膏性能的影响，发现加入电石渣后的磷石膏强度得到了大幅度提高，电镜扫描的结果发现电石渣可以中和磷石膏中的水溶性磷杂质，而水溶性磷杂质的去除可以优化磷石膏的微观形貌，提升强度。但当磷石膏的掺量过多时，晶体表面会被絮状物质覆盖，影响晶体间的结合，导致强度下降。马玉莹等[64]研究了片碱-磷石膏激活剂对应用于高等级公路路面基层的电石渣-粉煤灰体系水化产物性能及微观结构的影响，发现电石渣-粉煤灰体系结合料的水化产物主要有水化硅铝酸钙和钙矾石；片碱-磷石膏激活剂可以加速粉煤灰解体，其凝胶和纤维状的水化产物之间相互连接得更加紧密，提高了结合料的整体强度。梁少欢等[65]通过现场调查取样、扫描电镜测试、IPP图像处理技术及数理统计等手段，对黔南地区红黏土的定量结构特征进行了研究，发现红黏土矿物结构的主要形态不均匀，颗粒和团聚体的排列基本无序；通过红黏土孔隙率丰度的测定，孔隙结构呈球形不规则排列；红黏土的微孔结构具有明显的分形特征。IPP图像处理技术能够快速有效地对土壤微观结构特征进行定量分析，分形理论为红黏土孔隙微观结构研究提供了新的思路。刘志华等[66]以普通硅酸盐石灰为基础，添加磷石膏和粉煤灰对生土材料进行改性，采用扫描电子显微镜（SEM）研究了改性生土材料试样的微观结构特征并分析了磷石膏、粉煤灰改性作用机理。研究发现磷石膏和粉煤灰复合添加大幅度提高改性生土材料的无侧限抗压强度和耐水性，以0.50为基准水固比，10％硅酸盐石灰＋8％磷石膏＋15％粉煤灰改性生土材料的28d抗压强度可达13.5MPa，软化系数为0.94，具有自密实特性。

1.2.7 存在的问题

通过磷石膏稳定土国内外的研究现状表明，磷石膏作为路基路面填料在理论和技术上是完全可行的。但是我国关于磷石膏在道路工程中的利用方面研究起步较晚，还未形成成熟、系统的理论，磷石膏用作路面基层和路基填料的研究还存在以下问题：

（1）磷石膏稳定黏性土、磷石膏粉煤灰系列、磷石膏稳定黄土方面有一定的理论基础和工程应用。红黏土天然含水率高、液限高、压实困难、干缩开裂严重、水稳定性差，磷石膏稳定红黏土方面的基础理论成果缺乏。

（2）磷石膏稳定土水稳定性差，耐久性研究匮乏，且大多数研究成果是在静力条件下进行，动力特性研究不足，与实际不符，而这又是影响路基强度和稳定性的重要因素。

（3）磷石膏在道路工程中应用掺量较低，使得产量日益增加的磷石膏仍存在"供过于求"的现状，磷石膏堆积问题无法得到有效解决，缺乏高掺量磷石膏稳定土基础性研究成果。

第2章 磷石膏稳定土基本性能

2.1 原材料性能

2.1.1 红黏土

1. 样品准备

本书试验所用红黏土取自于××福泉牛场至道坪公路改扩建工程沿线。土样颜色为黄褐色，土质均匀，土样湿润，结构较为密实，有少量植被根茎和碎石存在，颗粒组成以粉质黏土为主，黏聚性比较强，有典型红黏土的性状（图2.1）。

(a) 红黏土装袋上车

(b) 土样烘干

(c) 粗料粉碎机

(d) 土样过筛

图2.1 样品准备

2. 天然含水率试验

采用烘干法测定土样的天然含水率，试验结果见表2.1。

天然含水率　　　　　　　　　表 2.1

盒号	烘干法								
	1-1	1-2	1-3	2-1	2-2	2-3	3-1	3-2	3-3
盒重(g)	5.17	5.61	5.53	5.26	5.18	5.14	5.30	5.16	5.33
湿土＋盒重(g)	17.06	18.35	18.21	16.63	20.32	21.62	19.93	15.69	16.89
干土＋盒重(g)	13.26	14.27	14.18	12.91	15.38	16.30	15.11	12.21	13.11
水质量(g)	3.80	4.08	4.03	3.72	4.94	5.32	4.82	3.48	3.78
干土质量(g)	8.09	8.66	8.65	7.65	10.20	11.16	9.81	7.05	7.78
含水率(%)	46.97	47.11	46.59	48.63	48.43	47.67	49.13	49.36	48.59
平均含水率(%)	46.89			48.24			49.03		
土样天然含水率(%)	48.05								

3. 天然密度试验

采用环刀法对土样进行天然密度试验,试验结果见表 2.2。

密度试验结果　　　　　　　　　表 2.2

环刀＋土质量(g)	土样质量(g)	含水率(%)	环刀体积(cm³)	湿密度(g/cm³)	干密度(g/cm³)
143.93	98.35	49.82	60.00	1.64	1.09
143.08	97.84	48.61	60.00	1.63	1.10
143.01	98.30	49.72	60.00	1.64	1.09
平均密度(g/cm³)				1.64	1.10

4. 颗粒分析

采用筛分法进行颗粒分析,其土样粒径级配累计曲线如图 2.2 所示。

根据图 2.2,求得 $d_{60}=3.22$,$d_{30}=1.21$,$d_{10}=0.45$,计算得出土样不均匀系数及曲率系数如下:

不均匀系数:$C_u=d_{60}/d_{10}=3.22/0.45=7.16>5$;

曲率系数:$C_c=d_{30}^2/(d_{60}\times d_{10})=1.21^2/(3.22\times0.45)=1.01\in(1,3)$

可知土样级配良好,属于不均匀土。

5. 液塑限

采用锥体质量 76g,锥角 30° 的液塑限试验仪进行试验,锥体下落深度为 2mm 处为塑限、17mm 处为液限,试验结果见图 2.3。

由图 2.3 可得出,红黏土的液限为 76.92%,塑限为 44.67%,塑性指数 $I_p=32.25$。由于液限值大于 50%,且塑性指数 I_p 值大于 17,故此试验用红黏土属于高液塑限土。

6. 击实

采用重型击实试验,4.5kg 的击实锤,落高 45cm,锤击层数为 3 层,每层锤击次数为 98 次,试验结果见图 2.4。

由图 2.4 可知,素红黏土的最大干密度为 1.452g/cm³,最优含水率为 30.41%。

红黏土的基本物理指标及化学成分见表 2.3 和表 2.4。

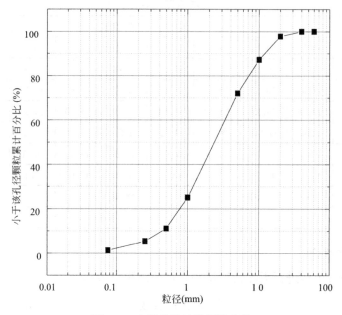

图 2.2　土样粒径级配累计曲线

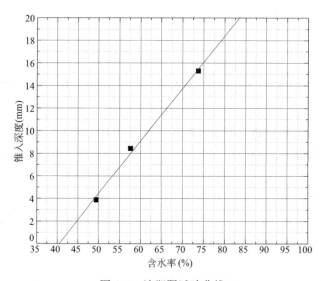

图 2.3　液塑限试验曲线

红黏土基本物理指标　　　　　　　　　　　　　　　　　表 2.3

物理指标	取值	物理指标	取值
天然含水率(%)	48.05	曲率系数	1.01
天然湿密度(g/cm³)	1.64	液限(%)	76.92
天然干密度(g/cm³)	1.10	塑限(%)	44.67
不均匀系数	7.16	塑性指数	32.25
最优含水率(%)	30.41	最大干密度(g/cm³)	1.452

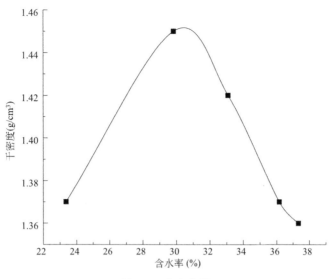

图 2.4　击实曲线

化学成分	质量分数（%）	化学成分	质量分数（%）
SiO_2	54.159	SO_3	0.170
Al_2O_3	28.697	P_2O_5	0.116
Fe_2O_3	10.358	MnO	0.096
K_2O	3.085	Na_2O	0.076
MgO	1.493	V_2O_5	0.054
TiO_2	1.302	Cr_2O_3	0.020
CaO	0.300	PbO	0.015
其他	0.06		

红黏土的化学成分　　　　表 2.4

2.1.2　水泥

水泥型号为海螺牌 P·O32.5 级，水泥基本参数如表 2.5 所示。

水泥基本参数　　　　表 2.5

烧失量（%）	三氧化硫（%）	氧化镁（%）	比表面积（m^2/kg）	初凝时间（min）	终凝时间（min）
4.14	2.20	1.98	348	166	221
安定性	氯离子（%）	石膏掺量（%）	助磨剂（%）	3d 抗折强度（MPa）	3d 抗压强度（MPa）
合格	0.018	5.00	0.1	5.9	29.2

2.1.3　石灰

石灰在福泉某厂家购买，白色粉末状，干燥，无结块，主要成分为 CaO，具体化学成分见表 2.6。

石灰的化学成分 表 2.6

物质	质量分数（%）	物质	质量分数（%）
CaO	97.95	SrO	0.0325
SiO_2	0.460	Cl	0.0279
Na_2O	0.439	CeO_2	0.0222
MgO	0.384	Ag_2O	0.0172
SO_3	0.382	P_2O_5	0.0145
Al_2O_3	0.122	TiO_2	0.0139
Fe_2O_3	0.0831	Dy_2O_3	0.0106
其他	0.0411		

2.1.4 磷石膏

磷石膏取自贵州省福泉市瓮福磷矿堆场，灰白色，大多数为粉末状，基本物理力学性能见表 2.7，放射性和重金属含量检测数据见表 2.8。

磷石膏的基本物理力学性能 表 2.7

检测指标	细度（%）	密度（g/cm^3）	比表面积（m^2/kg）	含水率（%）	烧失量（%）	碱含量（%）	三氧化硫质量分数（%）
检测结果	44.3	2.38	102	5.3	18.43	1.31	0.07

磷石膏的放射性和重金属含量检测数据 表 2.8

序号		检测项目	标准要求	检验结果	单项结论	检验依据
1	浸出液中危害成分	pH 值	—	5.9	—	《石膏化学分析方法》GB/T 5484—2012
2		铜（以总铜计）（mg/L）	100	0.157	符合	《危险废物鉴别标准浸出毒性鉴别》GB 5085.3—2007
3		锌（以总锌计）（mg/L）	10	0.051	符合	
4		镉（以总镉计）（mg/L）	1	未检出	符合	
5		铅（以总铅计）（mg/L）	5	未检出	符合	
6		总铬（mg/L）	15	未检出	符合	
7		砷（以总砷计）（mg/L）	5	0.0356	符合	
8		汞（以总汞计）（mg/L）	0.1	0.0005	符合	
9	放射性	镭-226（Bq/kg）	—	53.94	—	《建筑材料放射性核素限量》GB 6566—2010
		钍-232（Bq/kg）	—	42.13	—	
		钾-40（Bq/kg）	—	52.95	—	
		内照射指数 I_{Ra}	≤1.0	0.3	符合	
		外照射指数 I_γ	≤1.0	0.3	符合	

2.2　配合比设计

2.2.1　水泥磷石膏稳定土配合比设计

1. 水泥取值范围确定

水泥的剂量确定，由《公路路面基层施工技术细则》JTG/T F20—2015[67] 中水泥稳定材料推荐试剂剂量确定。

水泥稳定材料推荐试剂　　　　　　　　　　　表 2.9

被稳定材料	条件		推荐试验剂量(%)
有级配的碎石或砾石	基层	$R_d \geqslant 5.0$MPa	5、6、7、8、9
		$R_d < 5.0$MPa	3、4、5、6、7
土、砂、石屑等		塑性指数<12	5、7、9、11、13
		塑性指数≥12	8、10、12、14、16
有级配的碎石或砾石	底基层	—	3、4、5、6、7
土、砂、石屑等		塑性指数<12	4、5、6、7、8
		塑性指数≥12	6、8、10、12、14
碾压贫混凝土	基层	—	7、8.5、10、11.5、13

由表 2.9 可知，对用于底基层，被稳定材料为土、砂、石屑的路基，塑性指数大于 12 的土来说，推荐水泥的用量为 6%～14%，但考虑到工程造价及前人研究成果磷石膏可等量替代部分水泥，且水泥过多容易导致路基收缩裂缝增加，故水泥掺量定为 3%、5%、7%。

2. 磷石膏取值范围确定

根据学界研究现状，彭波[68] 等将磷石膏加入水泥稳定土中研究混合料的强度特性时发现，当水泥掺量为 4%～6%，且水泥：磷石膏为 1：2 时，混合料的力学性能与经济性能最佳。徐雪源等[27-28] 通过磷石膏一系列的理化试验对磷石膏进行了系统的研究，通过磷石膏二灰稳定黏土的路用性能试验探究得出当磷石膏掺量为 15% 时混合料的强度达到最高，随后磷石膏掺量继续增长强度呈逐渐下降。陶松[69] 在将工业废渣磷石膏用作道路填料路用性能研究中发现，磷石膏掺量占总混合料的 15% 左右时强度最高。陈阳[70] 在对石膏改良气泡土的静动力学特性研究中发现磷石膏与水泥质量比为 1：2 时混合料的力学特性最佳。王丙杰[71] 等对石膏-水泥双掺改良软土水稳定性研究中发现要使得混合料的水稳定性得到显著提高，则需要将磷石膏掺量提高到 20% 以上。因此结合探究磷石膏高掺量对磷石膏水泥稳定红黏土路用性能的影响，设置磷石膏低掺与高掺两套配合比，磷石膏、水泥、土的含量表示的是各自占总质量的百分比，即水泥：磷石膏为 1：1～1：3 与磷石膏：红黏土为 1：1～1：3，并根据工程实际，将压实度设置为 90%～95%，配合比见表 2.10。

水泥磷石膏稳定土配合比　　　　　　　　　　　　表 2.10

编号	(低掺)水泥：磷石膏：红黏土(C：P：T)	编号	(高掺)水泥：磷石膏：红黏土(C：P：T)
A1	3：6：94	B1	3：24.23：72.7
A2	3：6：91	B2	3：32.3：64.6
A3	3：9：88	B3	3：48.5：48.5
A4	5：5：90	B4	5：23.8：71.2
A5	5：10：85	B5	5：31.7：63.3
A6	5：15：80	B6	5：47.5：47.5
A7	7：7：86	B7	7：23.3：69.7
A8	7：14：79	B8	7：31：62
A9	7：21：72	B9	7：46.5：46.5

注：C 为水泥，P 为磷石膏，T 为红黏土。本书通用。

2.2.2　石灰磷石膏稳定土配合比设计

关于石灰作为添加剂与磷石膏一起混合作用，国内外已经有不少学者做过研究。MOtzH 等[35] 通过室内试验研究磷石膏与二灰混合料的合理配合比，结果表明，合理配合比为石灰掺量为 6%～11%、粉煤灰掺量为 33%～60%、磷石膏掺量为 0～65%且粉煤灰：石灰＝3～10，强度随石灰和磷石膏掺量的增大而减小。上海市政工程研究院孙家瑛[72] 通过室内试验研究表明废磷石膏路基材料中废石膏最佳配合比为 35%，合理的配合比甚至使其 28d 的强度达到 325 号水泥标准。胡文华等[73] 用石灰对江西高速公路红黏土进行改良，得到石灰掺量在 5%～10%时改良效果最佳。张英富等[74] 对石膏粉煤灰和石灰结合料进行研究，得到石灰掺量在 6%～8%时强度最优，可作路面底基层材料。杨和平等[75] 利用生石灰改良高液限土，结果表明石灰掺量在 4%～6%时，高液限土路用性能良好，可满足公路路基填料要求。结合众多学者的研究经验，本次试验将石灰掺量初定为 6%、8%和 10%。同时，徐雪源[76-77] 通过试验得到石灰和磷石膏的最优配合比在 1：2～1：3 之间。

根据现有的研究成果，参照二灰混合料配合比设计方法，适当提高磷石膏含量，最大限度地利用磷石膏且节约石灰，继承和深化前人研究思路，将石灰含量取为 6%、8%和10%，拟定（低掺磷石膏）石灰：磷石膏＝1：1、1：2、1：3 和（高掺磷石膏）磷石膏：土＝1：1、1：2、1：3 共计 18 种配合比（表 2.11）进行石灰磷石膏稳定土的液塑限试验、击实试验、无侧限抗压强度试验和水稳试验。

石灰磷石膏稳定土配合比　　　　　　　　　　　　表 2.11

编号	(低掺)石灰：磷石膏：红黏土(L：P：T)	编号	(高掺)石灰：磷石膏：红黏土(L：P：T)
A1	6：6：88	B1	6：24：70
A2	6：12：82	B2	6：31：63
A3	6：18：76	B3	6：47：47
A4	8：8：84	B4	8：23：69
A5	8：16：76	B5	8：31：61

编号	(低掺)石灰：磷石膏：红黏土(L：P：T)	编号	(高掺)石灰：磷石膏：红黏土(L：P：T)
A6	8：24：68	B6	8：46：46
A7	10：10：80	B7	10：23：67
A8	10：20：70	B8	10：30：60
A9	10：30：60	B9	10：45：45

注：L 为石灰，P 为磷石膏，T 为红黏土。本书通用。

2.3　磷石膏稳定土击实特性

2.3.1　水泥磷石膏稳定土击实特性

1. 试验方案

依据《公路工程无机结合料稳定材料试验规程》JTG E51—2009[78] 进行击实试验，将红黏土、磷石膏和水泥过 5mm 筛后，按表 2.10 的配合比，按照四分法进行取样，先将红黏土与磷石膏混合，按照计算的含水率预留出 10% 的水，拌匀闷料一夜后，在试验前 1h 内加入水泥与预留的 10% 的水搅拌均匀，采用重量 4.5kg 的击实锤，锤击层数为 5 层，每层锤击次数为 59 次，利用软件绘制相关曲线。

2. 结果分析

水泥磷石膏稳定土击实特性　　　　　　　　　　　　　　表 2.12

水泥(%)	磷石膏(%)	红黏土(%)	最优含水率(%)	最大干密度(g/cm³)
3	3	94	30.30	1.498
	6	91	29.18	1.502
	9	88	27.83	1.540
	24.3	72.7	26.96	1.450
	32.3	64.7	25.84	1.505
	48.5	48.5	25.47	1.519
5	5	90	26.15	1.513
	10	85	27.41	1.518
	15	80	26.35	1.540
	23.8	71.5	27.11	1.463
	31.7	63.3	25.92	1.538
	47.5	7.5	22.88	1.546
7	7	86	27.20	1.491
	14	79	27.98	1.523
	21	72	27.32	1.522
	23.3	46.7	25.21	1.527
	31	62	23.93	1.544
	46.5	46.5	24.00	1.512

由图 2.5、图 2.6 及表 2.12 可知，混合料的最大干密度整体上随磷石膏含量呈阶梯

状上升再下降变化，最优含水率随磷石膏含量增加逐渐降低。当水泥含量为3%，磷石膏含量达到9%时，最大干密度为1.54g/cm³，较红黏土最大干密度增加了6.06%，对应的最优含水率为27.83%；当水泥含量为5%，磷石膏含量达到15%时，最大干密度为1.54g/cm³，较红黏土最大干密度增加了6.06%，对应的最优含水率为26.35%；当水泥含量为7%，磷石膏含量达到31%时，最大干密度为1.544g/cm³，较红黏土最大干密度增加了6.3%，对应的最优含水率为23.93%。

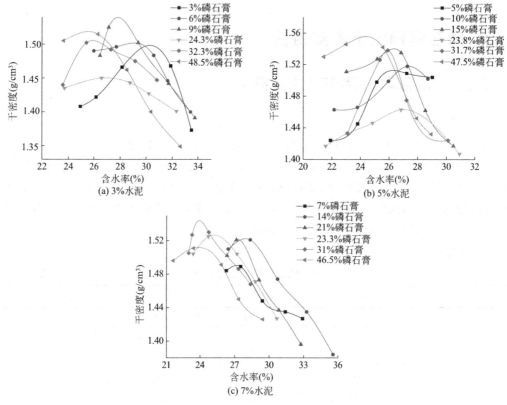

图2.5　水泥磷石膏稳定土击实特性

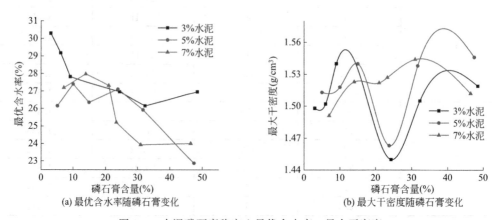

图2.6　水泥磷石膏稳定土最优含水率、最大干密度

2.3.2　石灰磷石膏稳定土击实特性

1. 试验方案

依据《公路工程无机结合料稳定材料试验规程》JTG E51—2009 进行击实试验，将烘干后的红黏土、磷石膏过 5mm 筛后，按表 2.11 的配合比，用四分法进行取样，将红黏土、磷石膏与石灰混合干拌，倒入计算好的需水量拌匀闷料一昼夜，采用 4.5kg 的击实锤，落高 45cm，锤击层数为 5 层，每层锤击次数为 59 次，结果见表 2.13、图 2.7，利用软件绘制含水率和干密度关系曲线。

2. 结果分析

石灰磷石膏稳定土击实数据汇总　　　　　　　　　　　　表 2.13

石灰(%)	磷石膏(%)	红黏土(%)	最优含水率(%)	最大干密度(g/cm³)
0	0	100	30.41	1.452
6	6	88	27.11	1.424
	12	82	28.85	1.408
	18	76	28.42	1.431
	24	70	27.55	1.431
	31	63	28.52	1.453
	47	47	23.98	1.476
8	8	84	30.24	1.377
	16	76	28.01	1.455
	23	69	27.56	1.442
	24	68	27.41	1.440
	31	61	27.59	1.441
	46	46	25.94	1.472
10	10	80	28.16	1.405
	20	70	29.46	1.449
	23	67	29.21	1.443
	30	60	28.55	1.455
	45	45	22.11	1.525

由图 2.8 可以看出，随着磷石膏含量的增加，混合料的最优含水率呈现总体降低的趋势，最大干密度呈现总体上升的趋势。当石灰掺量为 6%，磷石膏掺量为 47% 时最大干密度为 1.476g/cm³，较素土的最大干密度（1.452g/cm³）增加了 1.65%，对应的最优含水率为 23.98%；当石灰掺量为 8%，磷石膏掺量为 46% 时最大干密度为 1.472g/cm³，较素土的最大干密度（1.452g/cm³）增加了 1.38%，对应的最优含水率为 25.94%；当石灰掺量为 10%，磷石膏掺量为 45% 时最大干密度为 1.525g/cm³，较素土的最大干密度（1.452g/cm³）增加了 5.03%，对应的最优含水率为 22.11%。故石灰的加入能够改善红黏土的击实特性，但效果不明显。

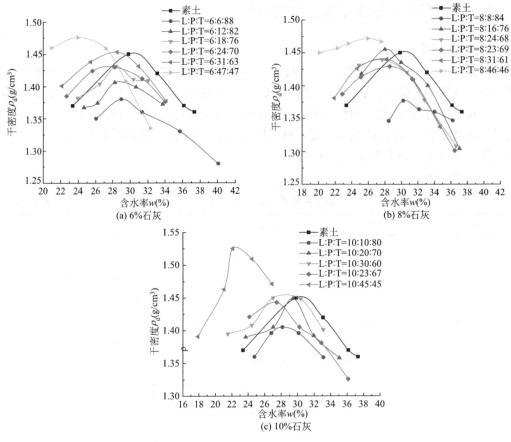

图 2.7　石灰磷石膏稳定土击实特性

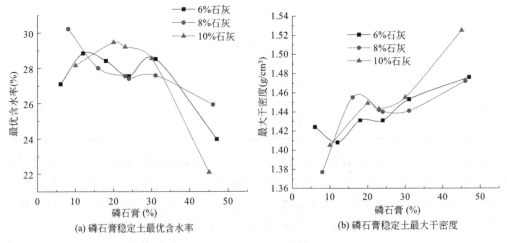

图 2.8　石灰磷石膏稳定土最优含水率、最大干密度

2.4 磷石膏稳定土液塑限特性

2.4.1 水泥磷石膏稳定土液塑限特性

1. 试验方法

本试验采用液塑限联合测定仪对混合料进行试验，采用质量 76g、锥角 30°的锥。磷石膏、红黏土过 0.5mm 筛后，单个试样总质量为 200g，将磷石膏、红黏土、水泥按表 2.10 的配合比加水拌合后进行试验，试验结果计算方法如下：

（1）绘制关系曲线，横坐标为含水率，纵坐标为锥体下沉深度。将试验所得数据在坐标轴内连接为一条直线，如果这三个点不能落在一条直线上，高含水率的点可以与低含水率的点两点相连，在两条直线上分别找出锥体下落深度为 2mm 时的含水率，如果两个含水率之间的差值在 2% 以内，则可以取两个含水率的平均值与最高的含水率连成直线，如果差值超过或等于 2%，则需要重做试验；

（2）锥体下落深度为 2mm 和 17mm 处，分别对应为土体的塑限、液限。

2. 结果分析

混合料塑性指标 表 2.14

水泥（%）	磷石膏（%）	塑限（%）	液限（%）	塑性指数
3	3	49.9	80.1	30.2
	6	49.3	78.6	29.3
	9	48.2	77.8	29.6
	24.3	41.2	70.1	28.9
	32.3	39	66.2	27.2
	48.5	31	55.5	24.5
5	5	49.4	79.5	30.1
	10	49.1	75.2	26.1
	15	48.7	73.2	24.5
	23.8	41.2	67.3	26.1
	31.7	36.5	62.2	25.7
	47.5	29.6	52.3	22.6
7	7	48.8	78.3	29.5
	14	48.1	75.2	27.1
	21	45.6	72.1	26.5
	23.3	43.6	70.2	26.6
	31	40.8	66.4	25.6
	46.5	29.4	53.9	24.5

由表 2.14 及图 2.9 可知，混合料液限、塑限及塑性指数均随着磷石膏掺量的增加缓慢下降，但还是均高于 50%，塑性指数总体上大于 26。不满足《公路路基设计规范》

JTG D30—2015[79] 第 3.3.3 条规定：液限大于 50%，塑性指数大于 26 的细粒土不得直接作为路基填料。

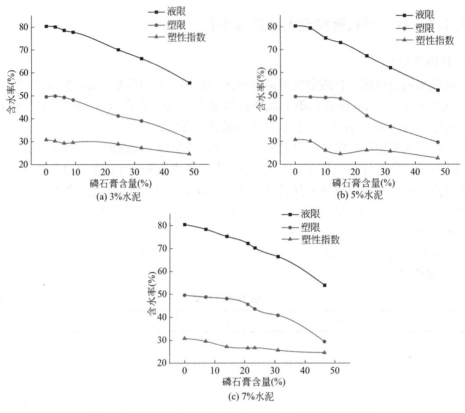

图 2.9　不同水泥对应磷石膏红黏土液、塑限与塑性指数

2.4.2　石灰磷石膏稳定土液塑限特性

1. 试验方法

试验方法同水泥磷石膏稳定土。

2. 结果分析

液塑限试验结果 表 2.15

石灰(%)	磷石膏(%)	红黏土(%)	液限(%)	塑限(%)	塑性指数
0	0	100	76.92	44.67	32.25
6	6	88	92.91	47.88	45.03
	12	82	80.16	42.29	37.87
	18	76	77.81	40.08	37.73
	24	70	76.43	41.80	34.63
	31	63	76.77	41.63	35.14
	47	47	67.84	38.91	28.93

石灰（%）	磷石膏（%）	红黏土（%）	液限（%）	塑限（%）	塑性指数
8	8	84	85.10	41.77	43.33
	16	76	76.90	41.70	35.20
	24	68	77.81	44.24	33.57
	31	61	69.45	38.57	30.89
	46	46	66.65	38.57	28.08
10	10	80	73.52	44.24	29.28
	20	70	68.25	40.60	27.65
	23	67	66.64	38.32	28.32
	30	60	63.89	37.99	25.90
	45	45	60.52	33.38	27.14

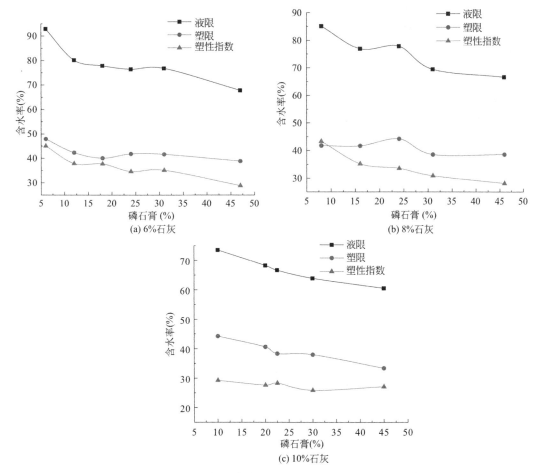

图 2.10　不同石灰对应磷石膏红黏土液、塑限与塑性指数

由表 2.15、图 2.10 可知，石灰磷石膏稳定土的液、塑限与塑性指数随着磷石膏掺量的增加缓慢下降，混合料的塑限、液限及塑性指数均小于红黏土（液限 76.92%、塑限

44.67%、塑性指数 32.25）。根据《公路路基设计规范》JTG D30—2015 第 3.3.3 条：液限大于 50%、塑性指数大于 26 的细粒土，不能直接作为路堤填料来使用的规定，加入石灰后的混合料液限、塑限以及塑性指数均有降低，但仍不满足要求。然而在目前的实际工程建设中，高液限土如做好施工组织设计、注意翻晒、排水措施是可以直接用于公路路基填筑的，而且这些用高液限土填筑的公路自通车以来使用情况一直良好[80-81]。

2.5 本章小结

（1）通过试验得到了红黏土、磷石膏、水泥、石灰的基本物理参数，以及红黏土、磷石膏、水泥、石灰的组成成分和磷石膏的放射性、有害物质含量。

（2）制定了两组水泥磷石膏稳定土配合比，水泥掺量均为 3%、5%、7%，低掺量磷石膏组水泥：磷石膏＝1∶1～1∶3，高掺量磷石膏组磷石膏：红黏土＝1∶1～1∶3；两组石灰磷石膏稳定土配合比，石灰掺量均为 6%、8%、10%，低掺量磷石膏组石灰：磷石膏＝1∶1～1∶3，高掺量磷石膏组磷石膏：红黏土＝1∶1～1∶3。

（3）随着磷石膏掺量的增加，稳定土的最优含水率总体呈现下降的趋势，而最大干密度总体呈现上升趋势。

（4）随着磷石膏掺量的增加，稳定土的液、塑限与塑性指数均呈现缓慢下降的趋势。但液限高于 50%，塑性指数总体大于 26。不满足《公路路基设计规范》JTG D30—2015 第 3.3.3 条：液限大于 50%、塑性指数大于 26 的细粒土，不能直接作为路堤填料的技术要求。

第3章　磷石膏稳定土无侧限抗压强度特性

3.1　概述

无侧限抗压强度为试样在无侧向压力情况下，抵抗轴向压力的极限强度。本书将其作为改良红黏土效果的评价性指标，其值由压力机测得。试验时，试样在无侧向限制（即周围压力为零）情况下逐渐施加轴向压力，破裂时在试样侧面可见清晰的破裂面痕迹，这时的压力即为无侧限抗压强度。

3.2　水泥磷石膏稳定土无侧限抗压强度特性

3.2.1　试样制备

根据《公路工程无机结合料稳定材料试验规程》JTG E51—2009，试样采用静力法压制成型，按表3.1的配合比制备：

（1）先将红黏土与磷石膏过2mm筛，并用燃烧法对其原始含水率进行测量；

（2）将磷石膏和红黏土按照配合比混合，根据最佳含水率，计算出应加水后，预留水质量的10%，将剩余的水均匀喷洒在磷石膏、红黏土混合料中；

（3）将磷石膏、红黏土与水拌匀后，用保鲜膜密封24h，使混合料含水率能足够均匀；

（4）闷料结束后，加入水泥以及预留的水，搅拌均匀，使混合料达到目标含水率，再次将混合料过2mm筛备用；

（5）试样采用静力压制成型，混合料采用高130mm（两端各有40mm垫块），直径50mm的试模成型，注意制样时间控制在1.5h内为宜；

（6）将试样进行养护，温度20±2℃，湿度≥95%，养护时间分别为7d、14d、28d。

3.2.2　试验方法

（1）将养护结束后的试样放置在无侧限抗压强度的试验仪上，控制机器平台上升，使试样的上部与仪器的加力杆接触；

（2）清零数据后，开始试验，加载速率为1mm/min，并记录下试样破坏时的最大压力P。

无侧限抗压强度q_u的计算公式如下：

水泥磷石膏稳定土无侧限抗压强度试样制备表 表 3.1

水泥(%)	磷石膏(%)	红黏土(%)	压实度(%)	最佳含水率(%)
3	3	94		30.30
	6	91		29.18
	9	88		27.83
	24.3	72.7		26.96
	32.3	64.6		25.84
	48.5	48.5		25.47
5	5	90		26.15
	10	85		27.41
	15	80	90、92、93、94、95	26.35
	23.8	71.2		27.11
	31.7	63.3		25.92
	47.5	47.5		22.88
7	7	86		27.20
	14	79		27.98
	21	72		27.32
	23.3	69.7		25.21
	31	62		23.93
	46.5	46.5		24.00

$$q_u = \frac{P}{A} \tag{3.1}$$

式中：P——试样破坏时最大压力（N）；

$\quad\quad A$——试样的截面面积（mm^2）。

3.2.3 无侧限抗压强度试验结果

1. 7d 无侧限抗压强度试验结果

由图 3.1 可知，素土的无侧限抗压强度随着压实度增加而增加，而磷石膏稳定土 7d 的无侧限抗压强度随着磷石膏含量的增加先增加后减小。

由图 3.1（b）可知，当水泥掺量为 3%，磷石膏掺量在 10.8%～11.1% 时，水泥磷石膏稳定土的无侧限抗压强度最大，即水泥与磷石膏的质量比在 1∶3.6～1∶3.7 之间时混合料的无侧限抗压强度最大。

由图 3.1（c）可知，当水泥掺量为 5%，磷石膏掺量在 15.5%～16.0% 时，水泥磷石膏稳定土的无侧限抗压强度最大，即水泥与磷石膏的质量比在 1∶3.1～1∶3.2 之间时水泥磷石膏稳定土的无侧限抗压强度最大。

由图 3.1（d）可知，当水泥掺量为 7%，磷石膏掺量在 16.1%～16.8% 时，水泥磷石膏稳定土的无侧限抗压强度最大，即水泥与磷石膏的质量比在 1∶2.3～1∶2.4 之间时水泥磷石膏稳定土的无侧限抗压强度最大。

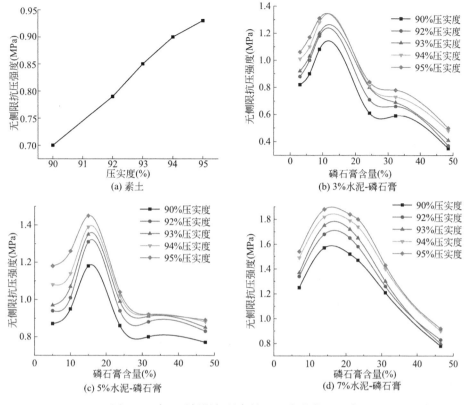

图 3.1　素土无侧限与混合料 7d 无侧限抗压强度

2. 14d 无侧限抗压强度试验结果

由图 3.2 可知，混合料 14d 的无侧限抗压强度随着磷石膏含量的增加先增加后减小。

由图 3.2（a）可知，当水泥掺量为 3%，磷石膏掺量在 12.14%～12.68% 时，水泥磷石膏稳定土的无侧限抗压强度最大，即水泥与磷石膏的质量比在 1∶4～1∶4.2 之间时水泥磷石膏稳定土的无侧限抗压强度最大。

由图 3.2（b）可知，当水泥掺量为 5%，磷石膏掺量在 12.77%～15.3% 时，水泥磷石膏稳定土的无侧限抗压强度最大，即水泥与磷石膏的质量比在 1∶2.5～1∶3.1 之间时

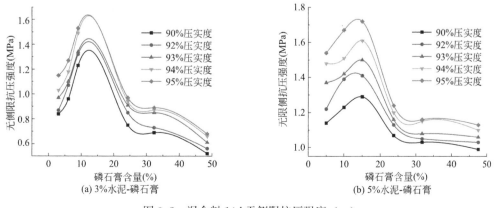

图 3.2　混合料 14d 无侧限抗压强度（一）

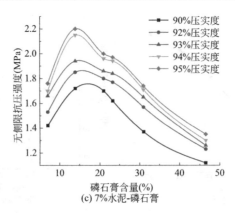

(c) 7%水泥-磷石膏

图 3.2　混合料 14d 无侧限抗压强度（二）

混合料的无侧限抗压强度最大。

由图 3.2（c）可知，当水泥掺量为 7％，磷石膏掺量在 14.5％～17.37％时，水泥磷石膏稳定土的无侧限抗压强度最大，即水泥与磷石膏的质量比在 1∶2.1～1∶2.5 之间时混合料的无侧限抗压强度最大。

3. 28d 无侧限抗压强度试验结果

由图 3.3 可知，混合料 28d 的无侧限抗压强度随着磷石膏含量的增加先增加后减小。

由图 3.3（a）可知，当水泥掺量为 3％，磷石膏掺量在 12.19％～12.58％时，水泥磷石膏稳定土的无侧限抗压强度最大，即水泥与磷石膏的质量比在 1∶4～1∶4.2 之间时水泥磷石膏稳定土的无侧限抗压强度最大。

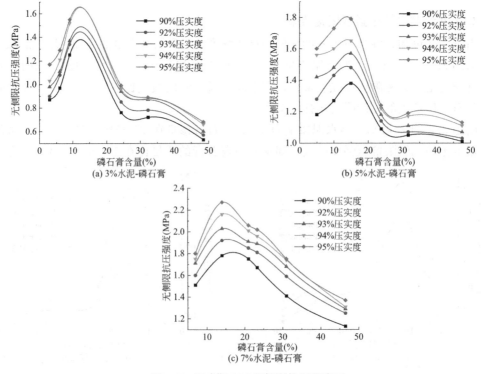

(a) 3%水泥-磷石膏　　　　(b) 5%水泥-磷石膏

(c) 7%水泥-磷石膏

图 3.3　混合料 28d 无侧限抗压强度

由图 3.3（b）可知，当水泥掺量为 5％，磷石膏掺量在 13.55％～15.1％时，水泥磷石膏稳定土的无侧限抗压强度最大，即水泥与磷石膏的质量比在 1：2.7～1：3.1 之间时水泥磷石膏稳定土的无侧限抗压强度最大。

由图 3.3（c）可知，当水泥掺量为 7％，磷石膏掺量在 14.2％～17.1％时，水泥磷石膏稳定土的无侧限抗压强度最大，即水泥与磷石膏的质量比在 1：2.1～1：2.4 之间时水泥磷石膏稳定土的无侧限抗压强度最大。

4. 无侧限抗压强度与龄期的关系

由图 3.4～图 3.6 可知，随着龄期的发展，混合料无侧限抗压强度先增加，在 14d 后逐渐趋于稳定。如 7％水泥＋14％磷石膏，压实度为 90％时，7d 无侧限抗压强度为 1.57MPa，14d 无侧限抗压强度为 1.72MPa，28d 无侧限抗压强度为 1.78MPa；7d 的无侧限抗压强度约为 28d 的 88％，14d 无侧限抗压强度约为 28d 的 96％。

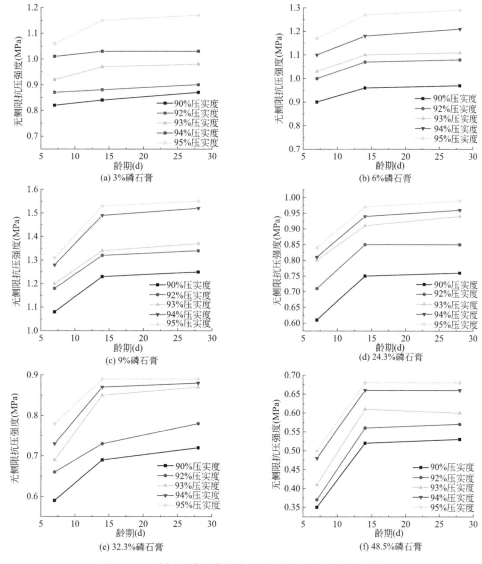

图 3.4　3％水泥-磷石膏稳定土不同龄期无侧限抗压强度

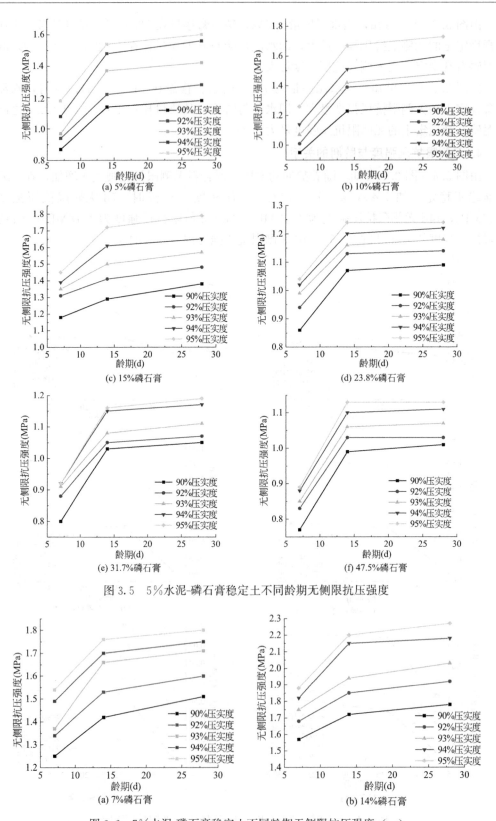

图 3.5　5％水泥-磷石膏稳定土不同龄期无侧限抗压强度

图 3.6　7％水泥-磷石膏稳定土不同龄期无侧限抗压强度（一）

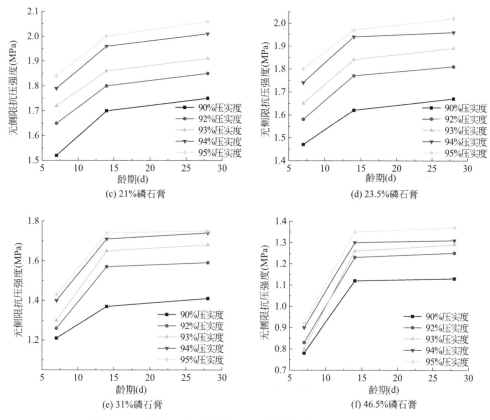

图 3.6　7％水泥-磷石膏稳定土不同龄期无侧限抗压强度（二）

3.3　干湿循环下水泥磷石膏稳定土无侧限抗压强度特性

3.3.1　干湿循环试验方法

1. 仪器设备

定制亚克力箱（长 × 宽 × 高 ＝ 60cm × 40cm × 30cm）、加湿器（最大加湿速度 2000ml/h，额定容量 21L）、PVC 管道、垫块、透水石、烘箱、电子秤等。

2. 试验方法

（1）加湿：首先在亚克力箱底部放上一定量的透水石；其次在透水石上放上对应数量的试样，接着往亚克力箱内注水，注水高度低于透水石厚度；然后再封闭亚克力箱顶面；最后打开加湿器，加湿器产生的水蒸气经排气管道，从亚克力箱侧面开口处进入。每隔 1h 取出试样测量其含水率，当达到目标含水率时停止加湿。

（2）静置 24h，让试样内水分充分均匀。

（3）干燥：将已经完成增湿后的试样包裹上塑料薄膜放入烘箱（40℃）进行烘干。每隔 12h 取出试样测量其含水率，当达到目标含水率时停止干燥。

（4）静置 24h，让试样内水分充分均匀。

（5）干湿循环一次完成。

（6）循环上述步骤，直至循环次数到达 5 次。

干湿循环试验方法如图 3-7 所示。

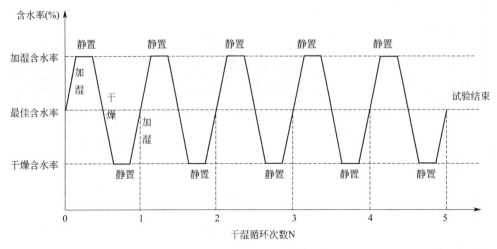

图 3.7 干湿循环过程

3. 干湿循环方案

根据唐芸黎、陈开圣等的研究表明：土体经历先湿后干后的强度衰减幅度大于先干后湿，故试验采用先湿后干的干湿循环过程。针对非饱和土，考虑浸泡、注水、喷水这些方法不易控制干湿循环幅度，且试样破坏容易等特点，试验采取上述加湿器方法对试样加湿。根据取土地点可能遇到的极端炎热情况，试验采用烘箱干燥，干燥温度设置为 40℃。另外，根据阙云、胡智、李培乐等学者研究观点（引）：路基按照最佳含水率左右压实后，经过一段时间的自然气候环境作用，路基土体含水率会有所提高，并在"平衡含水率"（Equilibrium Moisture Content，EMC）附近呈周期性或非周期性波动，即 EMC±5%。干湿循环幅度为 10% 时，5～6 次干湿循环后，土体的强度趋于稳定。因此，本书初步拟定 5 次干湿循环。当试样发生破坏或试样的无侧限抗压强度低于规范 0.6MPa 时，停止干湿循环。具体试验方案如表 3.2 所示。

水泥磷石膏稳定红黏土混合料干湿循环试验方案　　　　　　　　　　表 3.2

配合比	干燥含水率(%)	最佳含水率(%)	加湿含水率(%)	最大干密度(g/cm³)	干湿循环次数 N	压实度(%)
水泥：磷石膏：红黏土＝5：47.5：47.5	17.8	22.8	27.8	1.546	0,1,2,3,4,5	96
水泥：磷石膏：红黏土＝5：15：80	21.4	26.4	31.4	1.540		

4. 无侧限抗压强度

试样的无侧限抗压强度的计算公式如下：

$$F_n = K \cdot T_n \qquad (3.2)$$

式中　F_n——干湿循环 n 次试样破坏时最大压力（N）；

K——转换系数，$K=4998$；

T_n——百分表最大读数。

$$P_n = \frac{F_n}{A} \tag{3.3}$$

式中　P_n——干湿循环 n 次试样的无侧限抗压强度（MPa）；

　　　A——试样的截面积（mm^2）。

3.3.2　无侧限抗压强度试验结果

3.3.2.1　无侧限抗压强度与固化剂的关系

从图 3.8 可知，配合比相同且干湿循环为 0 次时，未掺固化剂的水泥磷石膏稳定红黏土混合料无侧限抗压强度明显大于掺入固化剂的混合料；随着干湿循环次数增加，未掺固化剂的混合料无侧限抗压强度下降幅度大于掺入固化剂的混合料，且主要集中在前 3 次干湿循环；当干湿循环 5 次后，掺入固化剂和未掺固化剂的混合料无侧限抗压强度均在 0.5MPa 附近。

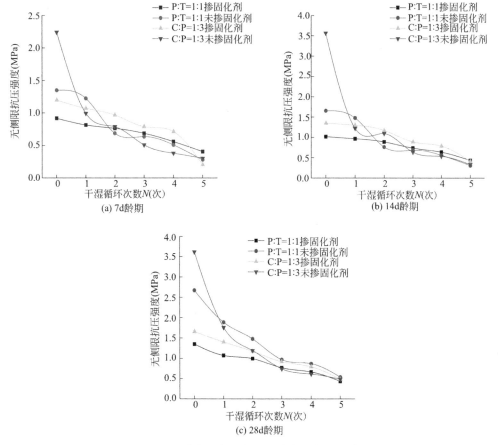

图 3.8　混合料无侧限抗压强度与固化剂的关系

以图 3.8（c）为例，干湿循环次数 0 次，水泥掺量 5%，磷石膏：红黏土＝1：1 的试样 28d 无侧限抗压强度为 2.67MPa。掺入固化剂后，该试样的无侧限抗压强度降低至

1.34MPa。另外，水泥掺量5%，水泥∶磷石膏＝1∶3的试样28d无侧限抗压强度为3.61MPa，掺入固化剂后，该试样的无侧限抗压强度也降低至1.65MPa。两个配比的混合料无侧限抗压强度都下降，这可能是由于在混合料中加入固化剂后，阻碍了水泥与磷石膏之间的水化反应，导致水泥水化反应产生的强度降低，而固化剂对混合料的强度提升并不明显，故宏观上表现出掺入固化剂后，混合料强度降低。而在经历3干湿循环后，在不掺入固化剂的条件下，磷石膏∶红黏土＝1∶1和水泥∶磷石膏＝1∶3两个配比的试样无侧限抗压强度分别为0.96MPa、0.73MPa。在掺入固化剂条件下，这两个配比的试样在经历3次干湿循环后无侧限抗压强度分别为0.76MPa和0.91MPa。计算可知，未掺入固化剂时，磷石膏∶红黏土＝1∶1和水泥∶磷石膏＝1∶3两个配比试样的无侧限抗压强度下降幅度分别为63.8%和79.5%。而掺入固化剂后，两个配比对应的下降幅度分别为43.3%和44.6%，说明加入固化剂后能够提升水泥磷石膏稳定红黏土混合料的对干湿循环下强度劣化的抵抗作用。

3.3.2.2 无侧限抗压强度与干湿循环次数的关系

由图3.9可知，水泥磷石膏稳定红黏土混合料无侧限抗压强度会随着干湿循环次数增加而降低，且呈现出"先快后慢"的趋势。如图3.9（a）所示，干湿循环次数0次，不

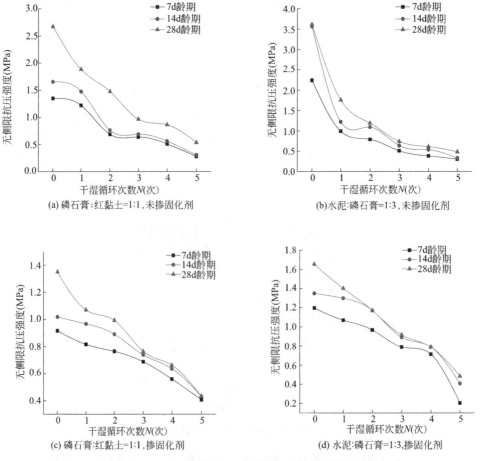

图3.9　混合料无侧限抗压强度与干湿循环次数的关系

掺入固化剂，水泥掺量 5%，磷石膏：红黏土＝1：1 试样 7d、14d、28d 的无侧限抗压强度分别为 1.34MPa、1.65MPa、2.67MPa。在经历 3 次干湿循环后，无侧限抗压强度为 0.63MPa、0.68MPa、0.96MPa。在经历 5 次干湿循环后，无侧限抗压强度为 0.28MPa、0.30MPa、0.53MPa。计算可知，水泥磷石膏稳定红黏土混合料 7d、14d、28d 无侧限抗压强度从 0 次到 3 次分别下降了 0.71MPa、0.97MPa、1.71MPa，而从 3 次到 5 次分别下降了 0.35MPa、0.38MPa、0.43MPa。因此，说明了上述结论，即水泥磷石膏稳定红黏土混合料无侧限抗压强度随着干湿循环次数增加而降低，且降低速率由快到慢。

3.3.2.3　无侧限抗压强度与龄期的关系

由图 3.10 可知，水泥磷石膏稳定红黏土混合料无侧限抗压强度随龄期增加而增加，当龄期达到 14d 后，混合料无侧限抗压强度增加速率减缓。如水泥掺量 5%，水泥：磷石膏＝1：3，未掺入固化剂，经历 0 次干湿循环时，7d 的无侧限抗压强度为 2.24MPa，14d 的无侧限抗压强度为 3.56MPa，28d 的无侧限抗压强度为 3.61MPa。7d 的无侧限抗压强度约为 28d 的 62.9%，14d 无侧限抗压强度约为 28d 的 98.6%。当经历 5 次干湿循环后，该配比下混合料 7d 的无侧限抗压强度为 0.30MPa，14d 的无侧限抗压强度为 0.33MPa，28d 的无侧限抗压强度为 0.38MPa。7d 的无侧限抗压强度约为 28d 的 78.9%，14d 无侧限抗压强度约为 28d 的 86.8%。

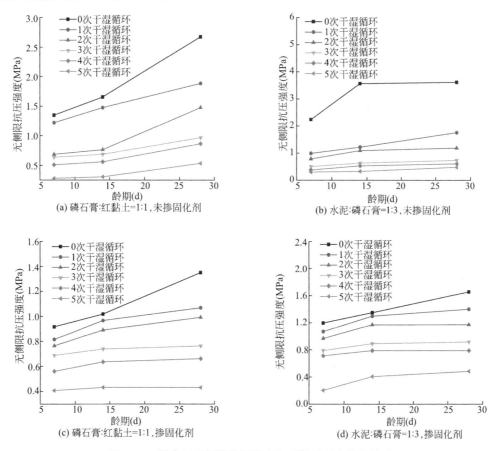

图 3.10　混合料无侧限抗压强度与干湿循环次数的关系

3.4 石灰磷石膏稳定土无侧限抗压强度特性

3.4.1 试样制备

将烘干后的磷石膏和红黏土过 2mm 筛，按表 3.3 中配比称取磷石膏、红黏土和石灰干拌后，倒入按最优含水率称取的水拌和均匀，闷料一昼夜后制样，试样尺寸为 50mm（直径）×50mm（高），压实度分别取 90%、92%、93%、94% 和 95%。标准养护 7d、14d 和 28d（温度 20±2℃，湿度≥95%）后进行无侧限抗压强度试验。

3.4.2 试验方法

试样方法同水泥磷石膏稳定土。石灰磷石膏稳定土无侧限抗压强度试样制备见表 3.3。

石灰磷石膏稳定土无侧限抗压强度试样制备表　　　　　　　　表 3.3

石灰(%)	磷石膏(%)	红黏土(%)	压实度(%)	最优含水率(%)	最大干密度(g/cm³)
6	6	88		27.11	1.424
	12	82		28.85	1.408
	18	76		28.42	1.431
	24	70		27.55	1.431
	31	63		28.52	1.453
	47	47		23.98	1.476
8	8	84		30.24	1.377
	16	76	90、92、93、94、95	28.01	1.455
	24	68		27.41	1.440
	31	61		27.59	1.441
	46	46		25.94	1.472
10	10	80		28.16	1.405
	20	70		29.46	1.449
	23	67		27.47	1.443
	30	60		28.55	1.455
	45	45		22.11	1.525

3.4.3 结果分析

1. 7d 无侧限抗压强度试验结果

由图 3.11 可知，磷石膏稳定土 7d 的无侧限抗压强度随着磷石膏含量的增加先增加，到达峰值后逐渐减小。

由图 3.11（a）可知，当石灰掺量为 6%，磷石膏的含量为 31% 时，石灰磷石膏稳定土的无侧限抗压强度达到最大值，即石灰与磷石膏的质量比在 1∶5.2 时混合料的无侧限抗压强度最大。

由图 3.11（b）可知，当石灰掺量为 8%，磷石膏的含量为 31% 时，石灰磷石膏稳定土的无侧限抗压强度达到最大值，即石灰与磷石膏的质量比在 1∶3.9 时混合料的无侧限抗压强度最大。

由图 3.11（c）可知，当石灰掺量为 10%，磷石膏的含量为 23% 时，石灰磷石膏稳定土的无侧限抗压强度达到最大值，即石灰与磷石膏的质量比在 1：2.3 时混合料的无侧限抗压强度最大。

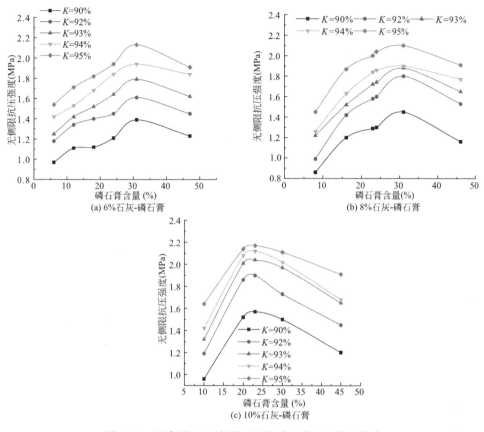

图 3.11　混合料 7d 无侧限强度与磷石膏含量关系曲线

2. 14d 无侧限抗压强度试验结果

由图 3.12 可知，磷石膏稳定土 14d 的无侧限抗压强度随着磷石膏含量的增加先增加，到达峰值后逐渐减小。

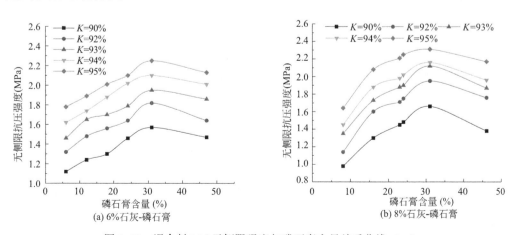

图 3.12　混合料 14d 无侧限强度与磷石膏含量关系曲线（一）

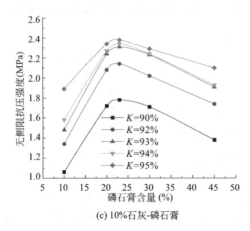

(c) 10%石灰-磷石膏

图 3.12　混合料 14d 无侧限强度与磷石膏含量关系曲线（二）

由图 3.12（a）可知，当石灰掺量为 6%，磷石膏的含量为 31%时，石灰磷石膏稳定土的无侧限抗压强度达到最大值，即石灰与磷石膏的质量比在 1∶5.2 时混合料的无侧限抗压强度最大。

由图 3.12（b）可知，当石灰掺量为 8%，磷石膏的含量为 31%时，石灰磷石膏稳定土的无侧限抗压强度达到最大值，即石灰与磷石膏的质量比在 1∶3.9 时混合料的无侧限抗压强度最大。

由图 3.12（c）可知，当石灰掺量为 10%，磷石膏的含量为 23%时，石灰磷石膏稳定土的无侧限抗压强度达到最大值，即石灰与磷石膏的质量比在 1∶2.3 时混合料的无侧限抗压强度最大。

3. 28d 无侧限抗压强度试验结果

由图 3.13 可知，磷石膏稳定土 28d 无侧限抗压强度随着磷石膏含量的增加先增加，到达峰值后逐渐减小。

由图 3.13（a）可知，当石灰掺量为 6%，磷石膏的含量为 31%时，石灰磷石膏稳定土的无侧限抗压强度达到最大值，即石灰与磷石膏的质量比在 1∶5.2 时混合料的无侧限抗压强度最大。

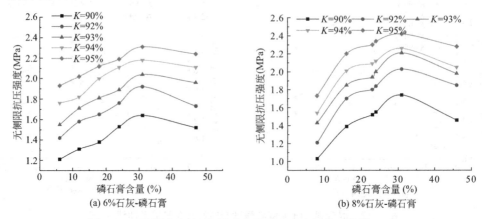

(a) 6%石灰-磷石膏　　　　　　　　(b) 8%石灰-磷石膏

图 3.13　混合料 28d 无侧限强度与磷石膏含量关系曲线（一）

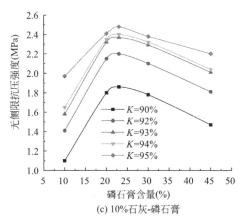

(c) 10%石灰-磷石膏

图 3.13　混合料 28d 无侧限强度与磷石膏含量关系曲线（二）

由图 3.13（b）可知，当石灰掺量为 8％，磷石膏的含量为 31％时，石灰磷石膏稳定土的无侧限抗压强度达到最大值，即石灰与磷石膏的质量比在 1：3.9 时混合料的无侧限抗压强度最大。

由图 3.13（c）可知，当石灰掺量为 10％，磷石膏的含量为 23％时，石灰磷石膏稳定土的无侧限抗压强度达到最大值，即石灰与磷石膏的质量比在 1：2.3 时混合料的无侧限抗压强度最大。

4. 无侧限抗压强度与龄期的关系

由图 3.14～图 3.16 不难发现，石灰磷石膏稳定土的无侧限抗压强度随着养护龄期的增长而增大，在 14d 后逐渐趋于稳定。以 8％石灰＋31％磷石膏＋61％红黏土，90％压实度为例，其他配合比及压实度条件下变化规律类似。7d 无侧限抗压强度为 1.45MPa，14d 无侧限抗压强度为 1.66MPa，7d 无侧限抗压强度为 1.74MPa；7d 无侧限抗压强度可以达到 28d 无侧限抗压强度的 83.3％，而 14d 无侧限抗压强度能够达到 28d 无侧限抗压强度 95.4％。

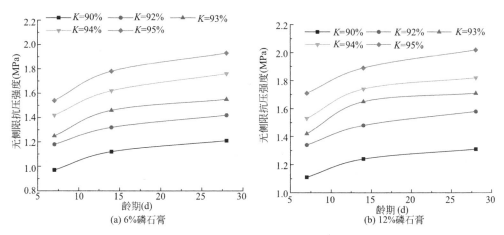

(a) 6%磷石膏　　　　　　　　　　　(b) 12%磷石膏

图 3.14　6％石灰-磷石膏稳定土不同龄期无侧限抗压强度（一）

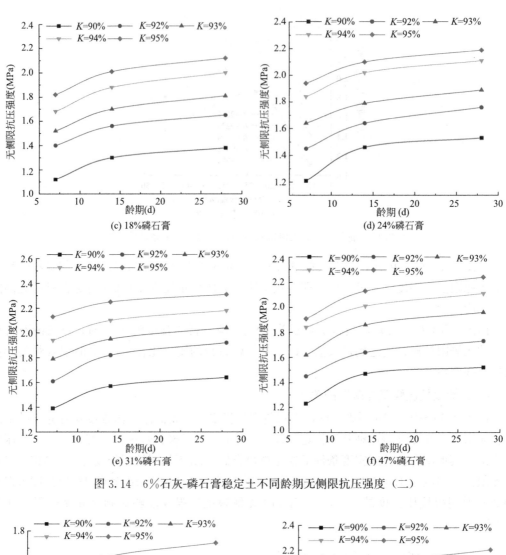

图 3.14　6％石灰-磷石膏稳定土不同龄期无侧限抗压强度（二）

图 3.15　8％石灰-磷石膏稳定土不同龄期无侧限抗压强度（一）

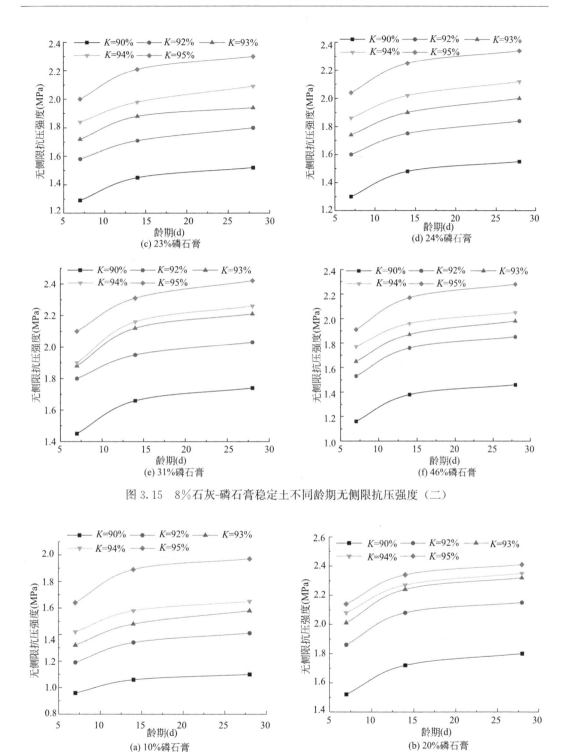

图 3.15　8％石灰-磷石膏稳定土不同龄期无侧限抗压强度（二）

图 3.16　10％石灰-磷石膏稳定土不同龄期无侧限抗压强度（一）

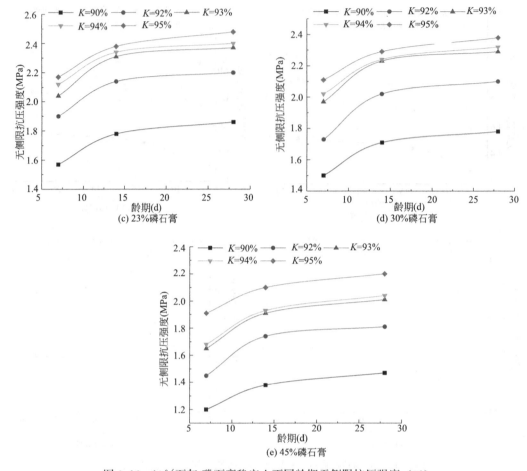

图 3.16　10％石灰-磷石膏稳定土不同龄期无侧限抗压强度（二）

3.5　干湿循环下石灰磷石膏稳定土无侧限抗压强度特性

3.5.1　干湿循环试验方法

根据已有研究，进行先湿后干对土体影响大于先干后湿，本书采用先湿后干的试验方法，传统的加湿方法有浸泡法、喷淋法等，这些方法对试样扰动很大，且加湿时质量不好控制，因此，试验时采用一种新的加湿方式，使用加湿器给试样加湿（图 3.17），此加湿方式加湿均匀、缓慢，质量容易控制，加湿完成后静置 24h。干燥过程采用烘箱烘干，烘干温度采用当地最高气温 35℃烘干至初始质量为一个干湿循环，烘干冷却至室温后进行无侧限抗压强度试验。无侧限抗压强度值计算见式(3.1)、式(3.2)。

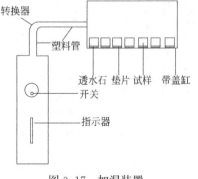

图 3.17　加湿装置

3.5.2　结果分析

3.5.2.1　不加 OTS-02 型外加剂无侧限抗压强度试验结果

由图 3.18 可知，随着干湿循环次数的增加，不同压实度混合料无侧限抗压强度在不断减小，其中经过前两次干湿循环后强度下降最快，4 次干湿循环后强度逐渐趋于稳定，压实度越大，无侧限抗压强度越强，且经过若干次干湿循环后，压实度大的混合料强度依然大于压实度小的试样。因此，增大压实度能提高混合料抵抗干湿循环破坏混合料内部结构的能力。

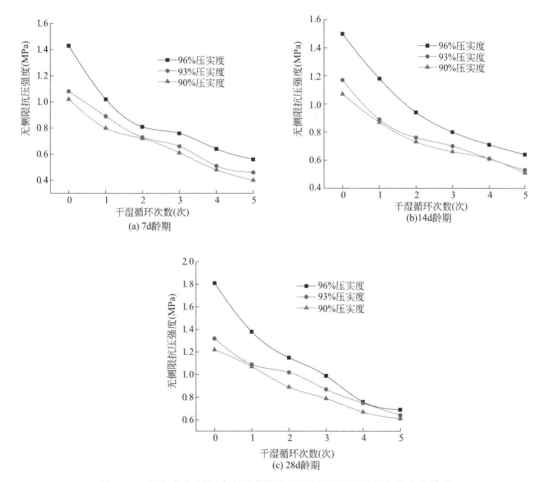

图 3.18　不加外加剂混合料无侧限抗压强度随干湿循环次数变化关系

以图 3.18（b）为例，当压实度由 90% 增加到 93% 时，无侧限抗压强度由 1.07MPa 增大到 1.17MPa，增加了 0.1MPa；而当压实度由 93% 增大到 96% 时，无侧限抗压强度增大到 1.5MPa，增加了 0.33MPa，混合料无侧限抗压强度增加量随压实度增加量没有呈现线性关系，这是因为压实度越大，内部结构越密实，压实度由 90% 增加到 93% 形成的胶凝物质远小于压实度由 93% 增加到 96% 所形成的胶凝物质。

3.5.2.2　加 OTS-02 型外加剂无侧限抗压强度试验结果

由图 3.19 可知：随着干湿循环次数的增加，混合料无侧限抗压强度先快速减小后缓慢减小，最后趋于稳定，且前两次干湿循环对强度变化最显著。混合料无侧限抗压强度随着压实度的增大而变大，在没有进行干湿循环时，不同压实度无侧限抗压强度相差比较大，但随着干湿循环的进行，不同压实度混合料无侧限抗压强度差值整体不断缩小。

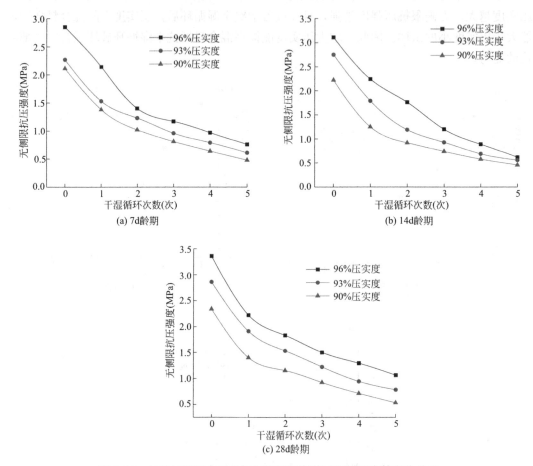

图 3.19　加外加剂混合料无侧限抗压强度随干湿循环次数变化关系

以图 3.19（b）为例，90％、93％、96％压实度混合料初始无侧限抗压强度分别为 2.22MPa、2.75MPa、3.11MPa，两相邻压实度间无侧限抗压强度相差 0.53MPa、0.35MPa，经过 5 次干湿循环后，强度下降到 0.46MPa、0.56MPa、0.62MPa，两相邻压实度间无侧限抗压强度相差 0.1MPa、0.06MPa，这是因为压实度越大，土体内部胶凝物质越多，经历干湿循环后，对胶凝物质破坏的越多。因此，经历干湿循环后，混合料无侧限抗压强度不断接近，而且压实度大的混合料无侧限抗压强度依然大。

经与图 3.19（b）比较，加 OTS-02 型外加剂混合料初始强度为不加此外加剂的两倍，干湿循环后强度下降较大，但经过 5 次干湿循环后强度依旧大于不加此外加剂混合料，此外加剂能提高混合料强度与抵抗干湿循环的能力。

3.5.2.3　无侧限抗压强度与龄期关系

由图 3.20、图 3.21 可知，加 OTS-02 型外加剂与不加此外加剂混合料无侧限抗压强度随养护龄期的增加而增加，经养护 7d，其强度达到 28d 养护龄期的 80% 以上，随着干湿循环次数的增加，养护龄期大的混合料整体强度依然大于养护龄期小的。以图 3.20（a）为例，90% 压实度混合料养护 7d、14d、28d 强度分别为 2.11MPa、2.22MPa、2.34MPa。由此可见，经 14d、28d 养护混合料强度比 7d 增加了 0.11MPa、0.23MPa，后期养护对强度增加不明显，7d 龄期混合料强度值达到 28d 养护龄期的 90.17%，其余强度均达到 80% 以上，经 5 次干湿循环后，强度下降到 0.46MPa、0.48MPa、0.53MPa，虽然养护龄期大的混合料强度大于养护龄期小的混合料，但强度值非常接近。

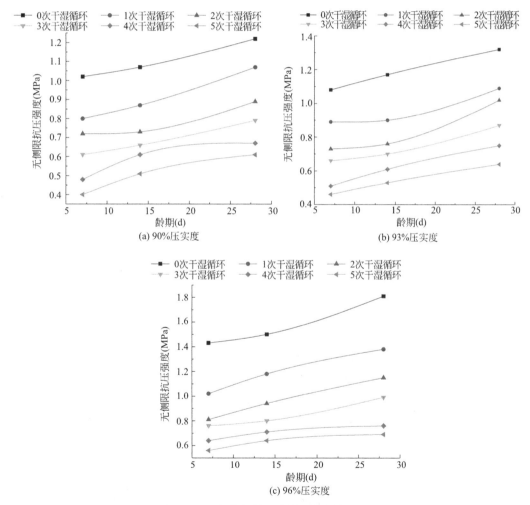

图 3.20　不加外加剂混合料无侧限抗压强度

3.5.2.4　无侧限抗压强度与干湿循环次数关系

为进一步找出混合料强度变大的原因，开展静三轴试验对强度指标进行探究，验样尺寸为 39.1mm×80mm（直径×高），围压采用 50kPa、100kPa、150kPa，对混合料标准

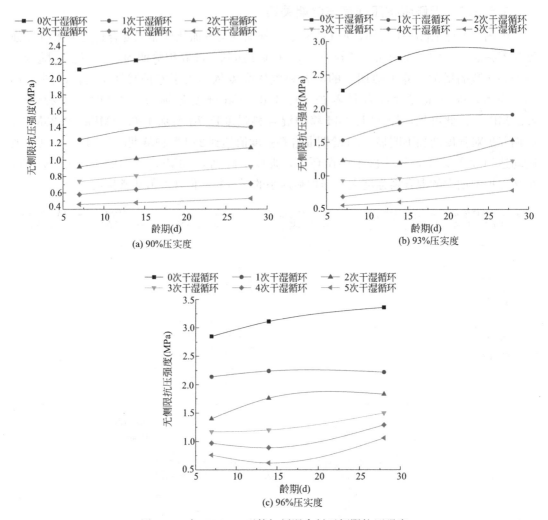

图 3.21　加 OTS-02 型外加剂混合料无侧限抗压强度

养护 7d 后进行不固结不排水抗剪强度试验，试验结果如图 3-22 所示。

由图 3.22 可知：

（1）随着干湿循环次数的增加，黏聚力 c 先快速减小后缓慢减小，最后趋于稳定；内摩擦角 φ 随着干湿循环次数的增加，呈减小趋势，但减小幅度比较小，经过 5 次干湿循环后，减小幅度在 3° 以内。因此，试样强度主要是因为黏聚力的变化而变化，干湿循环破坏了试样内部结构，导致黏聚力降低，宏观表现为强度的减小。

（2）压实度在 90%～96% 范围内，黏聚力 c 和内摩擦角 φ 均随着压实度的增大而增加，加入外加剂后，黏聚力和内摩擦角都增大，但内摩擦角增加更显著。当压实度由 90% 增大到 96% 时，不加外加剂初始黏聚力由 129.35kPa 增大到 155.22kPa，内摩擦角由 21.35° 增大到 24.25°，经外加剂处理试样，在 96% 压实度下，黏聚力由 155.22kPa 增大到 207.46kPa，内摩擦角由 24.25° 增大到 27.32°。因此，外加剂对黏聚力的增加幅度大于压实度，但随着压实度的增加，黏聚力的增加幅度比内摩擦角增加幅度大，这说明黏聚力对外加剂最敏感，压实度次之，施工过程中可以通过加一定配比的外加剂和适当增加压实度的方法来提高其强度。

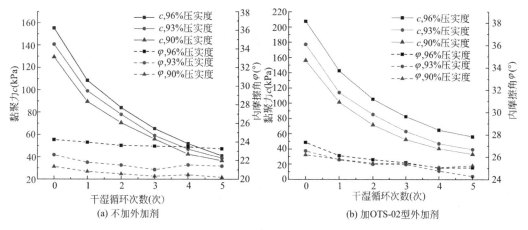

图 3.22　强度指标随干湿循环关系

3.6　本章小结

（1）随着磷石膏掺量的增加，磷石膏稳定土的无侧限抗压强度呈先增大后减小的趋势，当水泥与磷石膏的质量比为 1∶2～1∶4 之间，石灰与磷石膏的质量比为 1∶2.3～1∶5.2 时混合料的无侧限抗压强度最大。

（2）同一配合比下，磷石膏稳定土无侧限抗压强度随着龄期的增长而增大，增长速度先快后慢，在 14d 后逐渐趋于稳定，7d 的无侧限抗压强度约为 28d 的 85%～88%，14d 的无侧限抗压强度约为 28d 的 95%～97%。

第4章 磷石膏稳定土水稳性能

4.1 概述

水稳性能是反映材料在水的作用下维持其自身原有性能的能力。而用于路基填筑的混合料受气候环境影响，在降雨后雨水进入会对路基造成很大的影响，因此，如果石灰磷石膏稳定土用作道路路基填料，需要具备良好的水稳定性，以维持路面结构的正常使用。本章引入水稳系数的概念评价稳定土的水稳定性，其值为养护6d经泡水24h后的无侧限抗压强度值与养护7d的无侧限抗压强度值之比。

4.2 水泥磷石膏稳定土水稳性能

4.2.1 样品制备

根据《公路工程无机结合料稳定材料试验规程》JTG E51—2009，试样采用静力法压制成型：

（1）红黏土与磷石膏均过2mm筛，用燃烧法对其原始含水率进行测量；

（2）将过筛后的磷石膏和土按照表4.1中的配合比混合，根据最佳含水率计算出对应的水后，预留水质量的10%，将剩余的水均匀倒在混合料中；

（3）将磷石膏、红黏土与水拌匀后，用保鲜膜密封一昼夜，使含水率充分均匀；

（4）闷料结束后，加入水泥以及预留的水，搅拌均匀，使土料达到目标含水率，再次将混合料过2mm筛备用；

（5）使用模具将试样制成标准的无侧限试样大小，注意制样时间不宜超过1.5h；

（6）将试样进行养护，温度20±2℃，湿度≥95%，养护时间为6d，然后浸水1d。

样品制备见表4.1。

水稳试验样品制备表　　　　表4.1

水泥(%)	磷石膏(%)	土(%)	最佳含水率(%)	压实度(%)
	5	90	26.15	
	10	85	27.41	
	15	80	26.35	
5	23.8	71.2	27.11	90
	31.7	63.3	25.92	
	47.5	47.5	22.88	

4.2.2　试验方法

（1）各配合比的磷石膏水泥稳定土试样分别在养护箱标准养护 6d；

（2）取出试样，将试样完全浸水 24h；

（3）浸水完成后，对取出的试样进行无侧限抗压强度试验，记录数值；

（4）计算水稳系数。水稳系数＝标准养护 6d 后浸水 1d 混合料无侧限抗压强度/未浸水混合料 7d 无侧限抗压强度。

4.2.3　结果分析

如图 4.1 及表 4.2 所示，素红黏土泡水后迅速膨胀软化；混合料的破坏形式与素土遇水突然散落不同，而是先从下端呈小颗粒状逐渐从试样上脱落。随着磷石膏掺量增大，混

泡水前　　　　　　　　　　　泡水10s　　　　　　　　　　　泡水30s

(a) 100%红黏土

泡水前　　　　　　　　　　　泡水30s　　　　　　　　　　　泡水2min

(b) 5%水泥+5%磷石膏+90%红黏土

泡水前　　　　　　　　　　　泡水30s　　　　　　　　　　　泡水2min

(c) 5%水泥+10%磷石膏+85%红黏土

图 4.1　水泥掺量 5％时各配合比下稳定土水稳试验（一）

泡水前　　　　　　　　　　泡水30s　　　　　　　　　　泡水2min

(d) 5%水泥+15%磷石膏+80%红黏土

泡水前　　　　　　　　　　泡水1h　　　　　　　　　　泡水1d

(e) 5%水泥+23.8%磷石膏+71.2%红黏土

泡水前　　　　　　　　　　泡水1h　　　　　　　　　　泡水1d

(f) 5%水泥+31.7%磷石膏+63.3%红黏土

泡水前　　　　　　　　　　泡水1h　　　　　　　　　　泡水1d

(g) 5%水泥+47.5%磷石膏+47.5%红黏土

图 4.1　水泥掺量 5%时各配合比下稳定土水稳试验（二）

合料水稳定性逐渐增强，磷石膏掺量为 47.5％时，混合料水稳系数达到 0.21。由此可以得出，混合料无侧限抗压强度最大的组，水稳定性并不好，水稳定性最好的配合比是磷石膏：红黏土＝1：1。

磷石膏掺量变化对水稳定性影响　　　　表 4.2

水泥（％）	磷石膏（％）	红黏土（％）	含水率（％）	水稳系数
5	5	90	26.15	0
	10	85	27.41	0
	15	80	26.35	0
	23.8	71.2	27.11	0
	31.7	63.3	25.92	0.05
	47.5	47.5	22.88	0.21

混合料的水稳定性随着磷石膏增加逐渐上升，且水稳定性最好的配合比是磷石膏：红黏土＝1：1。为进一步验证此结论，故选取每个水泥掺量下无侧限抗压强度最佳组（水泥：磷石膏＝1：3）与水稳定性最佳组（磷石膏：红黏土＝1：1）再次进行混合料水稳定性探究，配合比如表 4.3 所示。

试验配合比　　　　表 4.3

水泥（％）	磷石膏（％）	红黏土（％）	含水率（％）	压实度（％）
3	9	88	27.83	
	48.5	48.5	25.47	
5	15	80	26.35	90、93、95
	47.5	47.5	22.88	
7	21	72	27.32	
	46.5	46.5	24.00	

如图 4.2 所示，增加水泥掺量、压实度并不能显著提高混合料的水稳定性，水泥：磷石膏＝1：3 组所有压实度全部被泡散，无强度。对浸泡试样水稳定性进行统计，结果见表 4.4。

泡水前　　　　　　　　　　　　　　　　泡水30s

(a) 3％水泥+9％磷石膏+88％红黏土，90％、93％、95％压实度

图 4.2　各水泥掺量下强度最大组与水稳最佳组水稳试验（一）

泡水前 　　　　　　　　　　　　　　泡水24h

(b) 3%水泥+48.5%磷石膏+48.5%红黏土，90%、93%、95%压实度

泡水前 　　　　　　　　　　　　　　泡水30s

(c) 5%水泥+15%磷石膏+80%红黏土，90%、93%、95%压实度

泡水前 　　　　　　　　　　　　　　泡水24h

(d) 5%水泥+47.5%磷石膏+47.5%红黏土，90%、93%、95%压实度

泡水前 　　　　　　　　　　　　　　泡水30s

(e) 7%水泥+21%磷石膏+72%红黏土，90%、93%、95%压实度

图 4.2　各水泥掺量下强度最大组与水稳最佳组水稳试验（二）

泡水前　　　　　　　　　　　　　　泡水24h

(f) 7%水泥+46.5%磷石膏+46.5%红黏土，90%、93%、95%压实度

图 4.2　各水泥掺量下强度最大组与水稳最佳组水稳试验（三）

混合料水稳系数　　　　　　　　　　　　　　　　表 4.4

水泥（%）	磷石膏（%）	红黏土（%）	含水率（%）	压实度（%）	水稳系数
3	9	88	27.83	90	0
				93	0
				95	0
	48.5	48.5	25.47	90	0
				93	0.07
				95	0.08
5	15	80	26.35	90	0
				93	0
				95	0
	47.5	47.5	22.88	90	0.21
				93	0.20
				95	0.21
7	21	72	27.32	90	0
				93	0
				95	0
	46.5	46.5	24.00	90	0.26
				93	0.26
				95	0.26

　　由表 4.4 可知，混合料配合比为磷石膏∶红黏土＝1∶1组水稳定性最好，但强度还是较低。而强度最大的组水泥∶磷石膏＝1∶3水稳定性很差，所有试样浸泡几分钟就无强度。水稳系数随着水泥掺量增加有一定增加；而随着压实度增加几乎无变化。综上，混合料水稳定性较差，考虑加入市售土壤外加剂增强其水稳定性。

　　根据上述试验结果，选取无侧限抗压强度最大组（5％水泥，水泥∶磷石膏＝1∶3），水稳性最佳组（5％水泥，磷石膏：红黏土＝1：1）两组配合比，压实度均为90％进行掺加市售外加剂试验。

后续加入外加剂混合料的制样过程均与无侧限的制样过程一样，将水泥、磷石膏、红黏土混合后，外加剂溶解于水中加入混合料中，搅拌均匀，再次过筛。试样养护6d后、浸水1d，进行无侧限抗压试验。

4.2.4 外加剂对水泥磷石膏稳定土水稳性能影响

1. SCA-2 外加剂水稳试验结果

广州诚统牌 SCA-2 外加剂，液态，密度为 $1.16g/cm^3$。推荐掺量为混合料质量的5％，本次采取掺量为 2.5％、5％、10％进行试验。

由图4.3和表4.5可知，加入诚统牌 SCA-2 外加剂后，水稳系数随着外加剂含量增大先增大后减小，5％外加剂掺量中，水泥：磷石膏＝1：3试样由浸泡 2min 即破坏到浸泡 1d 后水稳系数达到 0.35；而磷石膏：红黏土＝1：1 水稳系数也从 0.21 上升到 0.47。证明 SCA-2 外加剂对混合料水稳系数提升有明显作用。三个平行试验证明5％掺量最佳。

泡水5min　　　　　　　　　　　　　　　　泡水24h

(a) 5%水泥+2.5%SCA-2外加剂(左:15%磷石膏+80%红黏土，右:47.5%磷石膏+47.5%红黏土)

泡水5min　　　　　　　　　　　　　　　　泡水24h

(b) 5%水泥+15%磷石膏+80%红黏土(左:5%SCA-2，右:10%SCA-2)

图 4.3　SCA-2 外加剂水稳试验（一）

泡水5min　　　　　　　　　　　　　　泡水24h

（c）5%水泥+47.5%磷石膏+47.5%红黏土(左:5%SCA-2，右:10%SCA-2)

图 4.3　SCA-2 外加剂水稳试验（二）

单掺 SCA-2 外加剂与纯混合料无侧限强度比较　　　　　　　　表 4.5

水泥（%）	磷石膏（%）	红黏土（%）	外加剂掺量（%）	纯混合料 7d 无侧限强度（MPa）	标准养护 6d 浸水 1d 无侧限强度（MPa）	水稳系数
5	15	80	2.5	1.18	0	0
	47.5	47.5		0.77	0.23	0.30
	15	80	5	1.18	0.41	0.35
	47.5	47.5		0.77	0.36	0.47
	15	80	10	1.18	0.38	0.32
	47.5	47.5		0.77	0.34	0.44

2. N600 外加剂水稳试验结果

固颖牌 N600 外加剂呈液态，密度为 $1.32g/cm^3$。推荐掺量为混合料质量的 5% 与 10%。

由图 4.4、表 4.6 可知，加入固颖 N600 外加剂后，水泥：磷石膏＝1：3试样依然无强度；而磷石膏：红黏土＝1：1水稳系数还是基本维持不变。5%掺量和10%掺量结果一致，证明固颖 N600 外加剂对混合料水稳系数提升几乎无作用。

泡水10min　　　　　　　　　　　　　　泡水24h

(a) 5%水泥+15%磷石膏+80%红黏土(左:5%N600外加剂，右:10%N600外加剂)

图 4.4　N600 外加剂水稳试验（一）

53

泡水10min   泡水24h

(b) 5%水泥+47.5%磷石膏+47.5%红黏土（左:5%N600外加剂，右:10%N600外加剂）

图 4.4   N600 外加剂水稳试验（二）

单掺固颖 N600 外加剂与纯混合料无侧限强度比较   表 4.6

水泥（%）	磷石膏（%）	红黏土（%）	外加剂掺量（%）	纯混合料 7d 无侧限强度（MPa）	标准养护 6d 浸水 1d 无侧限强度（MPa）	水稳系数
5	15	80	5	1.18	0	0
	47.5	47.5		0.77	0.17	0.22
	15	80	10	1.18	0	0
	47.5	47.5		0.77	0.18	0.23

3. 路兴外加剂水稳试验结果

路兴牌外加剂呈液态，密度为 $1.5g/cm^3$。掺量为混合料质量的 5% 与 10%。

由图 4.5 及表 4.7 可得，加入路兴外加剂后，水泥:磷石膏＝1:3 试样虽然能保持完整，但依然无强度；而磷石膏:红黏土＝1:1 水稳系数反而降低，证明路兴外加剂对混合料水稳定性并无明显增强功能。

泡水5min   泡水24h

(a) 5%水泥+15%磷石膏+80%红黏土（左:5%路兴外加剂，右:10%路兴外加剂）

图 4.5   路兴外加剂水稳试验（一）

泡水 5min　　　　　　　　　　　　　泡水 24h

(b) 5%水泥+47.5%磷石膏+47.5%红黏土(左:5%路兴外加剂，右:10%路兴外加剂)

图 4.5　路兴外加剂水稳试验（二）

单掺路兴外加剂与纯混合料无侧限强度比较　　　　　　表 4.7

水泥(%)	磷石膏(%)	红黏土(%)	外加剂掺量(%)	纯混合料 7d 无侧限强度(MPa)	标准养护 6d 浸水 1d 无侧限强度(MPa)	水稳系数
	15	80	5	1.18	0	0
	47.5	47.5		0.77	0	0
5	15	80	10	1.18	0	0
	47.5	47.5		0.77	0	0

4. 鑫太白外加剂水稳试验结果

西安鑫太白工程技术有限公司生产的泥土土壤外加剂，呈粉末状。推荐掺量为混合料质量的 2.5%。

由图 4.6、表 4.8 可得，加入鑫太白外加剂后，水泥∶磷石膏＝1∶3 试样 5min 便被泡散；而磷石膏∶红黏土＝1∶1 水稳系数增加到 0.40，鑫太白外加剂对小掺量水稳系数无明显增强功能，对大掺量水稳系数增加比较明显。

(a) 泡水 5min　　　　　　　　　　　　　(b) 泡水 24h

图 4.6　5%水泥＋2.5%鑫太白外加剂［(a)：15%磷石膏＋80%红黏土，
(b)：47.5%磷石膏＋47.5%红黏土］水稳试验

55

单掺鑫太白外加剂与纯混合料无侧限强度比较 表 4.8

水泥（%）	磷石膏（%）	红黏土（%）	外加剂掺量（%）	纯混合料 7d 无侧限强度（MPa）	标准养护 6d 浸水 1d 无侧限强度（MPa）	水稳系数
5	15	80	2.5	1.18	0	0
	47.5	47.5		0.77	0.31	0.40

5. 2.5%SCA-2 外加剂＋2.5%鑫太白外加剂水稳试验结果

基于上述 4 种市售外加剂固化效果，考虑将效果最好的 SCA-2 外加剂与鑫太白外加剂混合，掺量各占混合料总质量的 2.5%，并探究混合外加剂对磷石膏水泥稳定红黏土水稳定性的增强功能。

由图 4.7、表 4.9 可得，加入 SCA-2 外加剂与鑫太白外加剂各 2.5% 后，水泥∶磷石膏＝1∶3 试样 5min 内还是被逐渐泡散；而磷石膏∶红黏土＝1∶1 水稳系数增加到 0.48，比 2.5% 掺量 SCA-2 外加剂水稳系数增加了 0.18，与 5% 掺量的 SCA-2 外加剂水稳系数一致，提升效果较为明显。

(a) 泡水5min　　　　　　　　　　　　　　　　(b) 泡水24h

图 4.7　5%水泥＋2.5%SCA-2 外加剂＋2.5%鑫太白外加剂 ［(a)：15%磷石膏＋80%红黏土，(b)：47.5%磷石膏＋47.5%红黏土］水稳试验

2.5%SCA-2 外加剂＋2.5%鑫太白外加剂与纯混合料无侧限强度比较 表 4.9

水泥（%）	磷石膏（%）	红黏土（%）	外加剂掺量（%）	纯混合料 7d 无侧限强度（MPa）	标准养护 6d 浸水 1d 无侧限强度（MPa）	水稳系数
5	15	80	2.5＋2.5	1.18	0	0
	47.5	47.5		0.77	0.37	0.48

由此得出，SCA-2 外加剂与鑫太白外加剂混合后和单掺鑫太白外加剂大体相同，对 15% 磷石膏掺量试样无明显增强功能，对 47.5% 磷石膏掺量水稳定性增加比较明显。

6. 卓能达外加剂水稳试验结果

青岛卓能达粉状外加剂，推荐掺量为混合料质量的 10% 与 15%。

由图 4.8 及表 4.10 可得，加入卓能达外加剂后，水稳定性系数并不会随着外加剂含量增大而增大，水泥∶磷石膏＝1∶3 试样浸泡 5min 之内均溶解；而磷石膏∶红黏土＝

1：1 水稳系数也仅从 0.25 上升到 0.26，证明卓能达粉末外加剂对混合料水稳系数无明显提升作用。

泡水前　　　　　　　　　　　　　　泡水24h

(a) 5%水泥+10%卓能达外加剂（左:15%磷石膏+80%红黏土，右:47.5%磷石膏+47.5%红黏土）

泡水前　　　　　　　　　　　　　　泡水24h

(b) 5%水泥+15%卓能达外加剂（左:15%磷石膏+80%红黏土，右:47.5%磷石膏+47.5%红黏土）

图 4.8　卓能达外加剂水稳试验

单掺卓能达粉末外加剂与纯混合料无侧限强度比较　　　　　　　　表 4.10

水泥(%)	磷石膏(%)	红黏土(%)	外加剂掺量(%)	纯混合料 7d 无侧限强度(MPa)	标准养护 6d 浸水 1d 无侧限强度(MPa)	水稳系数
5	15	80	10	1.18	0	0
	47.5	47.5		0.77	0.19	0.25
	15	80	15	1.18	0	0
	47.5	47.5		0.77	0.20	0.26

7. 鑫太白改性外加剂水稳试验结果

西安鑫太白改性土壤外加剂，呈粉末状。推荐掺量为混合料质量的 10%。

从图 4.9 可发现，鑫太白改性外加剂 5min 内 C：P＝1：3 与 P：T＝1：1 均破坏，证明鑫太白改性外加剂不但对混合料无增强作用，反而对本试验样品水稳定性存在反作用。

(a) 泡水前　　　　　　　　　　　(b) 泡水5min

图 4.9　5％水泥＋10％鑫太白改性外加剂［(a)：15％磷石膏＋80％红黏土，

(b)：47.5％磷石膏＋47.5％红黏土］水稳试验

8. 南京北固粉末外加剂水稳试验结果

南京北固工程材料有限公司的泥土土壤外加剂呈粉末状，推荐掺量为混合料质量的10％。

由图 4.10 及表 4.11 可得，加入南京北固外加剂后，水泥：磷石膏＝1∶3试样5min内便被泡散；而磷石膏：红黏土＝1∶1水稳系数仅增加到0.25，可见南京北固粉末外加剂对混合料水稳定性无明显作用。

(a) 泡水前　　　　　　　　　　　(b) 泡水24h

图 4.10　5％水泥＋10％南京北固粉末外加剂［(a)：15％磷石膏＋80％红黏土，

(b)：47.5％磷石膏＋47.5％红黏土］水稳试验

单掺 10％南京北固外加剂与纯混合料无侧限强度比较　　　　　　表 4.11

水泥（％）	磷石膏（％）	外加剂掺量（％）	纯混合料 7d 无侧限强度（MPa）	标准养护 6d 浸水 1d 无侧限强度（MPa）	水稳系数
5	15	10	1.18	0	0
	47.5		0.77	0.19	0.25

9. 南京北固液体外加剂水稳试验结果

南京北固工程材料有限公司的液体外加剂密度为 $1.8g/cm^3$，用法为直接将混合料浸泡 10min，以期外加剂在混合料表面形成一层保护膜增强水稳定性，然后放入水里浸泡。

由图 4.11 可得，使用南京北固液体外加剂浸泡后并没有给混合料增强水稳定性，反而带来反作用。

<table>
<tr><td>(a) 泡水前</td><td>(b) 泡水24h</td></tr>
</table>

图 4.11　5％水泥＋南京北固液体外加剂［(a)：15％磷石膏＋80％红黏土，
(b)：47.5％磷石膏＋47.5％红黏土］水稳试验

4.3　石灰磷石膏稳定土水稳性能

4.3.1　试样制备

试样预处理同第 3.2.1 节，试样尺寸为 50mm（直径）×50mm（高），压实度取 90％，标准养护 6d（温度 20±2℃，湿度≥95％）＋泡水 24h 后进行水稳定性试验研究，按表 4.12 制样。

表 4.12

水稳试验制备表

石灰(%)	磷石膏(%)	红黏土(%)	压实度(%)	含水率(%)
6	6	88	90	27.11
	12	82		28.85
	18	76		28.42
	24	70		27.55
	31	63		28.52
	47	47		23.98
8	8	84		30.24
	16	76		28.01
	24	68		27.41
	31	61		27.59
	46	46		25.94

续表

石灰(%)	磷石膏(%)	红黏土(%)	压实度(%)	含水率(%)
10	10	80	90	28.16
	20	70		29.46
	30	60		28.55
	45	45		22.11

4.3.2 试验方法

试验方法同水泥磷石膏稳定土。

4.3.3 结果分析

由图 4.12 可知，在未掺入任何其他外加剂的情况下，石灰掺量为 6% 时，在标准条件下养护 6d 后，将试样放入装满水的杯中仅 10s，试样便开始出现不同程度的剥落。60s

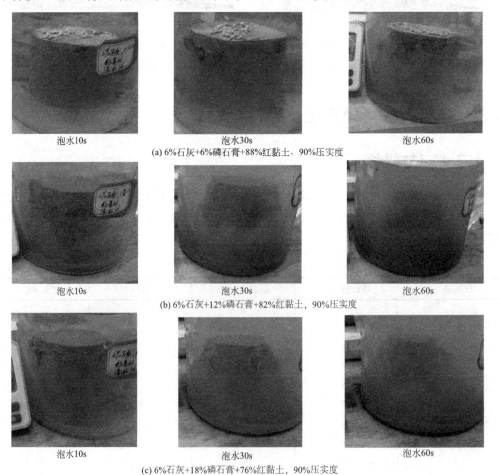

泡水10s 泡水30s 泡水60s
(a) 6%石灰+6%磷石膏+88%红黏土，90%压实度

泡水10s 泡水30s 泡水60s
(b) 6%石灰+12%磷石膏+82%红黏土，90%压实度

泡水10s 泡水30s 泡水60s
(c) 6%石灰+18%磷石膏+76%红黏土，90%压实度

图 4.12 石灰掺量 6% 时各配合比下稳定土水稳试验（一）

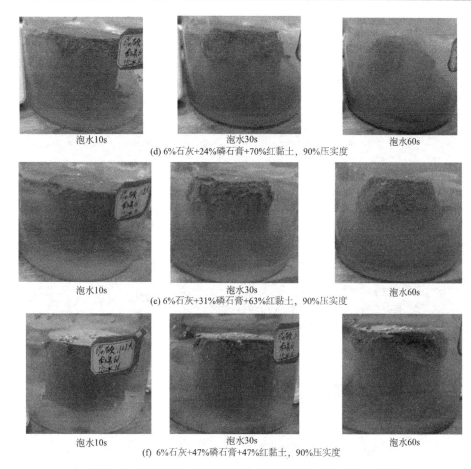

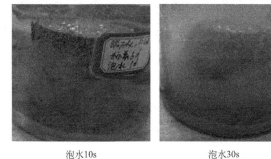

(a) 8%石灰+8%磷石膏+84%红黏土，90%压实度

图 4.13　石灰掺量 8％时各配合比下稳定土水稳试验（一）

后，试样土颗粒散落、剥落大半。据此，可以得出石灰掺量为 6％下的 6 个配合比遇水后，试样破坏严重，不具备任何强度可言，水稳定性极差。但从试样土颗粒剥落速度来看，磷石膏掺量越多，石灰磷石膏稳定土的水稳定性相对越好。

由图 4.13 可知，在未掺入任何其他外加剂的情况下，石灰掺量为 8％时，在标准条件下养护 6d 后，将试样放入装满水的杯中仅 10s，试样便开始出现不同程度的剥落。

泡水10s　　　　　　　　　　泡水30s　　　　　　　　　　泡水60s

(b) 8%石灰+16%磷石膏+76%红黏土，90%压实度

泡水10s　　　　　　　　　　泡水60s　　　　　　　　　　泡水120s

(c) 8%石灰+24%磷石膏+68%红黏土，90%压实度

泡水10s　　　　　　　　　　泡水60s　　　　　　　　　　泡水120s

(d) 8%石灰+31%磷石膏+61%红黏土，90%压实度

泡水10s　　　　　　　　　　泡水60s　　　　　　　　　　泡水120s

(e) 8%石灰+46%磷石膏+46%红黏土，90%压实度

图 4.13　石灰掺量 8％时各配合比下稳定土水稳试验（二）

120s 后，试样土颗粒散落、剥落大半。据此，可以得出石灰掺量为 8％下的 5 个配合比遇水后，试样破坏严重，不具备任何强度可言，水稳定性极差。但从试样土颗粒剥落速度来看，磷石膏掺量越多，石灰磷石膏稳定土的水稳定性相对越好。

由图 4.14 可知，在未掺入任何其他外加剂的情况下，石灰掺量为 10％时，在标准条件下养护 6d 后，将试样放入装满水的杯中仅 10s，试样便开始出现不同程度的

 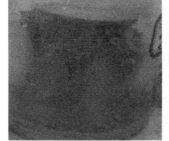 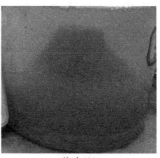

泡水10s　　　　　　　　　　泡水60s　　　　　　　　　　泡水120s

(a) 10%石灰+10%磷石膏+80%红黏土，90%压实度

  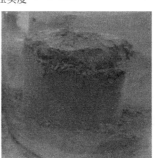

泡水10s　　　　　　　　　　泡水60s　　　　　　　　　　泡水120s

(b) 10%石灰+20%磷石膏+70%红黏土，90%压实度

泡水10s　　　　　　　　　　泡水60s　　　　　　　　　　泡水120s

(c) 10%石灰+30%磷石膏+60%红黏土，90%压实度

 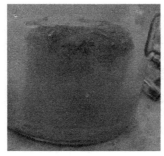 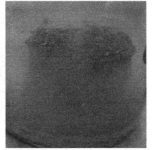

泡水10s　　　　　　　　　　泡水30s　　　　　　　　　　泡水60s

(d) 10%石灰+45%磷石膏+45%红黏土，90%压实度

图 4.14　石灰掺量 10％时各配合比下稳定土水稳定性试验

剥落。60～120s后，试样土颗粒散落、剥落大半。据此，可以得出石灰掺量为10%下的4个配合比遇水后，试样破坏严重，不具备任何强度可言，水稳定性极差。但从试样土颗粒剥落速度来看，磷石膏掺量越多，石灰磷石膏稳定土的水稳定性相对越好。

综上所述，在不掺加任何外加剂的情况下，所有配合比的石灰磷石膏稳定土均不能满足水稳定性的要求，因此考虑在此基础上加入外加剂对石灰磷石膏稳定土进行水稳定性改良。同时结合无侧限抗压强度结果，从经济性角度出发，后续水稳定性试验仅对无侧限抗压强度最大的8%石灰+31%磷石膏+61%红黏土以及水稳定性最好的8%石灰+46%磷石膏+46%红黏土两个配合比进行试验探究。

4.3.4 外加剂对混合料水稳性能影响

1. SV-LSS型外加剂水稳试验结果

SV-LSS型外加剂由山东汉为环保科技有限公司生产，属复合离子型外加剂，呈弱碱性，黑褐色液体，可溶于水，无毒、无害、无污染、不燃烧。密度大于$1.17g/cm^3$，浓度为32%。这种外加剂稳定土工作原理是使土壤胶团表面电流降能，将土壤中大量的自由水以结晶水的形式固定下来，外加剂与土壤混合后通过一系列物理化学反应来改变土壤的工程性质，颗粒趋于凝聚，电解质浓度增强，体积膨胀而进一步填充土壤孔隙，在压实作用下从而形成整体结构，使固化土易于压实和稳定，达到常规所不能达到的压密度，提高其强度、密实度、回弹模量、弯沉值、CBR、剪切强度等性能，以此满足路用技术指标要求。

该外加剂为液体，将石灰、磷石膏、红黏土按配合比称量、干拌。土壤外加剂按厂家推荐的占石灰、磷石膏、红黏土三者总质量的10%称量，随后将其加入按最优含水率计算后的需水量中稀释10min，一起倒入经干拌后的混合料中，再搅拌均匀，闷料24h后制无侧限样。将试样放入养护箱中养护6d，最后进行24h的泡水试验。

由图4.15可见，掺入商家推荐比例，即石灰、磷石膏、红黏土三者质量10%的SV-LSS型外加剂标准养护6d，泡水后60～120s，试样土颗粒就开始脱落破坏，水稳性差。

泡水10s   泡水30s   泡水60s

(a) 8%石灰+31%磷石膏+61%红黏土+10%SV-LSS固化剂，90%压实度

图4.15 SV-LSS型外加剂水稳试验（一）

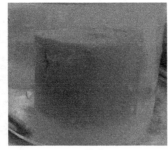

泡水10s　　　　　　　　　泡水60s　　　　　　　　　泡水120s

（b）8%石灰+46%磷石膏+46%红黏土+10%SV-LSS固化剂，90%压实度

图 4.15　SV-LSS 型外加剂水稳试验（二）

2. 路兴外加剂水稳试验结果

路兴牌外加剂呈液态，可溶于水，无毒、无害、无污染、不燃烧。浓度为 28%，厂家推荐的掺量为红黏土质量的 2%～5%，因此本试验取外加剂掺量为 2% 及 5% 各一组进行试验，具体试验方法及步骤同 SV-LSS 型液态外加剂。

泡水24h后　　　　　　　　　　　　　　泡水24h后

（a）8%石灰+31%磷石膏+61%红黏土+2%　　　（b）8%石灰+46%磷石膏+46%红黏土+2%

路兴外加剂　　　　　　　　　　　　　　路兴外加剂

图 4.16　路兴外加剂（2%）水稳试验

由图 4.16 可见，掺入商家推荐掺量，即红黏土质量 2% 的路兴外加剂标准养护 6d，泡水 24h 后，试样出现不同程度的开裂。由图 4.16（a）可见磷石膏掺量为 31% 的试样，从顶部开始有 3 条纵向裂缝向下贯穿至中部，顶面也有少许开裂。由图 4.16（b）可见磷石膏掺量为 46% 的试样较完整，仅中上部有很小的一条横向裂缝。待试样自然晾干后测其无侧限抗压强度值为 0MPa，说明虽然试样泡水 24h 后能维持试样完整，但是仍然无强度可言。

由图 4.17 可见，掺入商家推荐掺量，即红黏土质量 5% 的路兴外加剂标准养护 6d，泡水 24h 后，两个配合比试样均完整无开裂，但待试样自然晾干后测其无侧限抗压强度值均为 0MPa。

综上所述，根据商家推荐配合比，即红黏土质量的 2%～5% 的路兴外加剂后，水稳定性有一定提升，能够使试样泡水 24h 后保持完整，但没有强度。

泡水24h后　　　　　　　　　　　　　　　　　泡水24h后

(a) 8%石灰+31%磷石膏+61%红黏土+5%　　　(b) 8%石灰+46%磷石膏+46%红黏土+5%

　　　路兴外加剂　　　　　　　　　　　　　　　　路兴外加剂

图 4.17　路兴外加剂（5％）水稳试验

3. SCA-2 型外加剂水稳试验结果

SCA-2 型外加剂由广州诚统建筑科技有限公司生产，外观黏稠匀质，pH 值为 7.5，呈弱碱性，可溶于水，无毒、无害、无污染、不燃烧，属于液体外加剂，密度为 1.16g/cm³，浓度为 33％。厂家推荐掺量为红黏土质量的 2％～5％，因此本试验取外加剂掺量为 2％及 5％各一组进行试验，具体试验方法及步骤同 SV-LSS 型液态外加剂。

由图 4.18 和图 4.19 可见，掺入商家推荐掺量，即红黏土质量的 2％和 5％的 SCA-2 型外加剂标准养护 6d，泡水 24h 后，试样均开裂没有强度，水稳性差。

泡水24h后　　　　　　　　　　　　　　　　　泡水24h后

(a) 8%石灰+31%磷石膏+61%红黏土+　　　　(b) 8%石灰+46%磷石膏+46%红黏土+

　　2%SCA-2型外加剂　　　　　　　　　　　　　2%SCA-2型外加剂

图 4.18　卓能达 SCA-2 型外加剂（2％）水稳试验

4. OTS-02 型外加剂水稳试验结果

OTS-02 型外加剂由佛山市蓝叶环保科技有限公司生产，为灰色粉末状，有微弱气味，产品无毒、不燃不爆、安全环保。通过高分子聚合物改性技术，使土体永久固化。与传统材

泡水24h后　　　　　　　　　　　　　　　泡水24h后

(a) 8%石灰+31%磷石膏+61%　　　　　(b) 8%石灰+46%磷石膏+46%
外加剂+5%SCA-2型外加剂　　　　　　外加剂+5%SCA-2型外加剂

图 4.19　卓能达 SCA-2 型外加剂（5%）水稳试验

料相比，外加剂和土壤中物质发生复杂改性反应所产生的共聚物分子胶状黏粒可以和土粒本身结合起来，在土壤微粒间产生多维骨架结构，使土壤永久固化。外加剂中的活性成分与土壤颗粒发生反应，将土壤中的层状结构、胶状结构转化为矿物晶格结构，土体力学性能大幅提高，并彻底改善土体的水稳定性。土壤颗粒及有机质经化学反应，其物理结构和化学性质均得以改变，降低了土体自身的亲水性，土颗粒的排列更为密实，颗粒间斥力减小。

厂家推荐掺量为红黏土质量的 10%。试验时，按配合比分别称量好石灰、磷石膏、红黏土以及 OTS-02 型外加剂的用量，将 4 种物质混合干拌均匀，再按最优含水率称取一定量的水，加入经干拌后的混合料中拌和均匀，闷料 24h 后，制无侧限样。将试样放入养护箱中养护 6d，最后进行 24h 的泡水试验。

由图 4.20 可见，掺入商家推荐掺量，即红黏土质量 10% 的 OTS-02 型外加剂标准养护 6d，泡水 24h 后，图 4.20 (a) 出现开裂，不具备强度，图 4.20 (b) 试样仍然完整，待试样自然晾干后测其无侧限抗压强度值为 0.101MPa，水稳系数仅 8.71%。说明加入 OTS-02 型外加剂，能够提升石灰磷石膏稳定土的水稳定性，但效果不显著。

泡水24h后　　　　　　　　　　　　　　　泡水24h后

(a) 8%石灰+31%磷石膏+61%红黏土+　　　(b) 8%石灰+46%磷石膏+46%红黏土+
10%OTS-02型外加剂　　　　　　　　　10%OTS-02型外加剂

图 4.20　OTS-02 型土壤固化剂水稳试验

5. 粉态 BG 外加剂水稳试验结果

粉态 BG 外加剂由南京北固工程材料有限公司生产，是以工业废渣为主要原材料生产的一种新型水硬性硅铝基胶凝材料。

当 BG 外加剂与含有一定水分的土壤混合后，即发生一系列物理化学反应。首先，在土壤中大量形成富含结晶水的针状结晶体，穿插在土壤颗粒空隙间形成强度骨架；其次，硅酸盐类水化物填充在强度骨架之中，使固化体系进一步密实；最后，在激发剂的剧烈作用下，土壤外加剂和部分土壤颗粒参加化学反应，通过改善土壤（黏土、粉细砂、淤泥等）颗粒接触，强化结构联结，增加颗粒接触面积，过渡接触转化为同相或类同相接触，使加固土具有较高的强度、不可逆的水稳定性和耐久性。

厂家推荐掺量为石灰、磷石膏、红黏土三者总质量的 10%。具体试验方法及步骤同 OTS-02 型粉末外加剂。

由图 4.21 可见，掺入商家推荐掺量，即石灰、磷石膏、红黏土三者质量 10% 的粉态 BG 外加剂标准养护 6d，泡水 24h 后，试样均开裂没有强度，水稳性差。

泡水24h后 泡水24h后
(a) 8%石灰+31%磷石膏+61% (b) 8%石灰+46%磷石膏+46%
红黏土+10%粉态BG外加剂 红黏土+10%粉态BG外加剂

图 4.21 粉态 BG 外加剂水稳试验

6. 液态 BG 精外加剂水稳试验结果

由图 4.22 可见，经液态 BG 精外加剂浸泡固化后的试样，泡水 24h 后，试样全部开

泡水24h后 泡水24h后
(a) 8%石灰+31%磷石膏+61%红黏土 +10% (b) 8%石灰+46%磷石膏+46%红黏土+10%
液态BG精外加剂 液态BG精外加剂

图 4.22 液态 BG 精外加剂水稳试验

裂没有强度，水稳性差。

4.4　本章小结

（1）素红黏土水稳定性极差，磷石膏稳定土的水稳定性随着磷石膏掺量的增大而逐渐变好。

（2）对比 9 种外加剂水泥磷石膏稳定土水稳试验结果，5％掺量 SCA-2 型外加剂，能大幅提升混合料的水稳定性。水泥掺量 5％，磷石膏∶红黏土＝1∶1，SCA-2 掺量 5％的混合料水稳定性最好，水稳系数为 46％；对比 6 种外加剂石灰磷石膏稳定土水稳试验结果，10％掺量的 OTS-02 型外加剂，能够有效提升混合料的水稳定性。石灰掺量为 8％，磷石膏∶红黏土＝1∶1，OTS-02 型外加剂掺量为红黏土质量 10％的混合料水稳性能最好，水稳系数为 8.71％。

第5章　磷石膏稳定土动力特性

5.1　概述

路基在路面结构中承受车辆动载的作用，在循环荷载作用下，路基的动力稳定性问题也变得越来越突出，直接决定路基的安全运营和使用寿命。路基土的动剪切模量和动阻尼比是其重要的参数。动剪切模量反映路基土体动剪应力与动剪应变之间的关系，动阻尼比反映路基土体应力-应变关系的滞后性，也反映土体中能量衰减的规律。本章通过动三轴试验探究动应力-动应变、动剪切模量-动剪应变、阻尼比-动剪应变的关系，分别建立动剪切模量-动剪应变和阻尼比-动剪应变的动本构关系模型。

5.2　水泥磷石膏稳定土动力特性

5.2.1　试样制备

根据《公路工程无机结合料稳定材料试验规程》JTG E51—2015，试样采用静力法压制成型：

（1）红黏土与磷石膏需要过2mm筛，对其原始含水率进行测量；

（2）将磷石膏和红黏土按照预计的配合比混合，根据混合料的最佳含水率，称量出对应的水后，预留水质量的10%，将剩余的水均匀喷洒在磷石膏、红黏土混合料中；

（3）将磷石膏、红黏土与水拌匀后，密封24h，使混合料含水率均匀；

（4）闷料结束后，加入水泥与和预留的水，再次拌料，使土料达到目标含水率，再次将混合料过2mm筛备用；

（5）使用模具将试样制成标准的三轴试样大小，注意制样时间不宜超过1.5h；

（6）将试样进行养护，温度20±2℃，湿度≥95%，养护时间为7d。

考虑工程实际采用最佳配合比，根据前面无侧限、水稳试验的结果，采用素红黏土、无侧限抗压强度最佳组水泥：磷石膏＝1：3、水稳定性最佳组磷石膏：红黏土＝1：1，定义为A～C组，进行动力三轴试验。具体配合比见表5.1。

表5.1

动三轴试验制备表

水泥(%)	磷石膏(%)	红黏土(%)	压实度(%)	含水率(%)
0	0	100		28.20
5	15	80	90	26.35
	47.5	47.5		22.88

5.2.2　试验方法

1. 试验仪器

本章试验使用 SDT-20 型动三轴试验机（图 5.1），该试验机由围压施加机构，压力室举升机构，压力室，气、水施加管道系统，液压油源系统，轴向加载机构和框架，电气控制部分、微机控制和数据处理部分等组成。该系统可供轴向最大动态荷载 $2 \times 10^4 N$，量程 2cm，测量应变精度 10^{-4}，荷载振幅波动度高于 0.02，荷载平均波动度和变形精度均高于 0.05，压力室围压不能超过 $1 \times 10^3 kPa$，可模拟三角波、正弦波、正波、方波和梯形波等波形，试样尺寸为 $\phi 39.1mm \times 80mm$。

(a) 加荷系统　　　(b) 液压油源系统　　　(c) 微机控制系统　　　(d) 空压机

图 5.1　SDT-20 型动三轴试验机

2. 试验方案

试验荷载为正弦波荷载，采用等差数列逐渐递增的方式，每级振动次数取 10 次，固结比取 1.0、2.0、3.0，振动频率取 2Hz、4Hz，围压取 50kPa、100kPa、150kPa。试验方案见表 5.2。

试验方案　　　　　　　　　　　　　　　　　　　表 5.2

试样编号	围压(kPa)	固结比	振动频率(Hz)
1-1		1	
1-2		2	2
1-3	50	3	
1-4		1	
1-5		2	4
1-6		3	
2-1		1	
2-2		2	2
2-3	100	3	
2-4		1	
2-5		2	4
2-6		3	
3-1		1	
3-2		2	2
3-3	150	3	
3-4		1	
3-5		2	4
3-6		3	

3. 试验方法与步骤

（1）按照标准顺序打开电脑、动三轴主机控制器、软件 LETRY、液压油源系统和空压机。

（2）将养护完成的试样取出，套膜装样，固定试样，调节上下传感器，当上下压盘与试样接触时，用橡胶圈扎紧试样两端，隔水（图 5.2）。

（3）试验前各传感器清零，缓降压力室，待接触牢固时，拧紧螺栓。

（4）当土样固结完成后，设定参数，然后施加动荷载，观察土样和参数的变化，记录异常现象，当达到设定次数时停止。

（5）试验完成后，应先行将荷载卸去，然后围压调为 0、升压力室、取出试样、卸系统压力、关闭油源、退出控制程序、关闭控制器、关闭电脑。

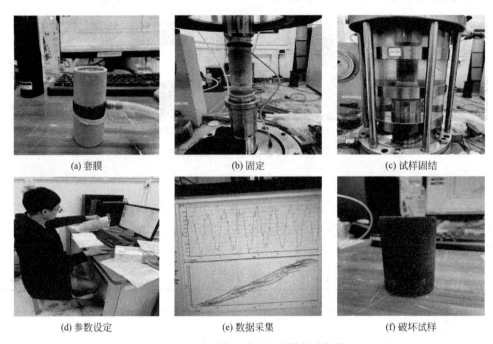

(a) 套膜　　　　　　　(b) 固定　　　　　　　(c) 试样固结

(d) 参数设定　　　　　(e) 数据采集　　　　　(f) 破坏试样

图 5.2　动三轴试验过程及样品破坏图

5.2.3　结果分析

1. 动应力与动应变关系

通过对试样施加动荷载可得动应力 σ_d 和对应的动应变 ε_d，根据试验数据可作出不同配合比、频率、固结比和围压下磷石膏稳定土的动应力-动应变关系曲线（图 5.3）。

（1）不同围压下动应力-动应变关系

图 5.4 为磷石膏稳定土在不同围压下动应力与动应变的关系曲线，仅展示固结比1.0、频率 2Hz 下动应力与动应变的关系，

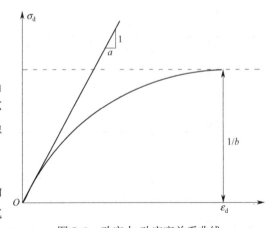

图 5.3　动应力-动应变关系曲线

其余条件下，变化规律基本相同。围压增大，土体变得致密，其轴向变形受到抑制，承担荷载的能力变大，即在相同动应变下，随着围压的增大，动应力-动应变骨干曲线上升。

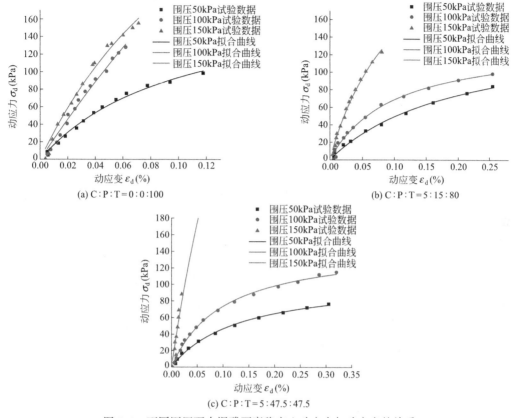

图 5.4　不同围压下水泥磷石膏稳定土动力与动应变的关系

（2）不同固结比下动应力-动应变关系

图 5.5 为在不同固结比情况下磷石膏稳定土的动应力-动应变关系曲线，仅展示围压 50kPa、振动频率 2Hz 下动应力与动应变的关系，其余条件下，变化规律基本相同。在施

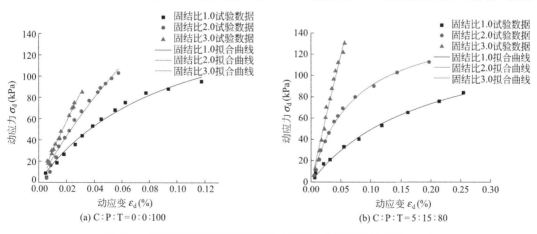

图 5.5　不同固结比下磷石膏稳定土动应力与动应变的关系（一）

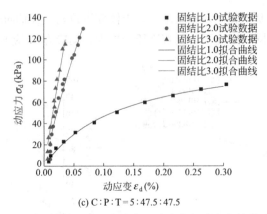

(c) C:P:T=5:47.5:47.5

图 5.5　不同固结比下磷石膏稳定土动应力与动应变的关系（二）

加动荷载前土体已经固结完成，故其变形减小，在同一动应变下骨干曲线上升。当轴向动荷载变大时，即从等向固结到非等向固结时，混合料的变形变大，固结过程中混合料变形趋于稳定状态。故施加动荷载时，变形变小，承担荷载的能力变大。

（3）不同频率下动应力-动应变关系

图 5.6 为在不同振动频率情况下磷石膏水泥稳定土的动应变与动应力的关系曲线，仅展示围压 50kPa、固结比 1.0 下动应力与动应变的关系，其余条件下，变化规律基本相同。随着振动频率的增大，动应力-动应变骨干曲线上升；频率的增大必然减少作用时间，从而间接增大了其动应力，使得骨干曲线上升，但增幅不大。

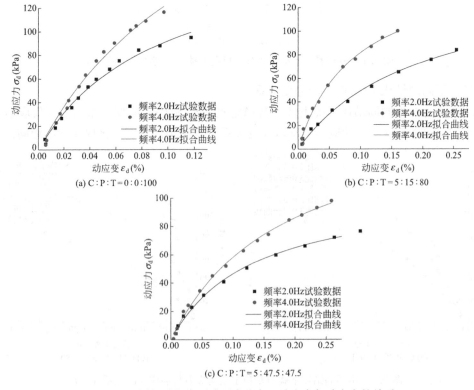

图 5.6　不同振动频率下磷石膏稳定土动应力与动应变的关系

2. 动剪切模量与动应变的关系

动剪切模量可由式(5.1)~式(5.3) 得出：

$$\tau_d = \frac{\sigma_d}{2} \tag{5.1}$$

$$G_d = \frac{\tau_d}{\gamma_d} \tag{5.2}$$

$$G_d = \frac{E_d}{2(1+\mu)} \tag{5.3}$$

综合式(5.1)~式(5.3)，得到：

$$\gamma_d = \varepsilon_d(1+\mu) \tag{5.4}$$

$$\tau_d = \frac{\gamma_d}{c+d\gamma_d} \tag{5.5}$$

故可以推导得到 τ_d 与 γ_d 近似符合 H-D 双曲线模型。

$G_{dmax} = \left(\dfrac{d\tau_d}{d\gamma_d}\right)_{\gamma_d \to 0} = \dfrac{1}{c}$，$\tau_{dmax} = \left(\dfrac{\gamma_d}{c+d\gamma_d}\right)_{\varepsilon_d \to \infty} = \dfrac{1}{d}$，令参考动应变 $\gamma_r = \dfrac{\tau_{dmax}}{G_{dmax}} = \dfrac{1/d}{1/c} = \dfrac{c}{d}$。

则原式：$\tau_d = \dfrac{\gamma_d}{c+d\gamma_d} = \dfrac{\gamma_d}{1/G_{dmax}+1/\tau_{dmax} \cdot \gamma_d} = \dfrac{\gamma_d \cdot G_{dmax}}{1+G_{dmax}/\tau_{dmax} \cdot \gamma_d} = \dfrac{\gamma_d \cdot G_{dmax}}{1+\gamma_d/\gamma_r}$。

其中，σ_d 为动应力；τ_d 为动剪切应力；γ_d 为动应变；G_d 为动剪切模量；E_d 为动弹性模量；μ 为泊松比；τ_{dmax} 为最大动剪切应力；G_{dmax} 为最大动剪切模量；γ_r 为参考动应变。

动剪切模量计算模型见图 5.7。

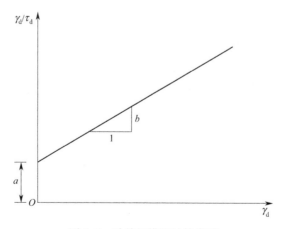

图 5.7　动剪切模量计算模型

（1）不同围压下动剪切模量-动应变关系

图 5.8 为在不同围压情况下磷石膏稳定土的动剪切模量与动应变的关系曲线，仅展示固结比 1.0、频率 2Hz 下动剪切模量与动应变的关系，其余条件下，变化规律基本类似。无论是素红黏土或者磷石膏稳定土，其 G_d 均随围压增大而增大。素红黏土和磷石膏稳定土的 G_d 均随动应变的增大而减小。在相同情况下，随着围压的增大，混合料内部变得更密实，孔隙

变小，抵抗剪切变形变强，动剪切模量变大。素红黏土和磷石膏小掺量，当围压增加到 0.10MPa 后，继续增加围压，动剪切模量增长幅度并不大；但磷石膏大掺量时将围压进一步加大，动剪切模量有很大的提升，说明这一配合比下 G_d 与围压的相关性更为敏感。

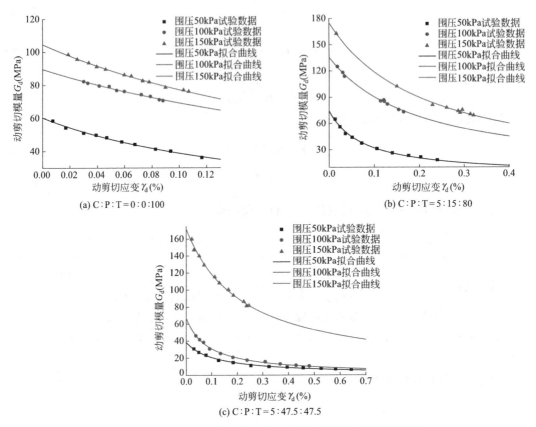

(a) C:P:T=0:0:100

(b) C:P:T=5:15:80

(c) C:P:T=5:47.5:47.5

图 5.8　不同围压下磷石膏稳定土动剪切模量与动应变的关系

（2）不同固结比下动剪切模量-动应变关系

图 5.9 为在不同固结比情况下磷石膏稳定土的动剪切模量与动应变的关系，仅展示频率

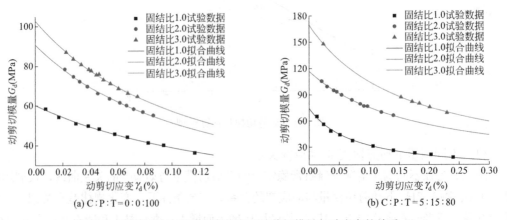

(a) C:P:T=0:0:100

(b) C:P:T=5:15:80

图 5.9　不同固结比下磷石膏稳定土动剪切模量与动应变的关系（一）

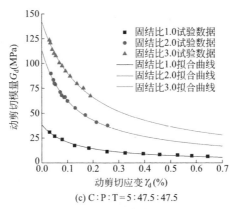

图 5.9　不同固结比下磷石膏稳定土动剪切模量与动应变的关系（二）

2Hz、围压 50kPa 下动剪切模量与动应变的关系，其余条件下，变化规律基本类似。素红黏土和磷石膏稳定土的动剪切模量均随动应变的增大而减小。无论是素红黏土或者磷石膏稳定土，其动剪切模量均随固结比增加而增加。随着固结比的增大，预固结压力增大，混合料变密实，孔隙变小，固结阶段混合料发生大变形，抵抗剪切变形能力增强，动剪切模量变大。随着固结比继续增大，动剪切模量增长不大，线性特征增强，表现为弹性特征。

（3）不同频率下动剪切模量-动应变关系

图 5.10 为在不同振动频率情况下磷石膏稳定土的动剪切模量与动应变的关系曲

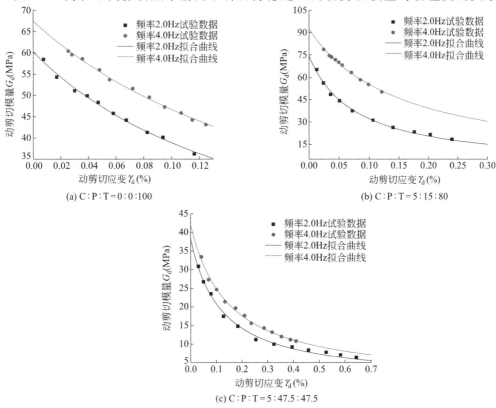

图 5.10　不同振动频率下磷石膏稳定土动剪切模量与动应变的关系

线，仅展示固结比 1.0、围压 50kPa 下动剪切模量与动应变的关系，其余条件下，变化规律基本类似。素红黏土和磷石膏稳定土的动剪切模量均随动应变的增大而减小。无论是素红黏土或者磷石膏稳定土，其动剪切模量均随振动频率增加而增加。随着振动频率的增大，降低了动荷载作用在混合料的时间，混合料能在短时间内被压密，变形变小，孔隙变小，动剪切模量变大。由于混合料自身性能没有变，故骨干曲线变化不太明显。

（4）动剪切模量-动应变本构模型

动力本构关系一直是学界研究的热点及难点[83]。关于动剪切模量与动应变的关系模型主要有 B. O. Hardin[84] 等的 H-D 模型和 P. P. Martin[85] 等的 Davidenkov 模型。通过数据拟合发现磷石膏水泥稳定红黏土动剪切模量与动应变的关系更适合于 H-D 模型，H-D 模型为：

$$G_d = \frac{G_{dmax}}{1 + \dfrac{\gamma_d}{\gamma_r}} \tag{5.6}$$

$$\gamma_r = \frac{\tau_{dmax}}{G_{dmax}} \tag{5.7}$$

式中，G_d 为动剪切模量；τ_{dmax} 为最大动剪切应力；G_{dmax} 为最大动剪切模量；γ_r 为参考动应变；γ_d 为动应变。

可以通过 Origin2018 软件拟合 γ_r 及 G_{dmax}，拟合结果见表 5.3～表 5.5，拟合曲线如图 5.8～图 5.10 所示，试验数据与拟合数据基本上是吻合的，且 $R^2 \geqslant 0.99$，故磷石膏稳定土动剪切模量与动应变的关系可用 H-D 模型表示。

不同围压下动剪切模量拟合参数与相关系数　　　表 5.3

编组（C∶P∶T）	围压（kPa）	G_{dmax}（MPa）	γ_r	R^2
C∶P∶T＝0∶0∶100	50	60.263	0.18162	0.99409
	100	89.609	0.34038	0.98495
	150	104.501	0.28266	0.99688
C∶P∶T＝5∶15∶80	50	74.363	0.07606	0.99501
	100	135.382	0.20074	0.99511
	150	175.171	0.20985	0.99738
C∶P∶T＝5∶47.5∶47.5	50	38.270	0.11875	0.99396
	100	66.753	0.08660	0.99580
	150	118.483	0.22417	0.99386

不同固结比下动剪切模量拟合参数与相关系数　　　表 5.4

编组（C∶P∶T）	固结比	G_{dmax}（MPa）	γ_r	R^2
C∶P∶T＝0∶0∶100	1.0	60.263	0.18162	0.99409
	2.0	90.825	0.20877	0.99655
	3.0	102.825	0.21463	0.99543

续表

编组（C∶P∶T）	固结比	G_{dmax}（MPa）	γ_r	R^2
C∶P∶T=5∶15∶80	1.0	74.363	0.07606	0.99501
	2.0	116.950	0.18091	0.99792
	3.0	169.982	0.16119	0.99956
C∶P∶T=5∶47.5∶47.5	1.0	38.270	0.11875	0.99396
	2.0	113.847	0.12129	0.99597
	3.0	142.723	0.17125	0.99416

不同频率下动剪切模量拟合参数与相关系数　　　　　　表 5.5

编组（C∶P∶T）	频率（Hz）	G_{dmax}（MPa）	γ_r	R^2
C∶P∶T=0∶0∶100	2	60.263	0.18162	0.99409
	4	67.447	0.15834	0.99600
C∶P∶T=5∶15∶80	2	74.363	0.07606	0.99501
	4	92.463	0.14774	0.99395
C∶P∶T=5∶47.5∶47.5	2	38.270	0.11875	0.99396
	4	42.076	0.14357	0.99424

　　不同配合比下磷石膏水泥稳定红黏土最大动剪切模量分别与围压、固结比和振动频率的关系曲线如图 5.11 所示，各种条件下，素红黏土和磷石膏稳定土的最大动剪切模量均

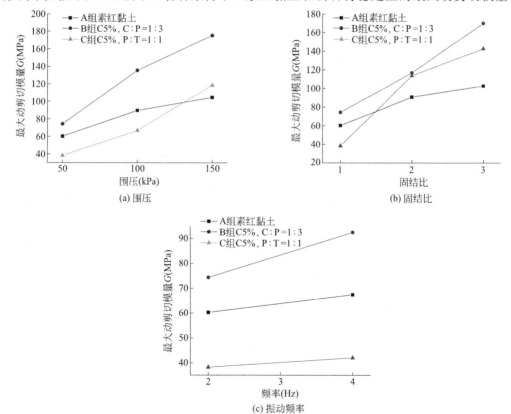

图 5.11　最大动剪切模量与围压、固结比和振动频率的变化曲线

随围压、固结比和振动频率增大而近似线性增大。

随着磷石膏含量的增加，最大动剪切模量呈先增大后减小的趋势。但试验结果显示磷石膏掺量为 47.5％组受固结比和围压影响比较大，频率影响最小。

以围压 50kPa、固结比 1.0、振动频率 2Hz 为例，B 组水泥：磷石膏：红黏土＝5：15：80 的最大动剪切模量较 A 组素红黏土增大 14.1MPa，增幅约 23.4％；C 组水泥：磷石膏：红黏土＝5：47.5：47.5 的最大动剪切模量较 A 组素红黏土减小 21.993MPa，降低约 36.5％。以围压 50kPa、固结比 2.0、振动频率 2Hz 为例，B 组水泥：磷石膏：红黏土＝5：15：80 的最大动剪切模量较 A 组素红黏土增大 26.125MPa，增幅约 28.8％；C 组水泥：磷石膏：红黏土＝5：47.5：47.5 的最大动剪切模量较 A 组素红黏土增大 23.022MPa，增幅约 25.35％。

上述分析表明磷石膏水泥稳定红黏土相较素红黏土增大了最大动剪切模量，同时增强了抗动力剪切变形能力；磷石膏掺量为 15％组动剪切模量优于掺量 47.5％组，这与无侧限试验结果吻合，但在大量使用磷石膏情况下，可优先采取增大固结比或增大围压的措施，也能使大掺量磷石膏水泥稳定土拥有较好地抗动力剪切变形的能力。

3. 阻尼比与动应变的关系

阻尼比定义为实际阻尼系数 c 与临界阻尼系数 c_{cr} 之比［式(5.8)］。阻尼比指的是在循环荷载作用条件下土体的能量损失，定义为土体每次循环作用下能量耗散的多少与处于弹性阶段时的土体总能量之比［式(5.9)］。根据弹塑性理论，阻尼比定义为中滞回圈的总面积与三角形的总面积之比（图 5.12），计算公式如下：

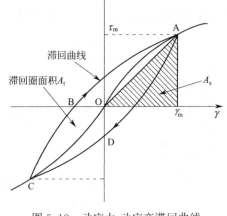

图 5.12　动应力-动应变滞回曲线

$$\lambda = \frac{实际阻尼系数 c}{临界阻尼系数 c_{cr}} \quad (5.8)$$

$$\lambda = \frac{1}{4\pi} \frac{\Delta W}{W} = \frac{1}{4\pi} \frac{A_s}{A_t} \quad (5.9)$$

式中：ΔW——每个循环损失的能量；

W——土体处于弹性阶段时能量；

λ——阻尼比；

A_t——滞回圈的顶点到原点的连线与和横轴所形成的直角三角形的总面积；

A_s——滞回曲线所包围的总面积。

（1）不同围压下阻尼比-动应变的关系

图 5.13 为在不同围压情况下磷石膏稳定土的阻尼比与动应变的关系曲线，限于篇幅，仅展示固结比 1.0、频率 2Hz 下阻尼比与动应变的关系，其余条件下，变化规律基本类似。素红黏土和磷石膏稳定土的阻尼比均随动应变的增大而增大。无论是素红黏土或者磷石膏稳定土，其阻尼比均随围压增加而降低。围压变大，混合料变得更致密，孔隙减小，应力波在混合料内部能量耗散减小，阻尼比减小。

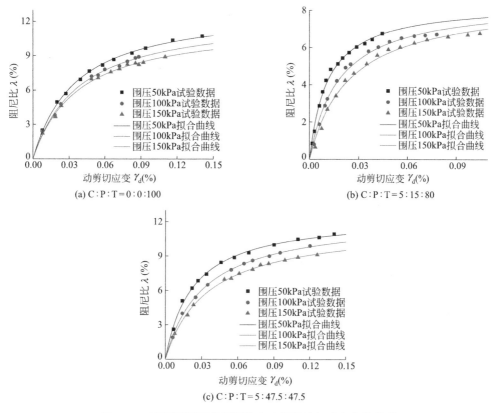

图 5.13　不同围压下磷石膏稳定土阻尼比与动应变的关系

（2）不同固结比下阻尼比-动应变的关系

图 5.14 为在不同固结比情况下磷石膏稳定土的阻尼比与动应变的关系曲线，限于篇幅，仅展示围压 50kPa、频率 2Hz 下阻尼比与动应变的关系，其余条件下变化规律基本类似。素红黏土和磷石膏稳定土的阻尼比均随动应变的增大而增大。无论是素红黏土或者磷石膏稳定土，其阻尼比均随固结比增加而下降。固结比增大，混合料内部变得更密实，孔隙变小，应力波在混合料中能量损失减小，阻尼比减小。

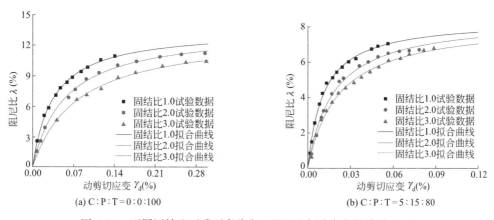

图 5.14　不同固结比下磷石膏稳定土阻尼比与动应变的关系（一）

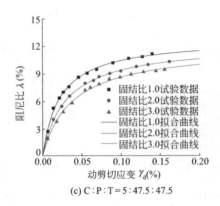

(c) C∶P∶T = 5∶47.5∶47.5

图 5.14　不同固结比下磷石膏稳定土阻尼比与动应变的关系（二）

（3）不同频率下阻尼比-动应变的关系

图 5.15 仅展示围压 50kPa、固结比 1.0 的图像，其余条件变化规律类似。素红黏土和磷石膏稳定土的阻尼比均随动应变的增大而增大。无论是素红黏土或者磷石膏稳定土，其阻尼比均随振动频率升高而降低。增大振动频率，动荷载在混合料内部的作用时间变短，能量耗散变小，阻尼比变小。

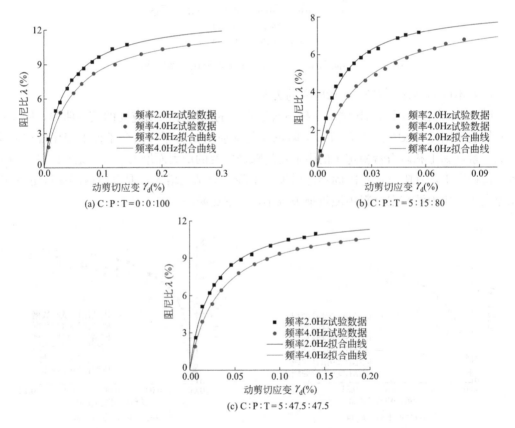

(a) C∶P∶T = 0∶0∶100　　　　　　　　(b) C∶P∶T = 5∶15∶80

(c) C∶P∶T = 5∶47.5∶47.5

图 5.15　不同振动频率下磷石膏稳定土阻尼比与动应变的关系

（4）阻尼比-动应变本构模型

关于阻尼比与动应变关系的经验模型主要有 B. O. Hardin[84] 等的 H-D 模型，Jr L[86] 等的 Borden 模型，Zhang-Andrus 模型[87] 以及陈国兴模型[88]。数据拟合发现 H-D 模型更适合描述磷石膏稳定土阻尼比与动应变的关系，H-D 模型为：

$$\lambda = \lambda_{\max}\left(1 - \frac{G_{\mathrm{d}}}{G_{\mathrm{dmax}}}\right) \tag{5.10}$$

将式（5.6）带入式（5.10）得到：

$$\lambda = \lambda_{\max}\left(\frac{\gamma_{\mathrm{d}}/\gamma_{\mathrm{r}}}{1 + \gamma_{\mathrm{d}}/\gamma_{\mathrm{r}}}\right) \tag{5.11}$$

式中，λ 为阻尼比；γ_{d} 为动应变，由试验得到；γ_{r} 为参考动应变，$\lambda_{\max}$ 为最大阻尼比，均通过拟合而得。

可以通过 Origin2018 软件拟合 γ_{r} 及 $\lambda_{\max}$，拟合结果见表 5.6～表 5.8，拟合曲线如图 5.13～图 5.15 所示，试验数据与拟合数据基本上是吻合的，且 $R^2 \geqslant 0.99$，故磷石膏稳定土阻尼比与动应变的关系可用 H-D 模型表示。

不同围压下阻尼比拟合参数与相关系数　　　表 5.6

编组（C∶P∶T）	围压（kPa）	$\lambda_{\max}$	γ_{r}	R^2
C∶P∶T=0∶0∶100	50	13.29281	0.03513	0.99752
	100	12.60739	0.03790	0.99415
	150	11.86578	0.03669	0.99551
C∶P∶T=5∶15∶80	50	8.5367	0.01118	0.99011
	100	8.5026	0.01782	0.99202
	150	8.4176	0.02402	0.99076
C∶P∶T=5∶47.5∶47.5	50	12.58618	0.02291	0.99599
	100	12.40987	0.03171	0.99873
	150	11.72825	0.03489	0.99794

不同固结比下阻尼比拟合参数与相关系数　　　表 5.7

编组（C∶P∶T）	固结比	$\lambda_{\max}$（%）	γ_{r}（%）	R^2
C∶P∶T=0∶0∶100	1.0	13.29281	0.03513	0.99752
	2.0	13.28107	0.05459	0.99768
	3.0	12.94801	0.07616	0.99505
C∶P∶T=5∶15∶80	1.0	8.5367	0.01101	0.99395
	2.0	8.5026	0.01782	0.99202
	3.0	8.41908	0.02136	0.99415
C∶P∶T=5∶47.5∶47.5	1.0	12.58618	0.02291	0.99599
	2.0	12.02131	0.03061	0.99907
	3.0	11.68463	0.03811	0.99659

不同频率下阻尼比拟合参数与相关系数 表 5.8

编组(C∶P∶T)	频率(Hz)	λ_{max}	γ_r	R^2
C∶P∶T=0∶0∶100	2	13.29281	0.03513	0.99752
	4	12.69077	0.04706	0.99600
C∶P∶T=5∶15∶80	2	8.43908	0.01101	0.99395
	4	8.24581	0.02111	0.99376
C∶P∶T=5∶47.5∶47.5	2	12.58618	0.02291	0.99599
	4	12.21385	0.03142	0.99944

　　不同配合比下磷石膏水泥稳定红黏土最大阻尼比分别与围压、固结比和振动频率的关系曲线如图 5.16 所示，各种条件下，磷石膏水泥稳定红黏土的最大阻尼比均随围压、固结比和振动频率增大而缓慢减小。随着磷石膏含量的增加，混合料阻尼比呈现先增大后减小的趋势。磷石膏小掺量时，水泥与磷石膏混合红黏土生成胶结物质和钙矾石，填充内部孔洞，使混合料内部变得更密实，孔隙变小，应力波在混合料中能量损失减小，阻尼比降低较大；当磷石膏过量掺入时，钙矾石破碎，原有的骨架结构破碎，孔洞恢复，使阻尼比又上升。

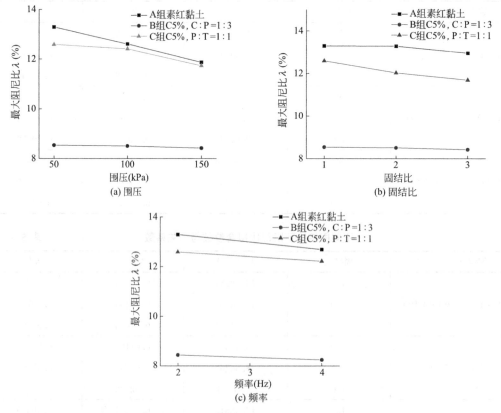

图 5.16　最大阻尼比与围压、固结比和振动频率的变化曲线

4. 最大动剪切模量与磷石膏掺量的关系

上述小节已经明确了围压、固结比、频率对混合料动力指标的影响，为探究磷石膏含量对最大动剪切模量的影响，取 5% 水泥掺量，磷石膏含量分别为 5%～47.5%，围压 50kPa、固结比 1.0、频率 2Hz，养护龄期为 7d 的试样进行试验，结果如下。

从图 5.17 可以看出，最大动剪切模量随着磷石膏含量增加先增大后减小，这与在前期得出的混合料的无侧限抗压强度随着磷石膏含量增长先增大后减小的变化规律相符。

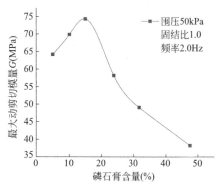

图 5.17　水泥磷石膏稳定土动强度指标随磷石膏含量的变化

5.3　石灰磷石膏稳定土动力特性

5.3.1　试样制备

原材料预处理同无侧限抗压强度试验。通过酒精燃烧法测得红黏土初始含水率，按配合比称取一定量的石灰、磷石膏以及红黏土充分干拌混合后，按最优含水率计算需水量并加入干拌后的混合料中，充分搅拌均匀。闷料 24h 后制样，压实度取 90%，分 3 层击实，保证每一层试样质量近似均匀分配，每层试样接触面之间进行刨毛处理。然后标准养护 7d（温度 20±2℃，湿度≥95%），进行动三轴试验（表 5.9）。

动三轴试验试验制备表　　　　　　　　　　　　　　　　表 5.9

石灰(%)	磷石膏(%)	红黏土(%)	压实度(%)	含水率(%)
0	0	100	90	23.98
	8	84		30.24
	16	76		28.01
8	24	68		27.41
	31	61		27.59
	46	46		25.94

5.3.2　试验方法

1. 试验仪器

试验仪器同水泥磷石膏稳定土。

2. 试验方案

试验荷载为正弦波荷载，采用等差数列逐渐递增的方式，每级振动次数取 10 次，固结比取 1.0、1.5、2.0，振动频率取 1Hz、2Hz、3Hz，围压取 50kPa、100kPa、150kPa。试验方案见表 5.10。

<table>
<tr><td colspan="4" align="center">动剪切模量与阻尼比试验方案</td><td align="right">表 5.10</td></tr>
<tr><td align="center">试样编号</td><td align="center">围压(kPa)</td><td align="center">固结比</td><td align="center">振动频率(Hz)</td></tr>
<tr><td align="center">1-1</td><td align="center">50</td><td rowspan="3" align="center">1</td><td rowspan="3" align="center">1</td></tr>
<tr><td align="center">1-2</td><td align="center">100</td></tr>
<tr><td align="center">1-3</td><td align="center">150</td></tr>
<tr><td align="center">2-1</td><td rowspan="3" align="center">100</td><td align="center">1</td><td rowspan="3" align="center">1</td></tr>
<tr><td align="center">2-2</td><td align="center">1.5</td></tr>
<tr><td align="center">2-3</td><td align="center">2</td></tr>
<tr><td align="center">3-1</td><td rowspan="3" align="center">150</td><td rowspan="3" align="center">1</td><td align="center">1</td></tr>
<tr><td align="center">3-2</td><td align="center">2</td></tr>
<tr><td align="center">3-3</td><td align="center">3</td></tr>
</table>

5.3.3 结果分析

1. 动应力与动应变的关系

（1）不同围压下动应力-动应变关系

由图 5.18 可知，在相同配合比，相同动应变下，围压越大，动应力-动应变骨干曲线

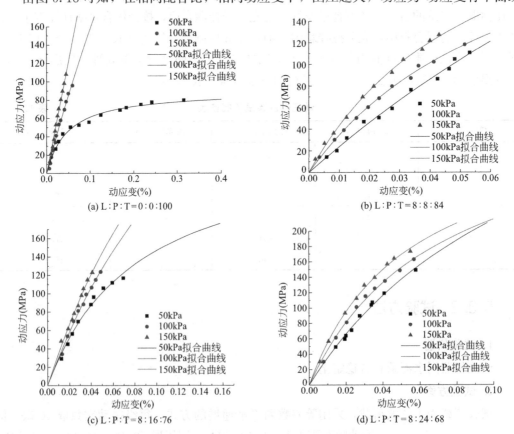

图 5.18 不同围压下石灰磷石膏稳定土动应力与动应变的关系（一）

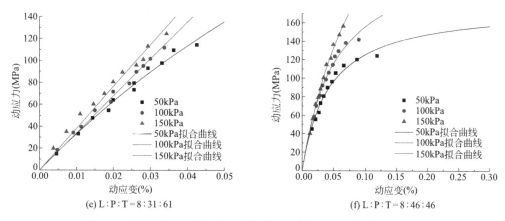

(e) L：P：T＝8：31：61　　　　　　(f) L：P：T＝8：46：46

图 5.18　不同围压下石灰磷石膏稳定土动应力与动应变的关系（二）

越陡。这是因为随着围压增大，土体逐渐变得致密，其轴向变形受到抑制，承担荷载的能力变大。另外，不难看出，在相同动应变下数据点的动应力增量逐渐减小，即围压 50～100kPa 的动应力增量大于围压 100～150kPa 的增量，这说明随着围压持续增大，围压对石灰磷石膏稳定土动力特性的影响逐渐减小。

（2）不同固结比下动应力-动应变关系

由图 5.19 可知，在相同配合比、相同动应变下，固结比越大，动应力-动应变骨干曲

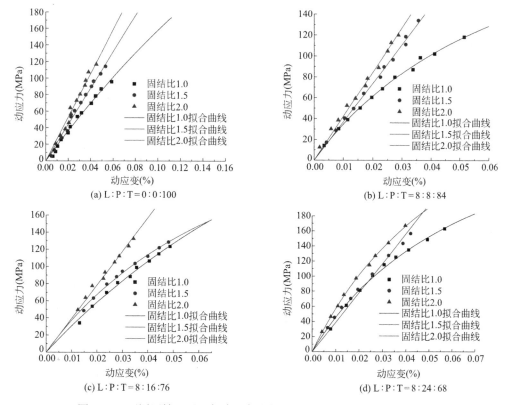

(a) L：P：T＝0：0：100　　　　　　(b) L：P：T＝8：8：84

(c) L：P：T＝8：16：76　　　　　　(d) L：P：T＝8：24：68

图 5.19　不同固结比下石灰磷石膏稳定土动应力与动应变的关系（一）

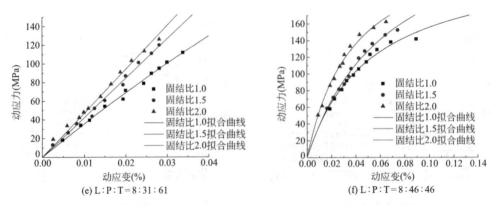

(e) L：P：T＝8：31：61   (f) L：P：T＝8：46：46

图 5.19　不同固结比下石灰磷石膏稳定土动应力与动应变的关系（二）

线越陡。这是因为在施加动荷载前土体已经固结完成，因此土体变形减小，当固结比增大时，土体从等向固结变为非等向固结，石灰磷石膏稳定土受到较大的固结偏压，使得土体更加密实，承担荷载的能力变大。另外，在相同动应变下数据点的动应力增量逐渐减小，即固结比 1.0～1.5 的动应力增量大于固结比 1.5～2.0 的增量，这说明随着固结比持续增大，固结比对石灰磷石膏稳定土动力特性的影响逐渐减小。

（3）不同频率下动应力-动应变关系

由图 5.20 可知，在相同配合比、相同动应变下，振动频率越大，动应力-动应变骨干

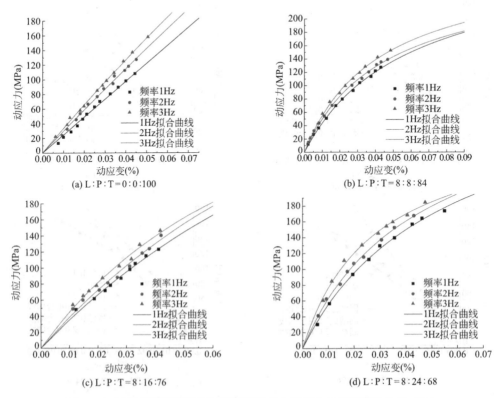

(a) L：P：T＝0：0：100   (b) L：P：T＝8：8：84

(c) L：P：T＝8：16：76   (d) L：P：T＝8：24：68

图 5.20　不同振动频率下石灰磷石膏稳定土动应力与动应变的关系（一）

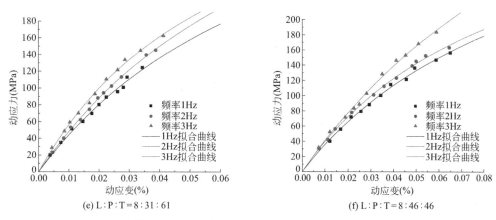

(e) L∶P∶T＝8∶31∶61　　　　　　　(f) L∶P∶T＝8∶46∶46

图 5.20　不同振动频率下石灰磷石膏稳定土动应力与动应变的关系（二）

曲线越陡。这是因为振动频率的增大减小了动荷载作用在试样上的时间，从而间接增大了其动应力。另外，相同动应变下数据点的动应力相差很小，这说明振动频率对石灰磷石膏稳定土动力特性影响较小。

2. 动剪切模量与动应变的关系

（1）不同围压下动剪切模量-动应变关系

由图 5.21 可知，不论是素红黏土还是石灰磷石膏稳定土，其动剪切模量都随着围压

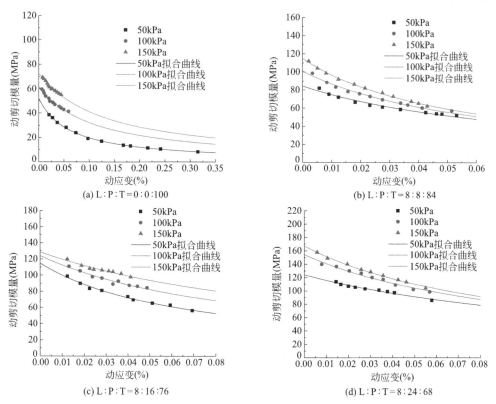

(a) L∶P∶T＝0∶0∶100　　　　　　　(b) L∶P∶T＝8∶8∶84

(c) L∶P∶T＝8∶16∶76　　　　　　　(d) L∶P∶T＝8∶24∶68

图 5.21　不同围压下石灰磷石膏稳定土动剪切模量与动应变的关系（一）

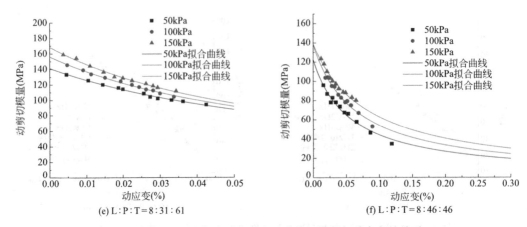

(e) L:P:T=8:31:61 (f) L:P:T=8:46:46

图 5.21　不同围压下石灰磷石膏稳定土动剪切模量与动应变的关系（二）

的增大而增大，随着动应变的增大而减小。这是因为在相同试验条件下，增大围压会使稳定土内部联结变得更加致密，土颗粒间的孔隙随之变小，土的紧致性增强，土体的抗剪切变形能力增强，表现出更明显的剪切特征，动剪切模量增加。

（2）不同固结比下动剪切模量-动应变关系

由图 5.22 可知，无论是素红黏土还是石灰磷石膏稳定土，其动剪切模量都随着固结

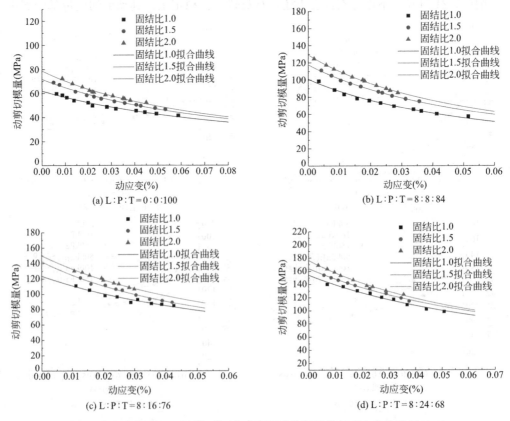

(a) L:P:T=0:0:100 (b) L:P:T=8:8:84

(c) L:P:T=8:16:76 (d) L:P:T=8:24:68

图 5.22　不同固结比下石灰磷石膏稳定土动剪切模量与动应变的关系（一）

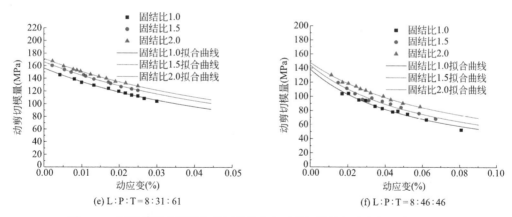

图 5.22　不同固结比下石灰磷石膏稳定土动剪切模量与动应变的关系（二）

比的增大而增大，随着动应变的增大而减小。这是因为在相同试验条件下，固结比增大，预固结压力增大，固结阶段稳定土发生大变形，土颗粒间孔隙变小，土壤的紧致性增大，土体的抗剪切变形能力增强，表现出更明显的剪切特征，动剪切模量增加。

（3）不同频率下动剪切模量-动应变关系

由图 5.23 可知，无论是素红黏土还是石灰磷石膏稳定土，其动剪切模量都随着振动

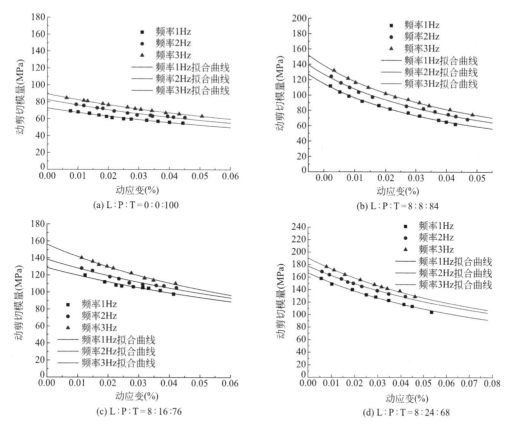

图 5.23　不同振动频率下石灰磷石膏稳定土动剪切模量与动应变的关系（一）

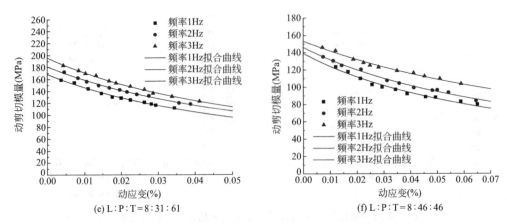

图 5.23　不同振动频率下石灰磷石膏稳定土动剪切模量与动应变的关系（二）

频率的增大而增大，随着动应变的增大而减小。这是因为在相同试验条件下，振动频率增大导致动荷载在土体上的作用时间减小，稳定土在短时间内被压密，变形减小，动剪切模量增大，但是土体自身结构并没有发生较大变化，因此骨干曲线变化幅度不大。

（4）动剪切模量-动应变本构模型

石灰磷石膏稳定土动剪切模量与动应变的关系同样适合于 H-D 模型［式(5.6)］，可以通过软件拟合 γ_r 及 G_{dmax}，拟合结果见表 5.11～表 5.13，拟合曲线如图 5.21～图 5.23 所示，试验数据与拟合数据基本上是吻合的，且 $R^2 \geqslant 0.97$，故石灰磷石膏稳定土动剪切模量与动应变的关系可用 H-D 模型表示。

不同围压下动剪切模量拟合参数与相关系数　　　　表 5.11

编组（L：P：T）	围压（kPa）	G_{dmax}（MPa）	γ_r	R^2
L：P：T=0：0：100	50	52.1915	0.060657712	0.99836
	100	61.89616	0.108410015	0.97478
	150	72.76494	0.129941682	0.9769
L：P：T=8：8：84	50	84.38136	0.079214446	0.96926
	100	100.9362	0.061448803	0.98436
	150	114.90734	0.053067515	0.99643
L：P：T=8：16：76	50	114.8633	0.067685881	0.98749
	100	124.09396	0.098526536	0.95378
	150	128.6632	0.134249271	0.94113
L：P：T=8：24：68	50	124.09257	0.139575913	0.97226
	100	154.16084	0.104793572	0.97393
	150	166.98997	0.09753671	0.99349
L：P：T=8：31：61	50	141.25453	0.081853088	0.99227
	100	156.12747	0.071246892	0.99298
	150	168.50105	0.065593814	0.99183

续表

编组（L∶P∶T）	围压（kPa）	G_{dmax}（MPa）	γ_r	R^2
	50	122.51288	0.056485782	0.97199
L∶P∶T＝8∶46∶46	100	138.26402	0.064260208	0.97295
	150	139.21342	0.082434318	0.9759

不同固结比下动剪切模量拟合参数与相关系数　　　　　　　表 5.12

编组（L∶P∶T）	固结比	G_{dmax}（MPa）	γ_r	R^2
	1.0	61.896	0.108411543	0.97478
L∶P∶T＝0∶0∶100	1.5	71.83593	0.092191559	0.98885
	2.0	78.81123	0.08253842	0.9841
	1.0	100.93499	0.061451862	0.98436
L∶P∶T＝8∶8∶84	1.5	117.7394	0.061080863	0.99658
	2.0	129.23327	0.056977395	0.99749
	1.0	124.09449	0.098524788	0.95378
L∶P∶T＝8∶16∶76	1.5	143.13468	0.078893472	0.98309
	2.0	151.05035	0.084196842	0.98647
	1.0	154.16298	0.104786325	0.97393
L∶P∶T＝8∶24∶68	1.5	164.12218	0.10377287	0.99269
	2.0	176.34045	0.092429728	0.99645
	1.0	156.12745	0.071246943	0.99298
L∶P∶T＝8∶31∶61	1.5	165.96281	0.077852153	0.99484
	2.0	171.34669	0.08279537	0.99723
	1.0	138.26791	0.06425517	0.97295
L∶P∶T＝8∶46∶46	1.5	144.0052	0.071961135	0.96052
	2.0	147.70584	0.088547764	0.99532

不同振动频率下动剪切模量拟合参数与相关系数　　　　　　　表 5.13

编组（L∶P∶T）	频率（Hz）	G_{dmax}（MPa）	γ_r	R^2
	1.0	72.76492	0.129941851	0.9769
L∶P∶T＝0∶0∶100	2.0	82.61752	0.119964634	0.96994
	3.0	89.4567	0.120589005	0.99779
	1.0	114.90734	0.053067515	0.99643
L∶P∶T＝8∶8∶84	2.0	127.05827	0.056763837	0.99404
	3.0	138.54595	0.057049622	0.99798
	1.0	128.66305	0.134250173	0.96113
L∶P∶T＝8∶16∶76	2.0	138.44022	0.124241814	0.96696
	3.0	156.35044	0.096642074	0.99291

续表

编组（L∶P∶T）	频率（Hz）	G_{dmax}（MPa）	γ_r	R^2
L∶P∶T=8∶24∶68	1.0	166.99051	0.097535188	0.99349
	2.0	177.7398	0.110214577	0.99502
	3.0	190.57474	0.103034468	0.99786
L∶P∶T=8∶31∶61	1.0	168.50105	0.065593814	0.99183
	2.0	181.25844	0.070874384	0.99467
	3.0	195.74722	0.068815736	0.99639
L∶P∶T=8∶46∶46	1.0	139.21342	0.082434318	0.9759
	2.0	146.09572	0.092579906	0.99207
	3.0	153.53492	0.122963872	0.98471

3. 阻尼比与动应变的关系

（1）不同围压下阻尼比-动应变关系

由图 5.24 可知，无论是素红黏土还是石灰磷石膏稳定土，其阻尼比都随着围压的增大而降低，随着动应变的增大而增大。这是因为在相同试验条件下，增大围压会使稳定土内部联结变得更加致密，土颗粒间的孔隙随之变小，土的紧致性增强，应力波在稳定土内部能量耗散减小，阻尼比减小。

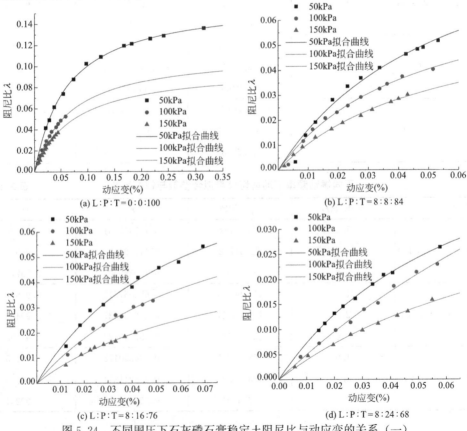

图 5.24　不同围压下石灰磷石膏稳定土阻尼比与动应变的关系（一）

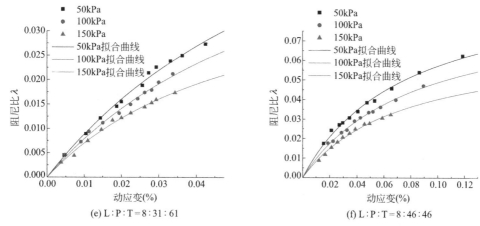

(e) L:P:T=8:31:61   (f) L:P:T=8:46:46

图 5.24　不同围压下石灰磷石膏稳定土阻尼比与动应变的关系（二）

（2）不同固结比下阻尼比-动应变关系

由图 5.25 可知，不论是素红黏土还是石灰磷石膏稳定土，其阻尼比都随着固结比的增大而降低，随着动应变的增大而增大。这是因为在相同试验条件下，增大固结比会使稳定土内部变得更加致密，土颗粒间的孔隙随之变小，土的紧致性增强，应力波在稳定土内部能量耗散减小，阻尼比减小。

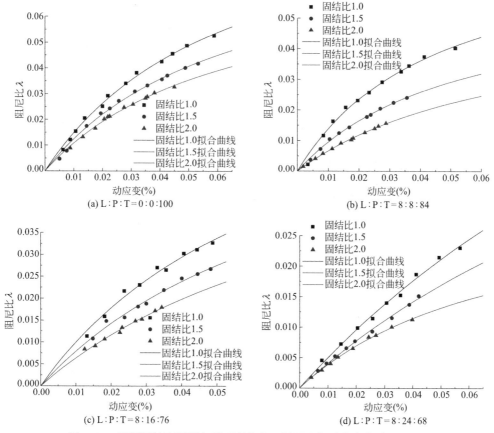

(a) L:P:T=0:0:100   (b) L:P:T=8:8:84

(c) L:P:T=8:16:76   (d) L:P:T=8:24:68

图 5.25　不同固结比下石灰磷石膏稳定土阻尼比与动应变的关系（一）

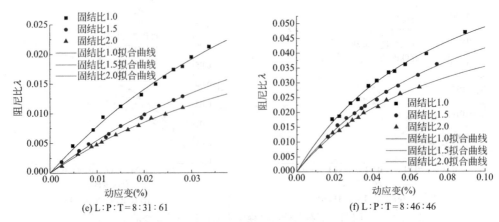

(e) L：P：T＝8：31：61 (f) L：P：T＝8：46：46

图 5.25　不同固结比下石灰磷石膏稳定土阻尼比与动应变的关系（二）

（3）不同频率下阻尼比-动应变关系

由图 5.26 可知，不论是素红黏土还是石灰磷石膏稳定土，其阻尼比都随着振动频率的增大而降低，随着动应变的增大而增大。这是因为在相同试验条件下，振动频率增大导致动荷载在土体上的作用时间减小，土体能量耗散减小，阻尼比降低。

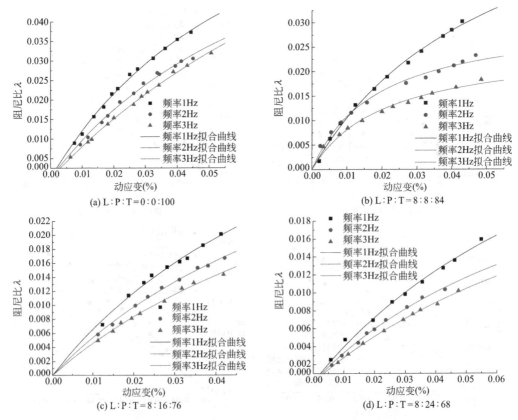

(a) L：P：T＝0：0：100 (b) L：P：T＝8：8：84

(c) L：P：T＝8：16：76 (d) L：P：T＝8：24：68

图 5.26　不同振动频率下石灰磷石膏稳定土阻尼比与动应变的关系（一）

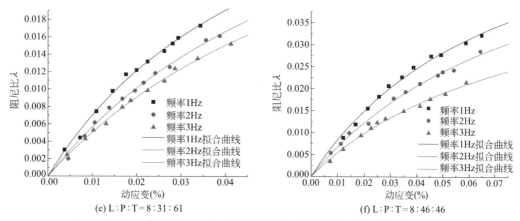

图 5.26　不同振动频率下石灰磷石膏稳定土阻尼比与动应变的关系（二）

（4）阻尼比-动应变本构模型

通过尝试发现 H-D 模型更适合描述磷石膏稳定土阻尼比与动应变的关系 ［式(5.10)、式(5.11)］。

可以通过软件拟合 γ_r 及 λ_{max}，拟合结果见表 5.14～表 5.16，拟合曲线如图 5.10～图 5.12 所示，试验数据与拟合数据吻合度高，且 $R^2 > 0.97$，故石灰磷石膏稳定土阻尼比与动应变的关系可用 H-D 模型表示。

不同围压下阻尼比拟合参数与相关系数　　表 5.14

编组（L∶P∶T）	围压(kPa)	λ_{max}	γ_r	R^2
L∶P∶T=0∶0∶100	50	0.1623	0.061420308	0.99835
	100	0.11297	0.065890868	0.99555
	150	0.0984	0.071476154	0.99641
L∶P∶T=8∶8∶84	50	0.10884	0.057009033	0.97472
	100	0.07742	0.045768245	0.98937
	150	0.0653	0.052041646	0.99643
L∶P∶T=8∶16∶76	50	0.1022	0.063465146	0.98785
	100	0.08379	0.074065845	0.98252
	150	0.05794	0.078560335	0.9879
L∶P∶T=8∶24∶68	50	0.05821	0.06945824	0.99787
	100	0.05771	0.072070046	0.99239
	150	0.04471	0.103856935	0.99318
L∶P∶T=8∶31∶61	50	0.08384	0.084983789	0.99224
	100	0.06654	0.074562097	0.9926
	150	0.04479	0.053961008	0.99281
L∶P∶T=8∶46∶46	50	0.10169	0.077777251	0.9916
	100	0.08843	0.081309605	0.99369
	150	0.06976	0.073543958	0.99104

不同固结比下阻尼比拟合参数与相关系数　　　　表 5.15

编组（L：P：T）	固结比	λ_{max}	γ_r	R^2
L：P：T=0：0：100	1.0	0.11297	0.065890868	0.99555
	1.5	0.09367	0.064945186	0.99332
	2.0	0.08106	0.064573996	0.99452
L：P：T=8：8：84	1.0	0.07742	0.045764077	0.98937
	1.5	0.05995	0.0526874	0.99724
	2.0	0.05336	0.069980133	0.99822
L：P：T=8：16：76	1.0	0.08379	0.07405811	0.98252
	1.5	0.07295	0.082287053	0.98318
	2.0	0.06722	0.095603665	0.98706
L：P：T=8：24：68	1.0	0.10771	0.205116003	0.99239
	1.5	0.07836	0.181865467	0.9955
	2.0	0.03236	0.073185494	0.99739
L：P：T=8：31：61	1.0	0.06655	0.074572495	0.9926
	1.5	0.04722	0.075764176	0.99372
	2.0	0.03566	0.063789586	0.99789
L：P：T=8：46：46	1.0	0.08843	0.081310068	0.99369
	1.5	0.08219	0.097202512	0.99601
	2.0	0.06336	0.078996991	0.99529

不同频率下阻尼比拟合参数与相关系数　　　　表 5.16

编组（L：P：T）	频率（Hz）	λ_{max}	γ_r	R^2
L：P：T=0：0：100	1.0	0.0984	0.071476154	0.99641
	2.0	0.08891	0.082173995	0.99235
	3.0	0.08611	0.084729678	0.99777
L：P：T=8：8：84	1.0	0.0653	0.052044544	0.99643
	2.0	0.03082	0.018502887	0.98505
	3.0	0.02502	0.020882376	0.97938
L：P：T=8：16：76	1.0	0.05794	0.078557928	0.9879
	2.0	0.05065	0.084307151	0.99625
	3.0	0.0487	0.096916786	0.99282
C：P：T=8：24：68	1.0	0.04471	0.103856072	0.99318
	2.0	0.0326	0.089607582	0.99612
	3.0	0.03143	0.085498512	0.99792
L：P：T=8：31：61	1.0	0.05479	0.053956728	0.99281
	2.0	0.04706	0.073195297	0.99393
	3.0	0.04446	0.078083274	0.99661

续表

编组（L：P：T）	频率（Hz）	$\lambda_{\max}$	γ_r	R^2
L：P：T＝8：46：46	1.0	0.06975	0.07353444	0.99104
	2.0	0.06549	0.087088063	0.99442
	3.0	0.05024	0.082326752	0.99313

4. 最大动剪切模量与磷石膏掺量的关系

由图 5.27 可知，素红黏土的动剪切模量最小，仅有 52.19MPa；加入石灰和磷石膏后动剪切模量显著增大，同时随着磷石膏掺量的增加，动剪切模量呈现先增大后减小的趋势；当磷石膏掺量为 31％时，石灰磷石膏稳定土的动剪切模量最大，达到 141.25MPa。

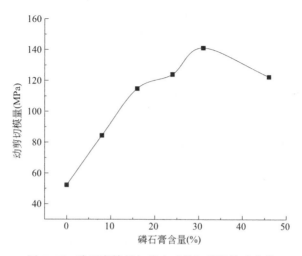

图 5.27 磷石膏掺量与最大动剪切模量关系曲线

5.4 本章小结

（1）不论是素红黏土还是磷石膏稳定土，其动剪切模量都随着动应变的增大而减小。稳定土的动剪切模量比素红黏土大，且随着围压、固结比以及振动频率的增大而增大，增速由快变慢。随着磷石膏掺量的增大，稳定土的最大动剪切模量先增大后减小。利用 H-D 模型可以表示动剪切模量与动应变之间的关系。

（2）不论是素红黏土还是磷石膏稳定土，其阻尼比均随动应变的增大而增大。稳定土的阻尼比比素红黏土小，且随着围压、固结比以及振动频率的增大而减小，减速由快变慢。随着磷石膏掺量的增大，稳定土的阻尼比先减小后增大。利用 H-D 模型可以表示阻尼比与动应变之间的关系。

（3）掺入水泥/石灰和磷石膏后可以显著提高红黏土的动剪切模量，降低其阻尼比，这说明掺加水泥/石灰和磷石膏可以提升红黏土抵抗动剪切变形性能，降低能量损耗。

第6章 磷石膏稳定土 CBR 特性

6.1 概述

CBR（California Bearing Ratio）是用于评定路基土和路面材料强度的指标，一般用 CBR 值表示土体中产生相对位移的滑移面上抗剪切力的大小，由于 CBR 强度能有效反映土体受到的局部抗剪切强度，所以 CBR 值是衡量路基土的重要参数，《公路路基设计规范》JTG D30—2015 中对公路填料的 CBR 也做出了明确规定。本试验对石灰磷石膏稳定土进行 CBR 试验，明确石灰磷石膏稳定土的 CBR 特性。

6.2 水泥磷石膏稳定土 CBR 特性

6.2.1 试样制备

试验采用湿土法重型击实试验：

（1）红黏土与磷石膏需要过 2mm 筛，对其原始含水率进行测量；

（2）将磷石膏和红黏土按照表 6.1 中的配合比混合，根据表 6.1 中的含水率称量出对应的水后，预留水质量的 10%，将剩余的水均匀喷洒在磷石膏、红黏土混合料中；

水泥磷石膏稳定土 CBR 试验试样制备表　　　　　　　　　　　　　表 6.1

水泥（%）	磷石膏（%）	红黏土（%）	含水率（%）	压实度（%）
3	9	88	27.83	90、92、93、94、95
	48.5	48.5	25.47	
5	15	80	26.35	
	47.5	47.5	22.88	
7	21	72	27.32	
	46.5	46.5	24.00	

（3）将磷石膏、红黏土与水拌匀后，密封 24h，使混合料含水率均匀；

（4）闷料结束后，加入水泥以及预留的水，搅拌均匀，使土料达到目标含水率；

（5）将 CBR 试模倒置于重型击实仪上，将土样分 3 次放入试模中，分 3 层击实，根据前期试验，每层击实 59 次，试样平面与试桶高度一致；

（6）击实结束后取下试样，将试样中的垫块拿出；

（7）将试样进行养护，温度 20±2℃，湿度 ≥95%，养护时间分别为 7d、

14d、28d。

为先探究压实度和龄期对混合料 CBR 值的影响，考虑到工程上一般都采用最优配合比，基于前期试验结果，选取当水泥含量一定，无侧限抗压强度最大组（水泥∶磷石膏＝1∶3）和水稳定性最佳组（磷石膏∶红黏土＝1∶1）进行试验，6 组配合比混合料分别养护 7d、14d 和 28d，按表 6.1 制备。

6.2.2　试验方法

1. 浸水试验（图 6.2）

（1）试样养护完毕后，在试样表面依次放入滤纸、多孔板、4 块荷载板，放入容器中，将多孔板的拉杆固定到合适位置，安装百分表；

（2）向容器内缓慢注水，使水平面高于试样顶面的 25mm，调整百分表使其读数归零；

（3）试样泡水 4 昼夜，期间应避免碰到百分表造成百分表读数有误；

（4）泡水结束时，读取百分表的数据，并记录；

（5）将试样取出后，静置 15min 后，卸去多余的试件，进行 CBR 贯入试验。

2. CBR 贯入试验（图 6.1）

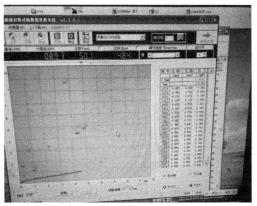

图 6.1　磷石膏红黏土 CBR 贯入试验

（1）将浸水结束后的试样放置在 CBR 强度试验仪上，控制机器平台上升，使试样的上部与仪器的加力杆接触，然后在试样的表面放置 4 块荷载板；

（2）启动仪器，对试样施加 45N 荷载进行预压，预压结束后，使用试验仪器的控制软件将所有数据清零；

（3）贯入杆以 1mm/min 的速度贯入，开始试验后贯入距离达到 5mm 后可停止试验；需要注意，试验一般采用贯入量为 2.5mm 处的 CBR 值作为最终所测试样的 CBR 值，但当试样贯入量为 5mm 时的 CBR 值大于 2.5mm 时的 CBR 值，重做试验还是如此时，则该试样的 CBR 值采用贯入量为 5mm 时对应的承载比。

浸水试样见图 6.2。试验后试样见图 6.3。

图 6.2　浸水试验

图 6.3　试验后试样

6.2.3　结果分析

1. 膨胀率

由图 6.4 可知，因为水稳定性最佳组全部试验的膨胀率均在 0.3％以下，均基本无膨胀变化，故列出 3 种水泥配合比下水泥：磷石膏＝1：3 的变化规律。水泥磷石膏稳定红黏土的膨胀

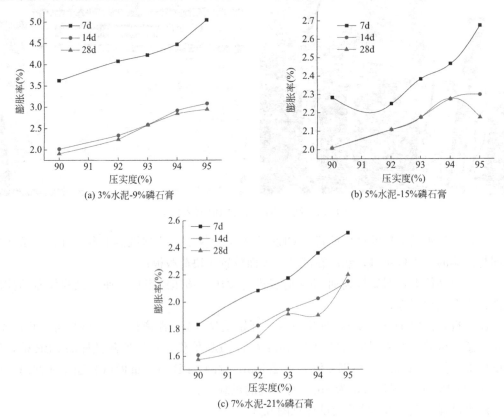

(a) 3%水泥-9%磷石膏

(b) 5%水泥-15%磷石膏

(c) 7%水泥-21%磷石膏

图 6.4　水泥磷石膏稳定红黏土膨胀率随压实度变化

率总体上随压实度增大而缓慢增大，如7％水泥、水泥∶磷石膏＝1∶3、7d 龄期组，90％压实度时膨胀率为1.81％，93％压实度时膨胀率为2.14％，95％压实度时膨胀率为2.53％。

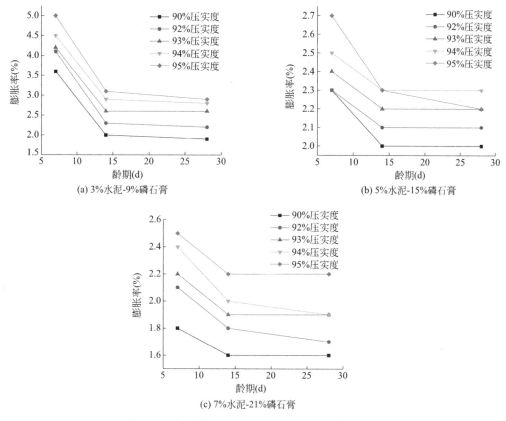

(a) 3%水泥-9%磷石膏

(b) 5%水泥-15%磷石膏

(c) 7%水泥-21%磷石膏

图 6.5　水泥磷石膏稳定红黏土膨胀率随龄期变化

由图6.5可知，膨胀率随着龄期的发展逐渐减小后趋于稳定。以5％水泥＋15％磷石膏为例，压实度为90％时，7d 的膨胀率为2.28％，14d 的膨胀率为2.01％，14d 膨胀率是7d 的88.2％；28d 的膨胀率为2.0％，是7d 膨胀率的87.7％。可见水泥磷石膏稳定红黏土在14d 龄期养护后膨胀性趋于稳定。

由图6.6可知，加大水泥掺量可以降低混合料的膨胀率，且膨胀率随着磷石膏含量增大急剧下降。在磷石膏含量为48％左右时基本无膨胀现象，即磷石膏含量越大，水泥磷石膏稳定红黏土的水稳定性越好，亦即越不容易发生遇水膨胀。

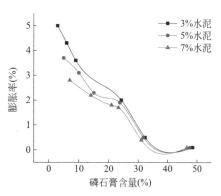

图 6.6　水泥磷石膏稳定红黏土
膨胀率随磷石膏含量变化

2. CBR 强度

由图6.7可知，水泥磷石膏稳定土的 CBR 值与水泥含量、压实度呈正相关关系。随着两者增大，CBR 值也逐渐增大。根据《公路路基设计规范》JTG D30—2015 第

3.3.3 条对 CBR 的要求，将水泥磷石膏稳定红黏土对比规范，结果如表 6.2~表 6.4 所示。

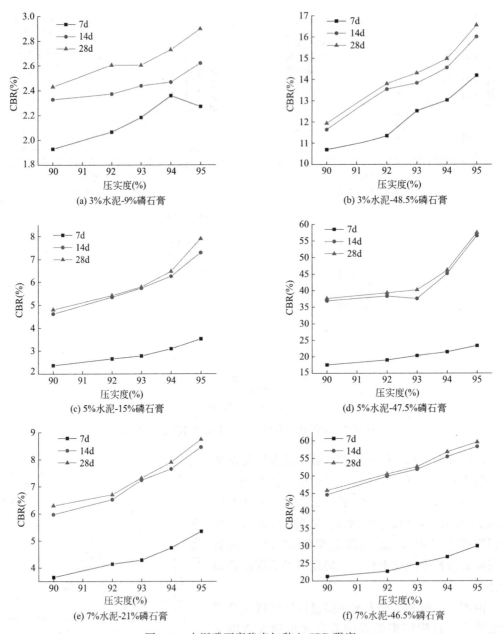

图 6.7　水泥磷石膏稳定红黏土 CBR 强度

路基填料最小承载比要求　表 6.2

路基部位	路面底面以下深度（m）	填料最小承载比 CBR（%）		
		高速、一级公路	二级公路	三、四级公路
上路床	0~0.3	8	6	5

路基部位		路面底面以下深度（m）	填料最小承载比 CBR（%）		
			高速、一级公路	二级公路	三、四级公路
下路床	轻、中及重交通	0.3～0.8	5	4	3
	特重、极重交通	0.3～1.2	5	4	—
上路堤	轻、中及重交通	0.8～1.5	4	3	3
	特重、极重交通	1.2～1.9	4	3	—
下路堤	轻、中及重交通	1.5 以下	3	2	2
	特重、极重交通	1.9 以下			

路堤压实度　　　　　　　　　　　　　　表 6.3

路基部位		路面底面以下深度（m）	压实度（%）		
			高速、一级公路	二级公路	三、四级公路
上路床		0～0.3	≥96	≥95	≥94
下路床	轻、中及重交通	0.3～0.8	≥96	≥95	≥94
	特重、极重交通	0.3～1.2	≥96	≥95	—
上路堤	轻、中及重交通	0.8～1.5	≥94	≥94	≥93
	特重、极重交通	1.2～1.9	≥94	≥94	—
下路堤	轻、中及重交通	1.5 以下	≥93	≥92	≥90
	特重、极重交通	1.9 以下			

7d 水泥磷石膏稳定红黏土 CBR 值对比规范　　　　表 6.4

水泥（%）	磷石膏（%）	土（%）	压实度（%）	最佳含水率（%）	7d CBR 值（%）	满足《公路路基设计规范》JTG D30—2015 要求
3	9	88	90	27.83	1.9	—
			92		2.1	二级公路下路堤
			93		2.2	二级公路下路堤
			94		2.3	—
			95		2.4	二级公路下路堤
	48.5	48.5	90	25.47	10.7	三级公路下路堤
			92		11.4	二级公路下路堤
			93		12.5	高速公路下路堤
			94		13.0	高速公路上路堤
			95		14.2	二级公路上路床
5	15	80	90	26.35	2.4	三级公路下路堤
			92		2.7	二级公路下路堤
			93		2.8	二级公路下路堤
			94		3.1	三级公路下路床
			95		3.5	三级公路下路床

水泥(%)	磷石膏(%)	土(%)	压实度(%)	最佳含水率(%)	7d CBR 值(%)	满足《公路路基设计规范》JTG D30—2015 要求
5	47.5	47.5	90	22.88	17.5	三级公路下路堤
			92		19.0	二级公路下路堤
			93		20.3	高速公路下路堤
			94		21.5	高速公路上路堤
			95		23.4	二级公路上路床
7	21	72	90	27.32	3.7	三级公路下路堤
			92		4.1	二级公路下路堤
			93		4.3	高速公路下路堤
			94		4.7	高速公路上路堤
			95		5.3	高速公路上路堤
	46.5	46.5	90	24.00	21.3	三级公路下路堤
			92		22.7	二级公路下路堤
			93		24.9	高速公路下路堤
			94		26.9	高速公路上路堤
			95		30.0	二级公路上路床

由图 6.8 可知，混合料的 CBR 强度随着龄期的发展前期快速增加后趋于稳定，在混

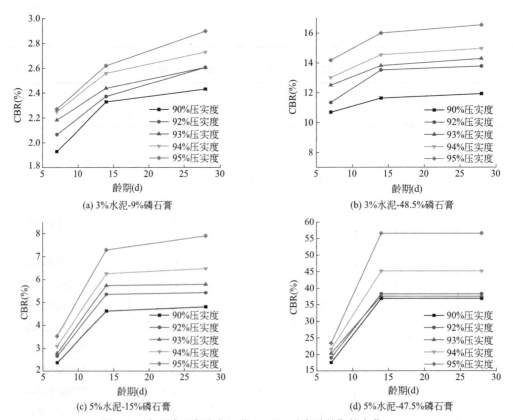

图 6.8　水泥磷石膏稳定红黏土 CBR 强度随龄期的变化（一）

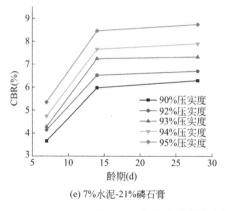

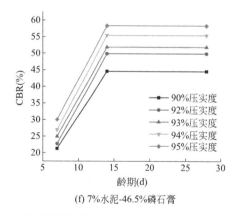

(e) 7%水泥-21%磷石膏　　　　　　　　(f) 7%水泥-46.5%磷石膏

图 6.8　水泥磷石膏稳定红黏土 CBR 强度随龄期的变化（二）

合料 14d 养护后基本定型。以 5%水泥＋15%磷石膏为例，压实度为 90%时，7d 的 CBR 强度为 2.37%，14d 的 CBR 强度为 4.62%；7d 的 CBR 强度为 14d CBR 强度的 51.3%；28d 的 CBR 强度为 4.80%，7d 的 CBR 强度为 28d CBR 强度的 49.4%。

上述已经探究明确了龄期与压实度对混合料 CBR 值的影响，为探究水泥掺量、磷石膏含量对 CBR 值的影响，取 90%压实度、养护龄期为 7d 的试样进行试验，结果如下。

从图 6.9 可以看出，水泥掺量越大，CBR 值越大。不过对混合料 CBR 值影响最大的还是磷石膏掺量，从图 6.9 可以宏观地看到，15%磷石膏掺量经过 4 昼夜的浸泡试验后，膨胀明显，很大一部分土已经软化，而 47.5%磷石膏掺量的试样经过浸泡，基本无变化。混合料的 CBR 值随着磷石膏含量增大而增大。

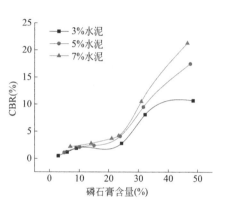

图 6.9　磷石膏水泥稳定红黏土 CBR 强度随磷石膏含量的变化

6.3　石灰磷石膏稳定土 CBR 特性

6.3.1　试样制备

（1）红黏土与磷石膏需要过 2mm 筛，对其初始含水率进行测量；

（2）将石灰、磷石膏以及红黏土按照表 6.5 中的配合比称量干拌混合，再根据最优含水率称量出一定量的水后，倒入干拌后的混合料中，搅拌均匀；

（3）将搅拌均匀后的石灰磷石膏稳定土用保鲜膜密封 1 昼夜，使含水率能充分均匀；

（4）计算每个样品的质量，将 CBR 试模倒置于重型击实仪上，将土样分 3 次放入试模中，分 3 层击实，根据前期试验，每层击实 59 次，试样平面与试桶高度一致；

（5）击实结束后取下试样，将试样中的垫块拿出；

（6）放入养护箱中养护，养护温度设定为 20±2℃，湿度≥95%，养护时间为 7d。

石灰磷石膏稳定土 CBR 试验试样制备表　　　　表 6.5

石灰(%)	磷石膏(%)	红黏土(%)	最优含水率(%)	压实度(%)
0	0	100	30.41	
8	8	84	30.24	
8	16	76	28.01	90
8	24	68	27.41	
8	31	61	27.59	
8	46	46	25.94	

6.3.2　试验方法

试验方法同水泥磷石膏稳定土。

6.3.3　结果分析

1. 石灰磷石膏稳定土 CBR 特性

由图 6.10 及表 6.6、表 6.7 可见，素红黏土的膨胀率很大，为 7.48%，其 CBR 值为 0，随着磷石膏含量的增加，膨胀率减小，CBR 值增大。当磷石膏掺量为 8% 时，膨胀率最大，达到 7.02%，此时的 CBR 强度最小，仅为 0.4%；磷石膏掺量为 46% 时，膨胀率最小，但仍达到了 3.53%，此时的 CBR 强度最大，但仍只达到了 1.2%。

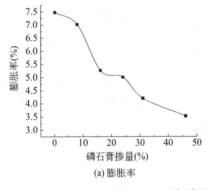
(a) 膨胀率

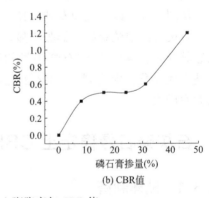
(b) CBR值

图 6.10　石灰磷石膏稳定土膨胀率与 CBR 值

石灰磷石膏稳定土膨胀量　　　　表 6.6

石灰(%)	磷石膏(%)	红黏土(%)	压实度(%)	膨胀率(%)
0	0	100		7.48
	8	84		7.02
	16	76	90	5.27
	24	68		5.01
8	31	61		4.21
	46	46		3.53

石灰磷石膏稳定土 CBR 强度　　　　　　表 6.7

石灰(%)	磷石膏(%)	红黏土(%)	压实度(%)	CBR 强度(%)
0	0	100		0
	8	84		0.4
	16	76	90	0.4
8	24	68		0.5
	31	61		0.6
	46	46		1.2

2. 水玻璃对石灰磷石膏稳定土 CBR 影响

根据《公路路基设计规范》JTG D30—2015 第 3.3.3 条第 3 款：路堤填料最小 CBR 值为 2%。因此，考虑加入水玻璃进行改良。试验用水玻璃由嘉善县优瑞耐火材料有限公司生产，型号为 SP50，浓度为 29.99%，模数为 2.25。按照厂家推荐，水玻璃的掺量为石灰、磷石膏以及红黏土三者总质量的 10%。

由图 6.11 及表 6.8、表 6.9 不难看出，加入水玻璃改良后，稳定土的膨胀率有所下降，CBR 值也有所提升，但仍达不到规范要求。

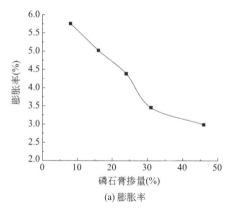

(a) 膨胀率

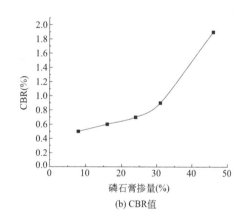

(b) CBR 值

图 6.11　水玻璃改良后石灰磷石膏稳定土膨胀率与 CBR 值

水玻璃改良后石灰磷石膏稳定土膨胀量　　　　　　表 6.8

石灰(%)	磷石膏(%)	红黏土(%)	压实度(%)	膨胀率(%)
	8	84		5.76
	16	76		5.02
8	24	68	90	4.39
	31	61		3.46
	46	46		2.99

水玻璃改良后石灰磷石膏稳定土 CBR 强度　　　　　　表 6.9

石灰(%)	磷石膏(%)	红黏土(%)	压实度(%)	CBR 强度(%)
	8	84		0.5
	16	76		0.6
8	24	68	90	0.7
	31	61		0.9
	46	46		1.9

6.4 本章小结

（1）素红黏土的膨胀率很大，达到 7.48%，CBR 值为 0。

（2）随着磷石膏掺量的增加，磷石膏稳定土的膨胀率逐渐减小而 CBR 值逐渐增大。水泥磷石膏稳定土 CBR 值总体上满足《公路路基设计规范》JTG D30—2015 第 3.3.3 条路基填料最小承载比要求。无侧限抗压强度最佳组（水泥：磷石膏＝1：3）CBR 值满足二级公路及以下的下路堤填料最小承载比要求；水稳性最佳组（磷石膏：红黏土＝1：1）CBR 值满足二级公路的上路床填料最小承载比要求。从混合料 CBR 这一特性来看，推荐配合比为水泥掺量为 5%，磷石膏：红黏土＝1：1。

（3）当石灰掺量为 8%，磷石膏掺量为 46% 时，膨胀率最小，为 3.53%，CBR 值最大，为 1.2%，不满足《公路路基设计规范》JTG D30—2015 第 3.3.3 条第 3 款：路堤填料最小 CBR 值为 2% 的技术要求。掺入水玻璃改良后，石灰磷石膏稳定土的膨胀率下降而 CBR 值得以提升，但 CBR 最大值仍然只有 1.9%，不满足规范的最小值要求。

第7章 水泥磷石膏稳定土变形特性

7.1 概述

路基填料由于受到填料自身特性和外界环境的影响，会引起路基填料产生收缩变形、膨胀变形、压缩变形等。路基填料变形过大会使路基因开裂、不均匀沉降、垮塌等而被破坏。水泥磷石膏稳定土用作路基填料不可避免会受到混合料变形的影响，故对水泥磷石膏稳定土的收缩变形特性开展试验研究是必不可少的。

本章通过对不同水泥掺量（3％、5％、7％）、不同配合比（水泥：磷石膏＝1：1、1：2、1：3和磷石膏：土＝1：1、1：2、1：3）、不同压实度（90％、92％、93％、94％、95％）的水泥磷石膏稳定土试样进行收缩变形、无荷膨胀变形、上覆荷载下膨胀变形和压缩变形特性的研究，分析了水泥磷石膏稳定土线缩率随时间、压实度、磷石膏掺量的变化关系；水泥磷石膏稳定土膨胀变形随时间、压实度、磷石膏掺量、上覆荷载等的变化关系；水泥磷石膏稳定土压缩模量、压缩系数、孔隙比随上覆荷载和磷石膏掺量等的变化关系，对水泥磷石膏稳定土用作路基填料具有参考意义。

7.2 试验方法及步骤

水泥磷石膏稳定土变形特性试验参照《公路土工试验规程》JTG 3430—2020 进行。石灰磷石膏稳定土与水泥磷石膏稳定土变形特性试验方法大体相同，故在本节共同阐述，后文不再赘述。

7.2.1 收缩变形试验

（1）仪器设备

收缩仪，如图 7.1 所示，其中多孔板上孔的面积应大于其总面积的 50％；制样器，采用西安亚星生产的环刀制样器，如图 7.2 所示。环刀，直径 61.8mm，高 20mm；百分表，量程为 10mm，分度值为 0.01mm；以及烘箱、天平、推土块、凡士林、千斤顶等。

（2）试样制备

试样制备采用静力压实法，每组试样做一组平行样；试样制备流程如图 7.3 所示，制样前按表 7.1 先计算各材料掺量。取磷石膏、红黏土过 2mm 筛备用；按配合比设计用天平称取预定质量磷石膏和红黏土混合均匀；称取预定质量的水（预留 3％备用），采用喷洒方式加入混合料，搅拌均匀后用保鲜膜密封浸润 1 昼夜；称取预定质量的水泥同预留 3％的水混合均匀后，加入混合料中，再拌制均匀（石灰在闷料前即加入混合料一起拌制，

图 7.1 收缩仪   图 7.2 环刀制样器

亦不再预留水）；称取预定质量的混合料土样，同时，在环刀内壁涂抹凡士林，放入制样器中制备试样，混合料需在 1h 内完成制备；试样制备好后，用推土块从环刀内推出土样，得到收缩试验土样。

图 7.3 试样制备流程

样品制备表

表 7.1

水泥磷石膏稳定土					石灰磷石膏稳定土				
水泥掺量（%）	磷石膏掺量（%）	红黏土掺量（%）	含水率（%）	压实度（%）	石灰掺量（%）	磷石膏掺量（%）	红黏土掺量（%）	含水率（%）	压实度（%）
3	48.50	48.50	25.47	90 92 93 94 95	6	47.00	47.00	23.98	90 92 93 94 95
3	32.33	64.67	25.84	90 92 93 94 95	6	31.33	62.67	28.52	90 92 93 94 95
3	24.25	72.75	26.96	90 92 93 94 95	6	23.50	70.50	27.55	90 92 93 94 95
5	47.50	47.50	22.88	90 92 93 94 95	8	46.00	46.00	25.94	90 92 93 94 95
5	31.67	63.33	25.92	90 92 93 94 95	8	30.67	61.33	28.23	90 92 93 94 95
5	23.75	71.25	27.11	90 92 93 94 95	8	23.00	69.00	28.59	90 92 93 94 95
7	46.50	46.50	24.00	90 92 93 94 95	10	45.00	45.00	22.11	90 92 93 94 95
7	31.00	62.00	23.93	90 92 93 94 95	10	30.00	60.00	28.55	90 92 93 94 95
7	23.25	69.75	25.21	90 92 93 94 95	10	22.50	67.50	27.47	90 92 93 94 95

续表

水泥磷石膏稳定土					石灰磷石膏稳定土				
水泥掺量(%)	磷石膏掺量(%)	红黏土掺量(%)	含水率(%)	压实度(%)	石灰掺量(%)	磷石膏掺量(%)	红黏土掺量(%)	含水率(%)	压实度(%)
3	3.00	94.00	30.30	90 92 93 94 95	6	6.00	88.00	27.11	90 92 93 94 95
	6.00	91.00	29.18			12.00	82.00	28.85	
	9.00	88.00	27.83			18.00	76.00	28.42	
5	5.00	90.00	26.15		8	8.00	84.00	30.24	
	10.00	85.00	27.41			16.00	76.00	28.26	
	15.00	80.00	26.35			24.00	68.00	27.41	
7	7.00	86.00	27.98		10	10.00	80.00	28.16	
	14.00	79.00	27.20			20.00	70.00	29.46	
	21.00	72.00	27.32			30.00	60.00	28.55	

（3）试验步骤

①取制备好的试样，先称量其质量并记录，然后将试样放置在多孔板上，将测板放置在试样中心，安装百分表并使其对准测量板中心，称量试样和仪器的总质量，准确至0.01g。②将仪器稳定放置于常温（25℃）下，记录百分表初始读数。按每间隔1h、2h、3h、4h、24h及之后每间隔24h读取一次百分表示数，并称量试样和仪器的总质量，精确至0.01g，当间隔2h百分表读数保持不变时视为试样收缩稳定。③将试样和仪器一起置于80℃的烘箱内烘干，称取烘干后质量，得出干土质量。④计算不同时间的线缩率。

线缩率按下式计算：

$$\delta_t = \frac{H_t - H_0}{H} \times 100 \tag{7.1}$$

式中：δ_t——收缩过程某时刻试样线缩率（%）；

　　　H_t——收缩过程某时刻百分表读数（mm）；

　　　H_0——百分表初始读数（mm）；

　　　H——试样初始高度（mm）。

（4）80℃收缩试验

80℃收缩试验是将装好试样的装置整体置于80℃的恒温烘箱内进行烘干，按每间隔1h、1h、2h、2h及之后每隔2h读取百分表示数，并称量试样和仪器总质量，精确至0.01g，当间隔2h百分表读数保持不变时视为试样收缩稳定。

7.2.2　无荷膨胀试验

（1）仪器设备

膨胀仪，环刀和百分表规格同收缩试验；刮土刀、推土块、凡士林、吸水球、量杯等。

（2）试样制备

无荷膨胀试验环刀样制备参照收缩试验试样制备，环刀样制备完成后将其放入温度

20±2℃、湿度≥95％的恒温恒湿养护箱中养护 7d，试样养护完成后进行试验。

（3）试验步骤

①在膨胀仪中依次放入透水石、套环、滤纸，将环刀放入套环中，钝口端朝下，旋转环刀使试样底面与透水石顶面密切接触，安装固定套环，拧紧套环固定螺栓，依次将滤纸、测板放在试样顶面，对准中心，安装好并读取百分表示数。②沿膨胀仪边缘内部注水，使水自下而上进入试样，并使液面高度高出试样上表面 5mm 以上，同时记录注水开始时间，按每间隔 5min、10min、20min、30min、1h、2h、3h、24h 之后依次间隔 24h 读取百分表示数，当间隔 2h 百分表示数不大于 0.01mm 时视为试样膨胀变形稳定，可终止试验。③根据读取的百分表示数，计算试样膨胀变形过程中的绝对膨胀率与相对膨胀率。任一时间的绝对膨胀率按下式计算：

$$\delta_t = \frac{h_t - h_0}{h} \qquad (7.2)$$

式中：δ_t——时间 t 时试样的绝对膨胀率（％）；

h_0——试验开始时百分表读数（mm）；

h_t——时间 t 时量表的读数（mm）；

h——试样初始高度（mm）。

相对膨胀率按下式计算：

$$\delta_i = \frac{h_i - h_{i-1}}{h_{i-1}} \qquad (7.3)$$

式中：δ_i——相对膨胀率（％）；

h_i——第 i 级膨胀后的高度（mm）；

h_{i-1}——第 $i-1$ 级膨胀后的高度（mm）。

7.2.3 上覆荷载下膨胀变形试验

（1）仪器设备

固结仪，环刀和百分表规格同收缩试验；透水石、凡士林、计时器、量杯等。

（2）试样制备

试验环刀样制备参照收缩试验试样制备，环刀样制备完成后将其放入温度 20±2℃、湿度≥95％的恒温恒湿养护箱中养护 7d，试样养护完成后进行试验。

（3）试验步骤

①在固结仪内依次放入套环、大透水石、护环、滤纸，然后将环刀外壁涂抹一层凡士林，刀口向下放入护环内，在土样钝口端套上护环，依次在试样上放滤纸、透水石、加压上盖，最后将安装好试样的固结仪放在加压框架正中，放下加压导环和传压活塞。②装好百分表，预加 1kPa 压力，使仪器各部分紧密接触并保持平稳，读取百分表示数。③施加 50kPa 上覆荷载。加砝码时要轻放，减少引起冲击和晃动，同时开始计时，每间隔 2h 读取一次百分表示数，当两次百分表示数变化小于 0.01mm 时视为试样变形达到稳定。④试样变形稳定后，向固结仪内加入水，并使液面高出试样上表面 5mm 以上。浸水后每隔 2h 读取一次百分表示数，当两次百分表示数变化不超过 0.01mm 时视为试样变形稳

定。⑤完成试验后，拆解仪器，取出试样，清洗环刀和各部件。⑥按式（7.4）计算试样膨胀率：

$$\delta_{ep} = \frac{h_p - h_0}{h_0} \tag{7.4}$$

式中：δ_{ep}——试样在荷载作用下的增湿膨胀率（%）；

h_0——试样受压固结稳定后的高度（mm）；

h_p——试样增湿膨胀稳定后的试样高度（mm）。

7.2.4　压缩试验

（1）仪器设备

固结仪，环刀和百分表规格同收缩试验；透水石、凡士林、天平、烘箱、铝盒、计时器等。

（2）试样制备

压缩变形试验环刀样制备参照收缩试验试样制备，环刀样制备完成后将其放入温度20±2℃，湿度≥95%的恒温恒湿养护箱中养护7d，试样养护完成后进行试验。

（3）试验步骤

①安装试样并读取百分表示数，同上覆荷载下膨胀变形试验。②施加第一级荷载。加砝码时要轻放，减少引起冲击和晃动，同时开始计时。③荷载等级采用50kPa、100kPa、200kPa、400kPa、800kPa依次加载，加载时间间隔规定为1h，并在每次加载前读取百分表示数，在最后一级荷载加载1h读取百分表示数后，在该荷载下再持续加载24h视为试样变形达到稳定，读取百分表终读数。④完成试验后，拆解仪器，取出试样，清洗环刀和各部件。⑤计算试样压缩模量、压缩系数、孔隙比。初始孔隙比按式（7.5）计算：

$$e_0 = \frac{(1 + 0.01\omega_0)\rho_s}{\rho_0} - 1 \tag{7.5}$$

式中：e_0——试样初始孔隙比，计算至0.01；

ρ_0——试样的初始密度（g/cm³）；

ω_0——试样初始含水率（%）；

ρ_s——试样密度（g/cm³）。

各级压力下固结稳定后的孔隙比按式（7.6）计算：

$$e_i = e_0 - (1 + e_0)\frac{\sum \Delta h_i}{h_0} \tag{7.6}$$

式中：e_i——某级压力下的孔隙比，计算至0.01；

h_0——试样初始高度（mm）；

$\sum h_i$——某级压力下试样的高度总变形（mm）。

某一荷载范围内的压缩系数按下式计算：

$$a_v = \frac{e_i - e_{i+1}}{p_{i+1} - p_i} = \frac{(S_{i+1} - S_i)(1 + e_0)/1000}{p_{i+1} - p_i} \tag{7.7}$$

$$S_i = \frac{\sum \Delta h_i}{h_0} \tag{7.8}$$

式中：a_v——压缩系数（MPa^{-1}）；

      p_i——某一单位压力值（kPa）；

      S_i——某一级荷载下的沉降量，计算至 0.1mm。

某一荷载范围内的压缩模量按式(7.9) 计算：

$$E_s = \frac{p_{i+1} - p_i}{(S_{i+1} - S_i)/1000} \tag{7.9}$$

式中：E_s——压缩模量（MPa）。

7.3 结果分析

7.3.1 常温（25℃）下收缩变形试验结果

1. 线缩率随时间变化关系

高掺磷石膏（磷石膏 P：红黏土 T=1∶1，1∶2，1∶3）水泥（C=3%，5%，7%）稳定红黏土，不同水泥掺量、不同配合比、不同压实度下的线缩率与时间关系曲线如图 7.4 所示。

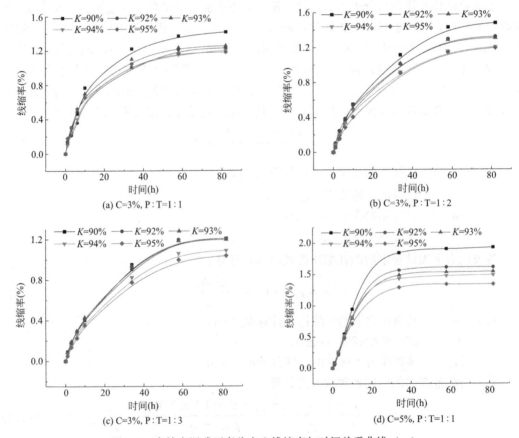

图 7.4 高掺水泥磷石膏稳定土线缩率与时间关系曲线（一）

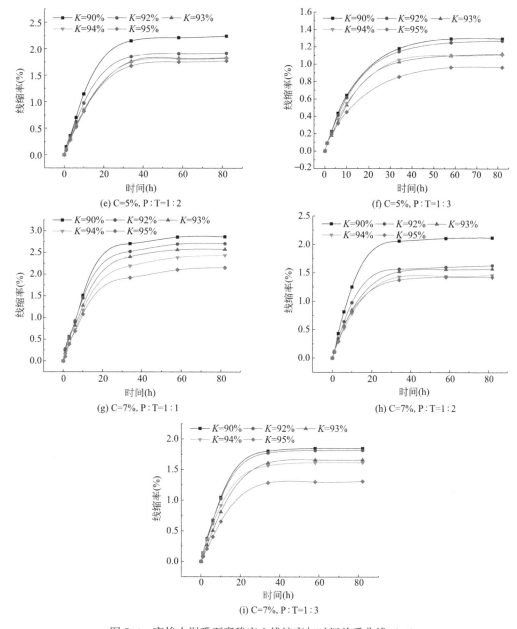

图 7.4　高掺水泥磷石膏稳定土线缩率与时间关系曲线（二）

　　低掺磷石膏（水泥 C∶磷石膏 P＝1∶1，1∶2，1∶3）水泥（C＝3％，5％，7％）稳定红黏土，不同水泥掺量、不同配合比，不同压实度下的线缩率与时间关系曲线如图 7.5 所示。

　　由图 7.4 和图 7.5 可知，高/低掺水泥磷石膏稳定土不同混合料收缩曲线大体相似，线缩率随时间的增加表现为先线性增加后趋于平缓。高掺水泥磷石膏稳定土最早在 20h 附近即趋于稳定，相较于低掺水泥磷石膏稳定土，其线性收缩阶段更短，慢速收缩阶段时间更长，混合料收缩稳定的时间更久。在同一水泥掺量，同一配合比下，混合料压实度越大，线缩率越小。高掺水泥磷石膏稳定土线缩率为 0.97％～2.87％，低掺水泥磷石膏稳定土线缩率较小，为 0.80％～2.00％。

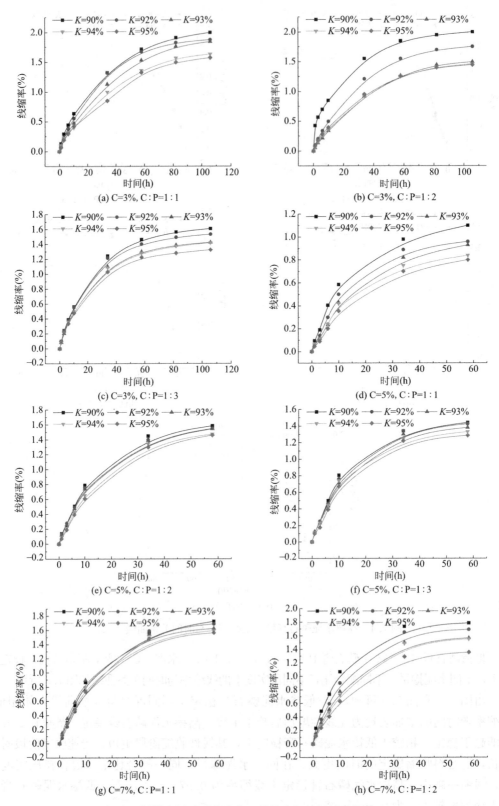

图 7.5　低掺水泥磷石膏稳定土线缩率与时间关系曲线（一）

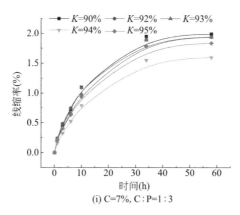

(i) C=7%, C:P=1:3

图 7.5　低掺水泥磷石膏稳定土线缩率与时间关系曲线（二）

2. 线缩率随含水率变化关系

高掺水泥磷石膏稳定土，不同水泥掺量、不同配合比、不同压实度下的线缩率与含水率关系曲线如图 7.6 所示。

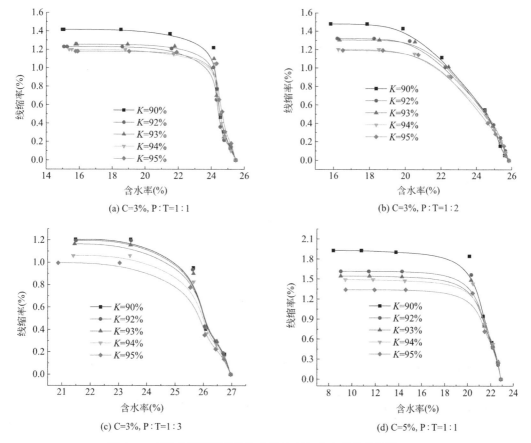

图 7.6　高掺水泥磷石膏稳定土线缩率与含水率关系曲线（一）

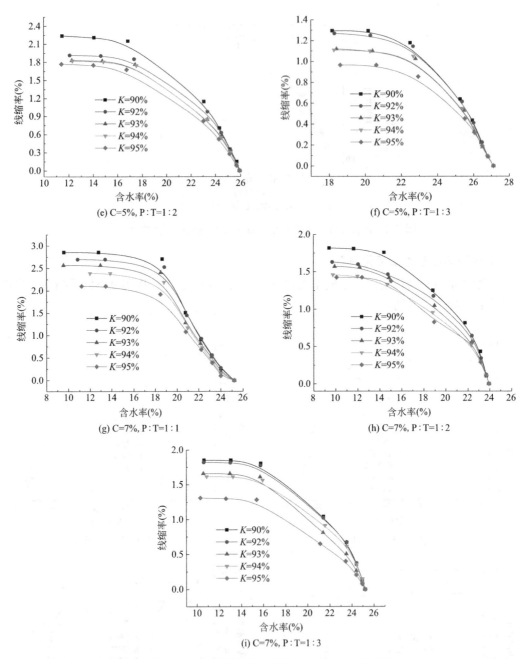

图 7.6 高掺水泥磷石膏稳定土线缩率与含水率关系曲线（二）

低掺水泥磷石膏稳定土，不同水泥掺量、不同配合比、不同压实度下的线缩率与含水率关系曲线如图 7.7 所示。

由图 7.6 和图 7.7 可知，高/低掺水泥磷石膏稳定土线缩率随含水率的降低逐渐增大，大致可以分为线性收缩阶段、缓慢收缩阶段、收缩稳定阶段。混合料收缩变形主要发生在线性收缩阶段和缓慢收缩阶段，之后随着含水率的降低混合料只发生微小的变形。水泥磷石膏稳定土收缩稳定时，含水率在 12%～24% 之间。

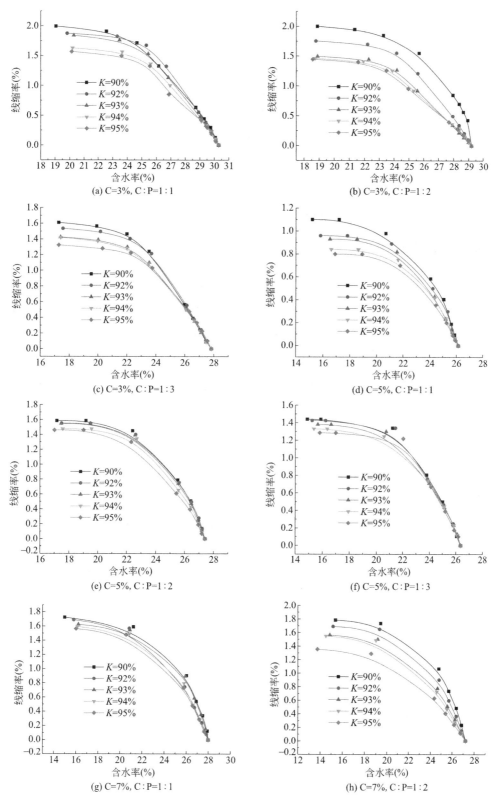

图 7.7　低掺水泥磷石膏稳定土线缩率与含水率关系曲线（一）

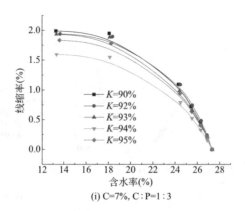

(i) C=7%, C：P=1：3

图 7.7　低掺水泥磷石膏稳定土线缩率与含水率关系曲线（二）

3. 线缩率随磷石膏掺量变化关系

水泥磷石膏稳定土线缩率与磷石膏掺量关系曲线如图 7.8 所示。由图 7.8 可知，对水泥磷石膏稳定土，水泥掺量 3％时，混合料线缩率随磷石膏掺量的增加先减小后略微增大；水泥掺量 5％时，混合料线缩率随磷石膏掺量呈先增加后减小，后又增加再减小的变化趋势；水泥掺量 7％时，混合料线缩率随磷石膏掺量的增加而增加。不同水泥掺量下，混合料线缩率变化规律呈现出较大的差异，说明水泥掺量的变化对混合料收缩变形具有较大影响。

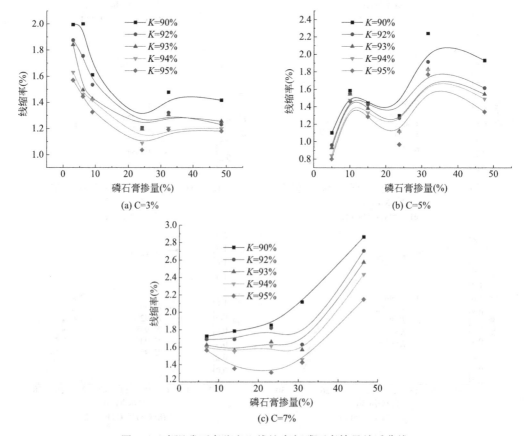

图 7.8　水泥磷石膏稳定土线缩率与磷石膏掺量关系曲线

7.3.2　80℃下收缩变形试验结果

常温下试样收缩变形达到稳定所需时间在 20h 以上，加入水泥后，混合料中会发生一系列化学反应，时间越长反应越充分，对混合料线缩率的影响越大。同时考虑到磷石膏在温度过高时会失去结晶水[77]，影响对混合料含水率的测定，故对 90％压实度下，不同水泥掺量和不同配合比水泥磷石膏稳定土开展了 80℃下的收缩试验，试验结果如下。

1. 线缩率随时间变化关系

80℃下水泥磷石膏稳定土不同配合比，线缩率与时间关系曲线如图 7.9 所示，不同水泥掺量线缩率与时间关系曲线见图 7.10。

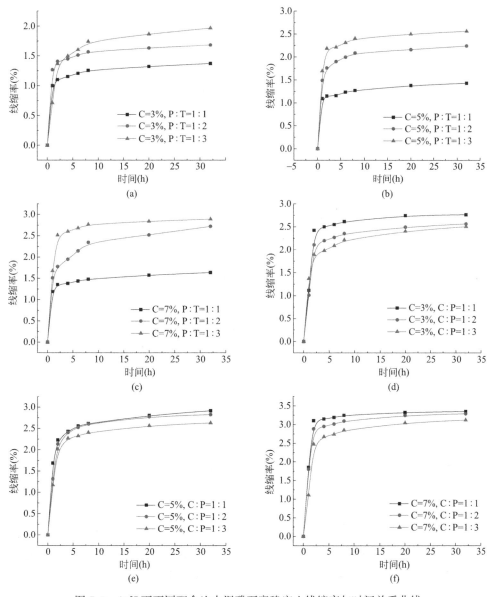

图 7.9　80℃下不同配合比水泥磷石膏稳定土线缩率与时间关系曲线

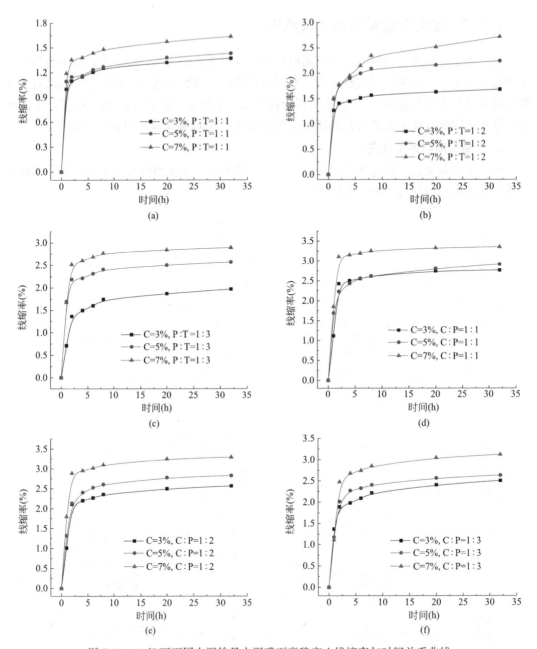

图 7.10　80℃下不同水泥掺量水泥磷石膏稳定土线缩率与时间关系曲线

　　由图 7.9 和图 7.10 可知，水泥磷石膏稳定土在 80℃下，收缩曲线形态基本一致，主要变形发生在 0～5h 时间段，混合料线缩率随时间线性增大；5h 之后，混合料线缩率基本趋于平稳。高掺水泥磷石膏稳定土收缩变形稳定时，线缩率在 1.37%～2.89% 之间。低掺水泥磷石膏稳定土收缩变形稳定时，线缩率在 2.51%～3.35% 之间。对比可知，水泥磷石膏稳定土在高掺磷石膏，P∶T＝1∶1 时，线缩率最小，混合料收缩特性最好；在低掺磷石膏，C∶P＝1∶1 时，线缩率最大，混合料收缩特性最差。

2. 线缩率随含水率变化关系

水泥磷石膏稳定土线缩率随含水率变化关系曲线如图 7.11 所示。

由图 7.11 可知，混合料线缩率在含水率为 15％附近逐渐趋于平缓，相较于常温下收缩变形稳定时含水率的变化幅度更小。

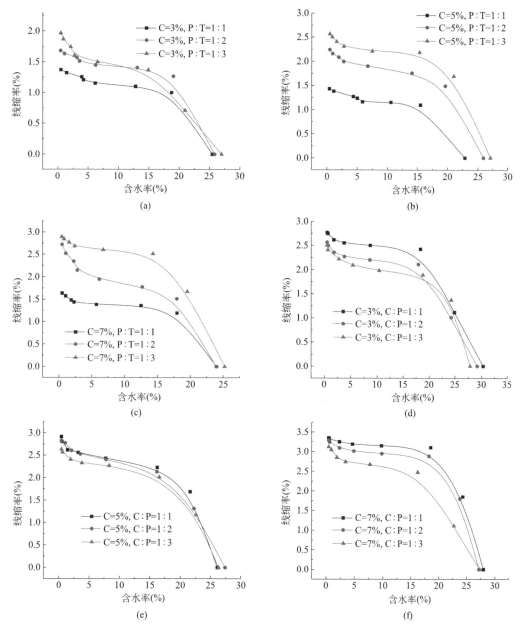

图 7.11　80℃下水泥磷石膏稳定土线缩率随含水率变化关系曲线

3. 线缩率与磷石膏掺量变化关系

80℃下水泥磷石膏稳定土线缩率与磷石膏掺量关系曲线如图 7.12 所示。

由图 7.12 可知，对水泥磷石膏稳定土，随着磷石膏掺量的增加，混合料线缩率减小，在 P∶T＝1∶1 时，混合料线缩率最小。在同一配合比下，混合料线缩率随着水泥掺量的增加而增大；除 C＝7％，P＝7％、14％两个掺量外，混合料线缩率均比素红黏土线缩率小。

4. 不同温度下线缩率变化关系

水泥磷石膏稳定红黏土不同温度下线缩率与时间的关系曲线以 C＝5％，P∶T＝1∶1 混合料为例，如图 7.13 所示。

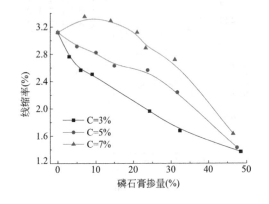

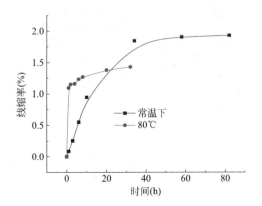

图 7.12 80℃下水泥磷石膏稳定土
线缩率与磷石膏掺量关系曲线

图 7.13 C＝5％、P∶T＝1∶1 线缩率
与时间关系曲线

由图 7.13 可知，常温下混合料收缩变形主要发生在 0～40h 范围内，80℃下混合料收缩变形主要发生在 0～5h 范围内。80℃下混合料收缩变形较常温下收缩阶段变形更加迅速，缓和阶段时程更短，收缩变形更早趋于稳定。

7.3.3 膨胀变形试验结果

水泥磷石膏稳定红黏土无荷膨胀试验样品制备见表 7.1，试验结果如下。

1. 绝对膨胀率与浸水时间的关系

高掺水泥（C＝3％，5％，7％）磷石膏（磷石膏 P∶红黏土 T＝1∶1，1∶2，1∶3）稳定红黏土绝对膨胀率随浸水时间的变化关系曲线如图 7.14 所示。

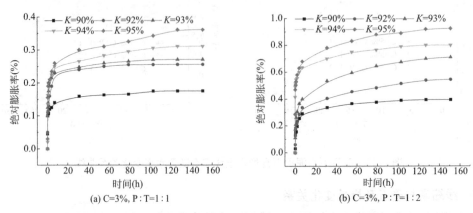

图 7.14 高掺水泥磷石膏稳定土绝对膨胀率与时间关系曲线（一）

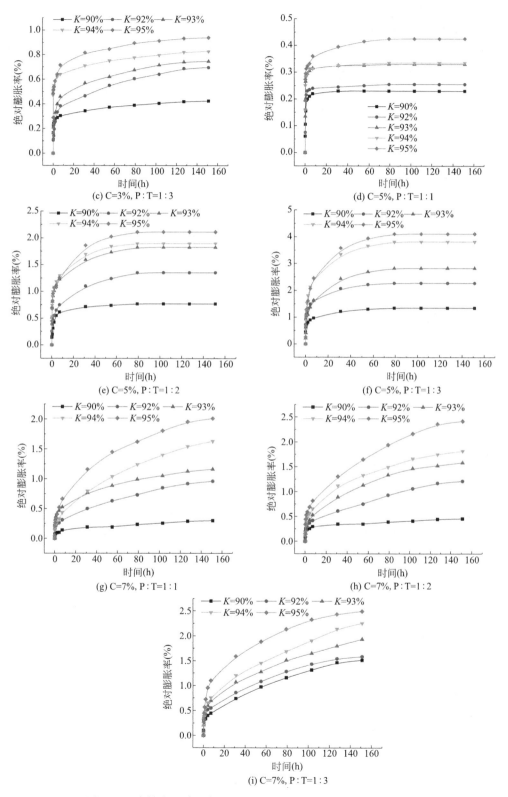

图 7.14　高掺水泥磷石膏稳定土绝对膨胀率与时间关系曲线（二）

　　低掺水泥（C＝3%，5%，7%）磷石膏（水泥 C∶磷石膏 P＝1∶1，1∶2，1∶3）稳定红黏土绝对膨胀率随时间的变化关系曲线如图 7.15 所示。

　　由图 7.14 和图 7.15 可知，高掺磷石膏稳定红黏土混合料绝对膨胀率随浸水时间先迅速增加，后逐渐趋于平缓。相同水泥掺量，同一配合比下，混合料压实度对绝对膨胀率有较大影响，且压实度越大，绝对膨胀率越大。随水泥掺量增加，混合料膨胀变形达到稳定时所需时间更长，膨胀变形存在滞后效应。

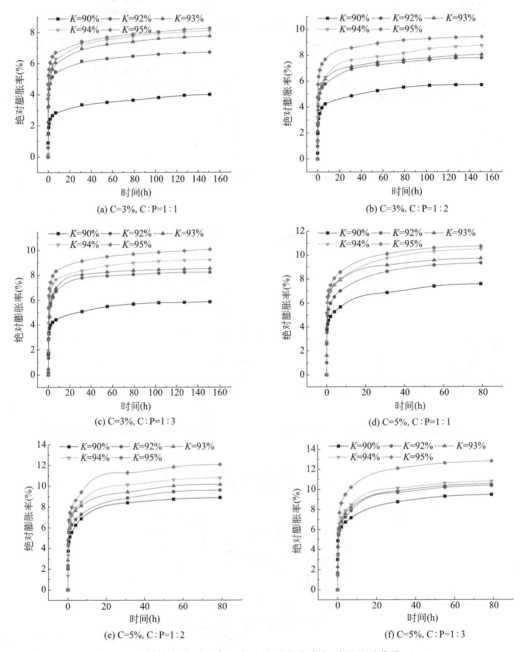

图 7.15　低掺水泥磷石膏稳定土绝对膨胀率与时间关系曲线（一）

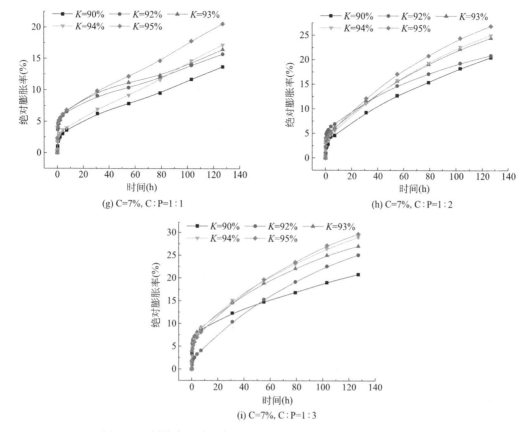

(g) C=7%, C∶P=1∶1

(h) C=7%, C∶P=1∶2

(i) C=7%, C∶P=1∶3

图 7.15 低掺水泥磷石膏稳定土绝对膨胀率与时间关系曲线（二）

由图 7.14 可知，高掺磷石膏稳定红黏土混合料水泥掺量 3％和 5％时，混合料绝对膨胀率的变化主要发生在 0～31h 范围内，达到稳定时的 80％左右；水泥掺量 7％时，混合料绝对膨胀率的变化时程更长，在 140h 附近膨胀曲线才趋于稳定，且在 55h 时，只达到稳定时的 65％左右。

由图 7.15 可知，低掺磷石膏稳定红黏土混合料水泥掺量 3％和 5％时，混合料绝对膨胀率的变化主要发生在 0～31h 范围内，达到稳定时的 90％左右；水泥掺量 7％时，混合料绝对膨胀率在 130h 附近还未达到稳定。

2. 绝对膨胀率与磷石膏掺量的关系

不同压实度水泥磷石膏稳定土混合料膨胀变形稳定时，混合料绝对膨胀率与磷石膏掺量变化关系曲线如图 7.16 所示。

由图 7.16 可知，水泥磷石膏稳定土绝对膨胀率随磷石膏掺量的增加先增大后减小；高掺磷石膏时绝对膨胀率为 0.18％～4.11％远小于低掺时 4.00％～29.71％。水泥磷石膏稳定土混合料均在 P∶T=1∶1 时，混合料绝对膨胀率最小在 0.18％～0.43％之间。

3. 相对膨胀率与浸水时间的关系

试验时对混合料膨胀率的测定主要通过读取 5min、10min、20min、30min、1h、2h、3h、24h 之后依次间隔 24h 百分表读数得出，综合考虑混合料相对膨胀率的变化规律，本

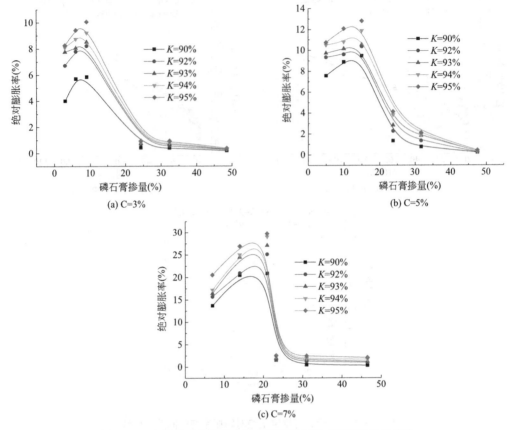

图 7.16　水泥磷石膏稳定土绝对膨胀率与磷石膏掺量关系曲线

节绝对膨胀率与时间关系曲线起始点的相对膨胀率取为试验开始后 5min、10min、20min、30min、1h、2h、3h 共 7.08h 的相对膨胀率，之后各点均为间隔 24h 后的相对膨胀率。

高掺水泥磷石膏稳定土相对膨胀率随时间的变化关系曲线如图 7.17 所示。

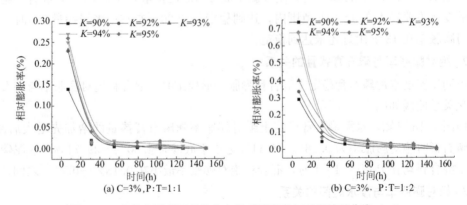

图 7.17　高掺水泥磷石膏稳定土相对膨胀率与时间关系曲线（一）

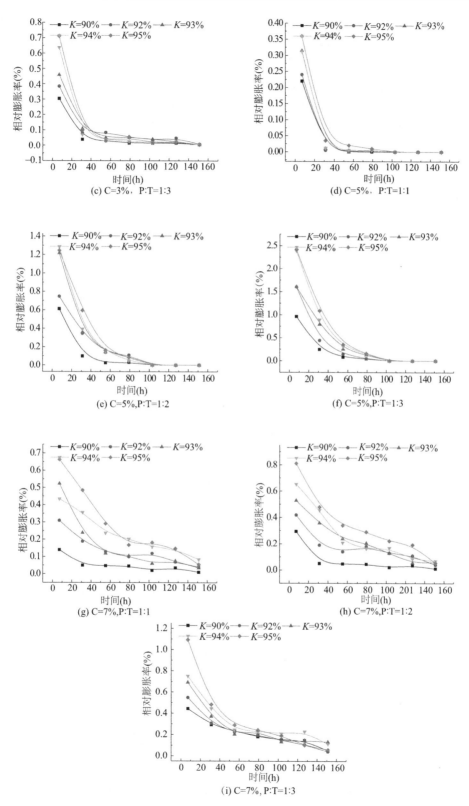

图 7.17　高掺水泥磷石膏稳定土相对膨胀率与时间关系曲线（二）

由图 7.17 可知，高掺水泥磷石膏稳定土相对膨胀率随浸水时间的增加，先迅速降低后逐渐趋于平缓；不同压实度对混合料相对膨胀率的影响主要体现在初始阶段（0～40h），压实度越大混合料初始相对膨胀率越大，之后不同压实度混合料之间相对膨胀率相差不大，并逐渐趋于 0。在同一配合比下，随着水泥掺量的增加，混合料相对膨胀率趋于平缓所需要的时间更长，说明水泥的掺入对混合料膨胀变形的发育具有滞后作用。

低掺水泥磷石膏稳定土相对膨胀率随时间的变化关系曲线如图 7.18 所示。

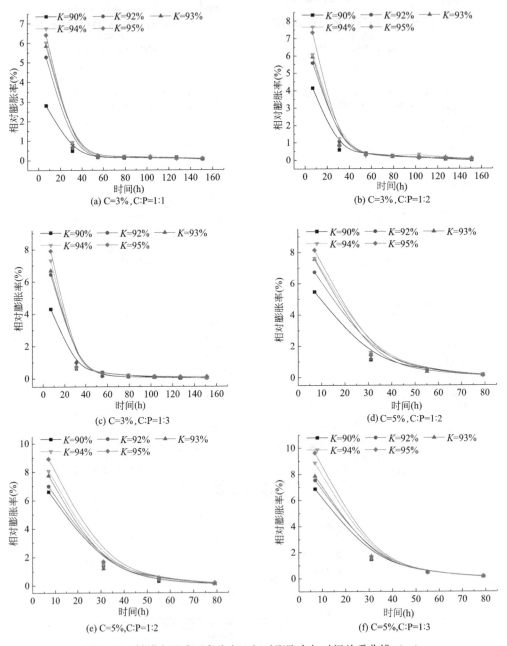

图 7.18　低掺水泥磷石膏稳定土相对膨胀率与时间关系曲线（一）

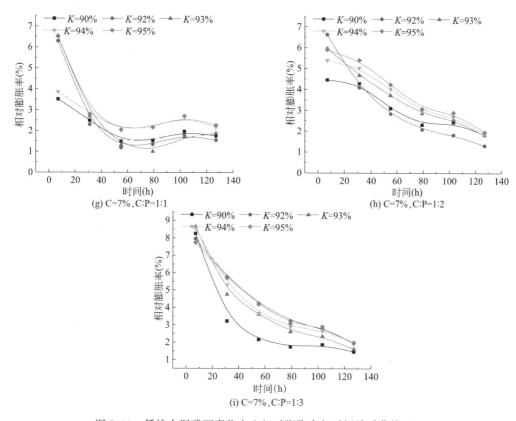

图 7.18　低掺水泥磷石膏稳定土相对膨胀率与时间关系曲线（二）

由图 7.18 可知，低掺水泥磷石膏稳定土相对膨胀率随浸水时间的增加，先迅速降低，后逐渐趋于平缓；同一配合比下，随着水泥掺量的增加，混合料相对膨胀率趋于平缓所需要的时间更长，3%水泥掺量混合料在 40h 附近达到稳定，5%水泥掺量混合料在 55h 附近达到稳定，7%水泥掺量混合料在 127h 还未达到稳定，说明水泥的掺入对混合料膨胀变形的发育具有滞后作用。

7.3.4　上覆荷载下膨胀变形试验结果

《公路路基设计规范》JTG D30—2015 以土的胀缩总率作为分类指标对填料进行了分类，如表 7.2 所示。

填料等级分类　　　　　　　　　　　　　　　　　　　　　　　　　表 7.2

有荷压力下胀缩总率(%)	<0.7	$0.7 \leqslant e < 2.5$	$2.5 \leqslant e < 5.0$	$\geqslant 5.0$
填料等级	非膨胀土	弱膨胀土	中膨胀土	强膨胀土

本节参照《膨胀土地区建筑技术规范》GB 50112—2013 选取表 7.1 中不同水泥掺量、不同配合比水泥磷石膏稳定土混合料制备 90%压实度的试样开展上覆荷载 50kPa 下的膨胀试验，结果如下。

由图 7.19 可知，上覆荷载下水泥磷石膏稳定土的绝对膨胀率随磷石膏掺量的增加大致呈现减小的趋势，在 P∶T＝1∶1 时，即磷石膏掺量最大时，混合料绝对膨胀率最小；相同磷石膏掺量下水泥掺量越多，绝对膨胀率越大。上覆荷载下水泥磷石膏稳定土绝对膨胀率在 0.01％～0.56％之间，相较素红黏土绝对膨胀率 2.42％有明显降低。

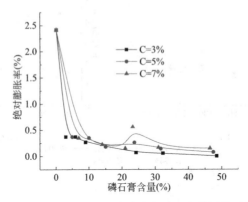

图 7.19　上覆荷载下绝对膨胀率与磷石膏掺量关系曲线

以 80℃下混合料稳定时的线缩率与 50kPa 上覆荷载下的膨胀率计算得 90％压实度下混合料胀缩总率与磷石膏掺量的关系如图 7.20 所示。

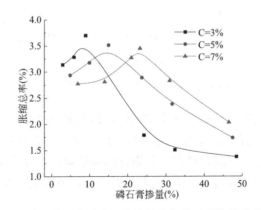

图 7.20　水泥磷石膏稳定土胀缩总率与磷石膏掺量关系曲线

由图 7.20 可知，水泥磷石膏稳定土胀缩总率随磷石膏掺量的增加先增加后减小。混合料胀缩总率最小值出现在 P∶T＝1∶1 时，该磷石膏掺量下 C＝3％混合料胀缩总率为 1.380％，C＝5％混合料胀缩总率为 1.74％，C＝7％混合料胀缩总率为 2.03％，均属于弱膨胀土。

7.3.5　压缩变形试验结果

水泥磷石膏稳定红黏土压缩试验选取不同水泥掺量和不同配合比 90％压实度的试样开展，样品制备见表 7.1，试验结果如下。

1. 孔隙比与上覆荷载的关系

90％压实度，不同配合比下水泥磷石膏稳定土孔隙比与垂直压力关系曲线如图 7.21 所示。由图 7.21 可知，混合料孔隙比均随垂直压力的增大而减小，不同混合料孔隙比与垂直压力关系曲线形态相似，在 50～200kPa 之间孔隙比随垂直压力的增大减小较快，200～800kPa 之间孔隙比随垂直压力的增大减小较慢。

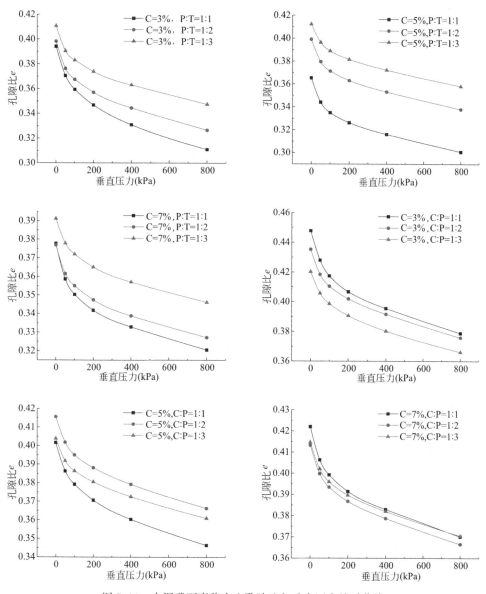

图 7.21　水泥磷石膏稳定土孔隙比与垂直压力关系曲线

由图 7.21 可知，高掺水泥磷石膏稳定土孔隙比在 0.30％～0.41％之间，低掺水泥磷石膏稳定土孔隙比在 0.35％～0.45％之间。

2. 孔隙比与磷石膏掺量的关系

由图 7.22 可知，对水泥磷石膏稳定土，C=3％时，混合料孔隙比随磷石膏掺量的增加逐渐减小；C=5％时，混合料孔隙比随磷石膏掺量的增加先略有上升后逐渐减小；C=7％时，混合料孔隙比随磷石膏掺量的增加先略有波动后逐渐减小。总体上水泥磷石膏稳定土孔隙比随磷石膏掺量的增加逐渐减小，磷石膏高掺量时的孔隙比较低掺量时有明显减小，且混合料在 P：T＝1：1 时孔隙比最小。

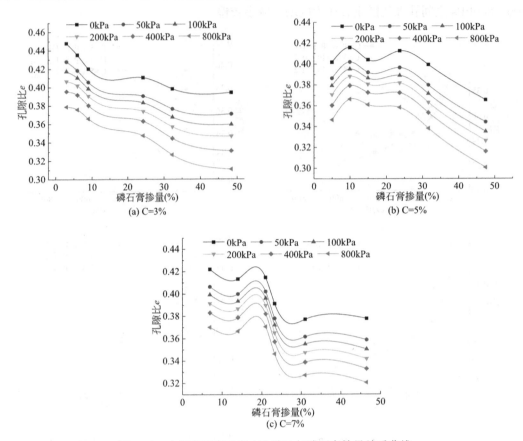

图 7.22　水泥磷石膏稳定土孔隙比与磷石膏掺量关系曲线

3. 压缩系数与上覆荷载的关系

水泥磷石膏稳定土压缩系数计算见式(7.10)。

$$a = \frac{e_1 - e_2}{p_1 - p_2} \tag{7.10}$$

式中：a——混合料压缩系数；

p_1、p_2——混合料上覆压力；

e_1——上覆压力 p_1 对应的试样孔隙比；

e_2——上覆压力 p_2 对应的试样孔隙比。

90%压实度，不同配合比下混合料压缩系数与垂直压力关系曲线如图 7.23 所示。

由图 7.23 可知，混合料压缩系数均随垂直压力的增大而减小，在 50～200kPa 之间压缩系数随垂直压力的增大减小较快，200～800kPa 之间压缩系数随垂直压力的增大减小较慢。

由图 7.23 可知，高掺磷石膏时，同一水泥掺量下，混合料压缩系数随磷石膏掺量的增加而减小。低掺磷石膏时，同一水泥掺量下，混合料压缩系数随磷石膏掺量的增加而增大。

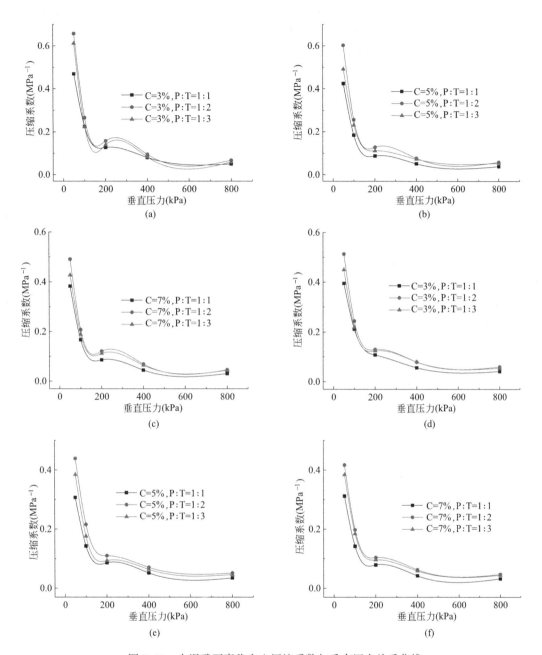

图 7.23　水泥磷石膏稳定土压缩系数与垂直压力关系曲线

　　工程上，一般根据压力变化在 $100 \sim 200 \text{kPa}$ 之间对应的压缩系数 $a_{1\text{-}2}$ 来判断土的压缩性。压缩系数 $a_{1\text{-}2} < 0.1 \text{MPa}^{-1}$，混合料表现为低压缩性；压缩系数 $0.1 \text{MPa}^{-1} \leqslant a_{1\text{-}2} < 0.5 \text{MPa}^{-1}$，混合料表现为中压缩性；$0.5 \text{MPa}^{-1} < a_{1\text{-}2}$，混合料表现为高压缩性。水泥磷石膏稳定土压缩系数及其压缩性判定如表 7.3 所示。

　　由表 7.3 可知，水泥磷石膏稳定红黏土较素红黏土压缩性明显降低，在水泥掺量 C＝5％，P：T＝1：1、C：P＝1：1、C：P＝1：3；C＝7％，P：T＝1：1、C：P＝1：1、C：P＝1：3 时混合料均表现为低压缩性。

水泥磷石膏稳定土压缩性判定表　　　　　　　　　　表7.3

水泥掺量	配合比	压缩系数 a_{1-2} （MPa^{-1}）	压缩性	配合比	压缩系数 a_{1-2} （MPa^{-1}）	压缩性
素红黏土	—	0.143	中	—		
C=3%	P：T=1：1	0.126	中	C：P=1：1	0.107	中
	P：T=1：2	0.158		C：P=1：2	0.130	
	P：T=1：3	0.139		C：P=1：3	0.124	
C=5%	P：T=1：1	0.087	低	C：P=1：1	0.086	低
	P：T=1：2	0.128	中	C：P=1：2	0.110	中
	P：T=1：3	0.111		C：P=1：3	0.093	低
C=7%	P：T=1：1	0.086	低	C：P=1：1	0.079	低
	P：T=1：2	0.121	中	C：P=1：2	0.104	中
	P：T=1：3	0.112		C：P=1：3	0.096	低

4. 压缩模量与上覆荷载的关系

由图7.24和图7.25可知，高掺磷石膏稳定红黏土在同一垂直压力下，混合料压缩模量随磷石膏掺量的增加而减小，随水泥掺量的增加而增大；低掺磷石膏稳定红黏土在同一垂直压力下，混合料压缩模量随磷石膏掺量的增加而增大，随水泥掺量的增加而增大。

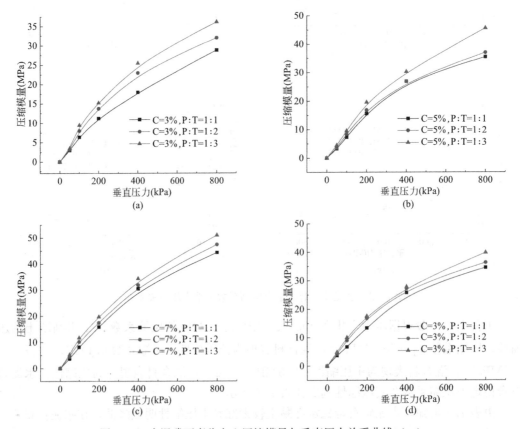

图7.24　水泥磷石膏稳定土压缩模量与垂直压力关系曲线（一）

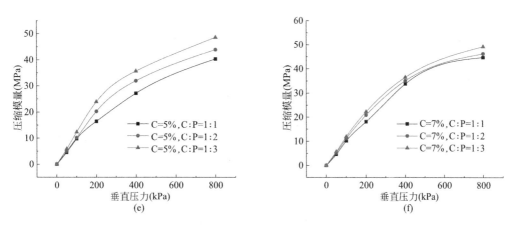

图 7.24　水泥磷石膏稳定土压缩模量与垂直压力关系曲线（二）

5. 压缩模量与磷石膏掺量的关系

由图 7.26 可知，荷载越大，混合料对应的压缩模量越大；在同一荷载下，混合料压缩模量随磷石膏掺量的增加，大致呈现先增大后减小的规律。

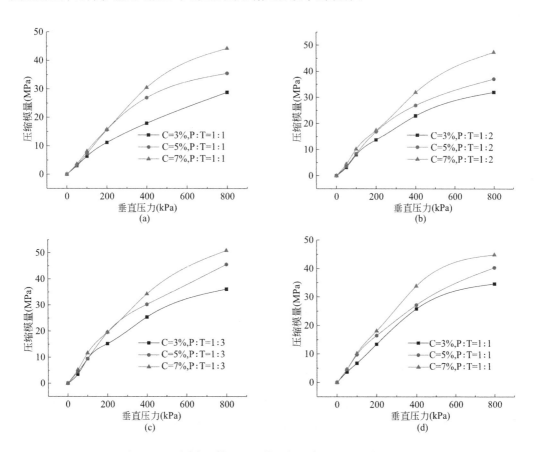

图 7.25　不同水泥掺量压缩模量与垂直压力关系曲线（一）

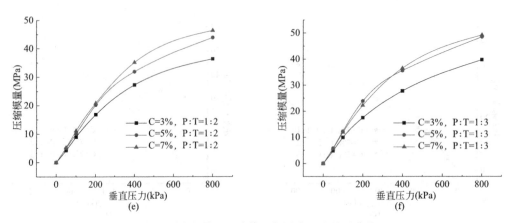

图 7.25 不同水泥掺量压缩模量与垂直压力关系曲线（二）

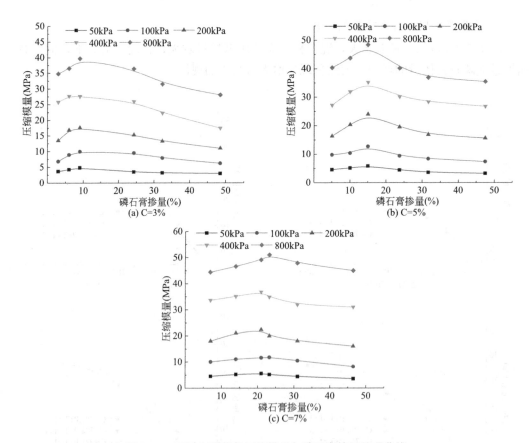

图 7.26 不同上覆荷载压缩模量与磷石膏掺量关系曲线

由图 7.27 可知，随着磷石膏掺量增加，混合料压缩模量先增大后减小，压缩模量最大值出现在 C：P＝1：3 附近。磷石膏掺量在 0～20％之间时，C＝5％、C＝7％混合料压缩模量较为接近，C＝3％混合料压缩模量均低于二者；磷石膏掺量高于 20％后，在同一磷石膏掺量下，水泥掺量越多，混合料压缩模量越大。

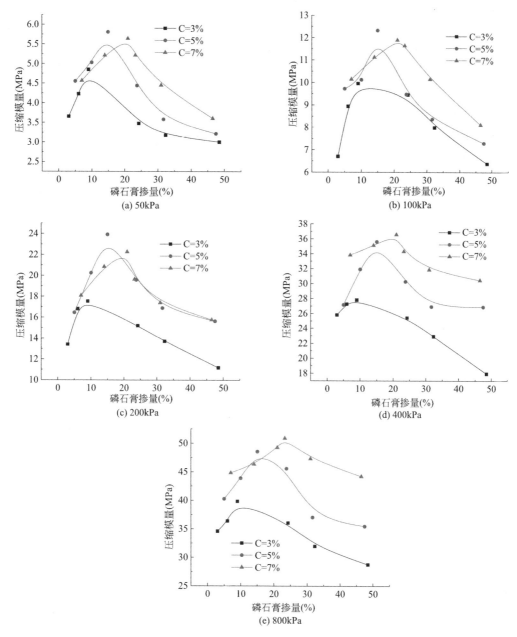

图 7.27　水泥磷石膏稳定土压缩模量与磷石膏掺量关系曲线

7.4　本章小结

（1）水泥磷石膏稳定土在常温下线缩率随时间的增加表现为先线性增加后趋于平缓。高掺水泥磷石膏稳定土稳定时线缩率在 0.97%～2.87% 之间，低掺水泥磷石膏稳定土稳定时线缩率在 0.80%～2.00% 之间。

（2）80℃下水泥磷石膏稳定土线缩率在 0～5h 内线性增大，5h 之后线缩率基本趋于平稳，此时含水率在 15% 附近。

（3）水泥磷石膏稳定土绝对膨胀率随磷石膏掺量的增加先增大后减小；磷石膏高掺时绝对膨胀率为 0.18%～4.11%，远小于低掺时 4.00%～29.71%；不同水泥掺量混合料均在 P∶T＝1∶1 时，混合料绝对膨胀率最小。水泥的掺入对混合料膨胀变形的发育具有滞后作用。

（4）上覆荷载下水泥磷石膏稳定土绝对膨胀率在 0.01%～0.56% 之间，相较素红黏土绝对膨胀率 2.415% 有明显降低。混合料胀缩总率在 P∶T＝1∶1 时最小。

（5）水泥磷石膏稳定土较素红黏土压缩性明显降低，在水泥掺量 C＝5%，P∶T＝1∶1、C∶P＝1∶1、C∶P＝1∶3；C＝7%，P∶T＝1∶1、C∶P＝1∶1、C∶P＝1∶3 时混合料均表现为低压缩性。在同一荷载下，水泥磷石膏稳定土压缩模量随磷石膏掺量的增加，大致呈现先增大后减小的规律。

第8章 石灰磷石膏稳定土变形特性

8.1 概述

本章通过对不同石灰掺量（6%、8%、10%）、不同配合比（石灰：磷石膏＝1:1、1:2、1:1和磷石膏：土＝1:1、1:2、1:3）、不同压实度（90%、92%、93%、94%、95%）的石灰磷石膏稳定土试样进行收缩变形、无荷膨胀变形、上覆荷载下膨胀变形和压缩变形特性的研究，分析了石灰磷石膏稳定土线缩率随时间、压实度、磷石膏掺量的变化关系；石灰磷石膏稳定土膨胀变形随时间、压实度、磷石膏掺量、上覆荷载等的变化关系；石灰磷石膏稳定土压缩模量、压缩系数、孔隙比随上覆荷载和磷石膏掺量等的变化关系。对将石灰磷石膏稳定土用作路基填料具有参考意义。

8.2 试验方法及步骤

石灰磷石膏稳定土试验方法及步骤于本书第7.2节水泥磷石膏稳定土试验方法及步骤处已阐述，此处不再赘述。

8.3 结果分析

8.3.1 常温（25℃）下收缩变形试验结果

石灰磷石膏稳定土常温下收缩变形样品制备见表7.1，收缩变形试验结果如下。

1. 线缩率随时间变化关系

高掺石灰磷石膏稳定土，在不同石灰掺量、不同配合比、不同压实度下的线缩率与时间关系曲线如图8.1所示。

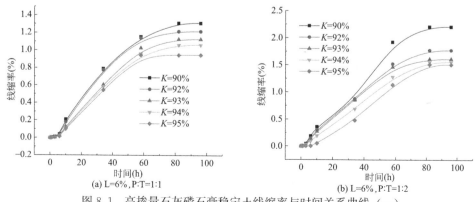

(a) L=6%,P:T=1:1   (b) L=6%,P:T=1:2

图8.1 高掺量石灰磷石膏稳定土线缩率与时间关系曲线（一）

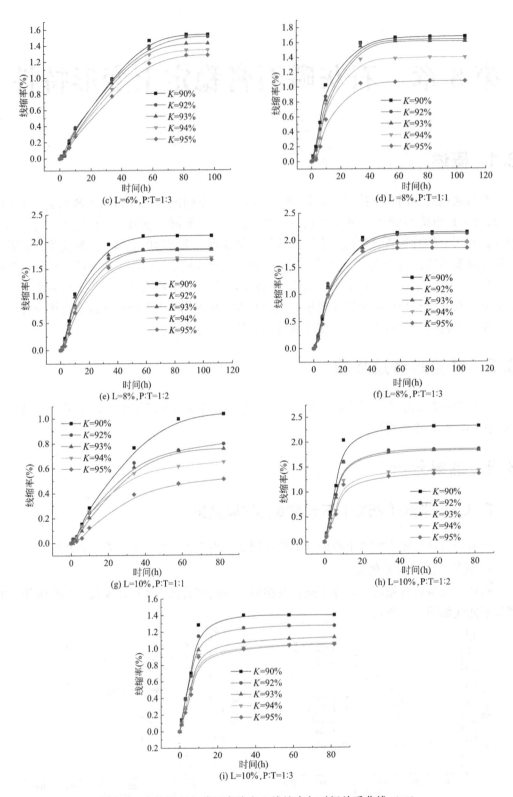

图 8.1　高掺量石灰磷石膏稳定土线缩率与时间关系曲线（二）

　　低掺石灰磷石膏稳定土，在不同水泥掺量、不同配合比、不同压实度下的线缩率与时间关系曲线如图 8.2 所示。

　　由图 8.1 和图 8.2 可知，高/低掺石灰磷石膏稳定土收缩曲线大致相似，线缩率随时间的增加表现为先线性增加后趋于平缓。石灰磷石膏稳定土在同一石灰掺量、同一配合比下，压实度越大，线缩率越小。高掺石灰磷石膏稳定土线缩率在 0.51%～2.32% 之间，低掺石灰磷石膏稳定土线缩率在 0.50%～2.38% 之间。

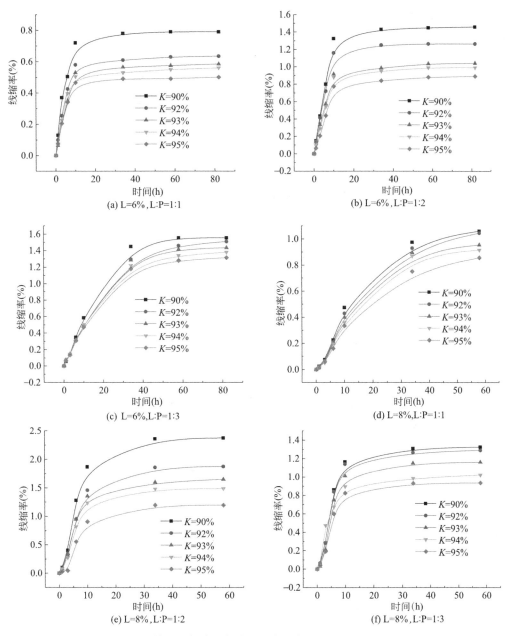

图 8.2　低掺量石灰磷石膏稳定土线缩率与时间关系曲线（一）

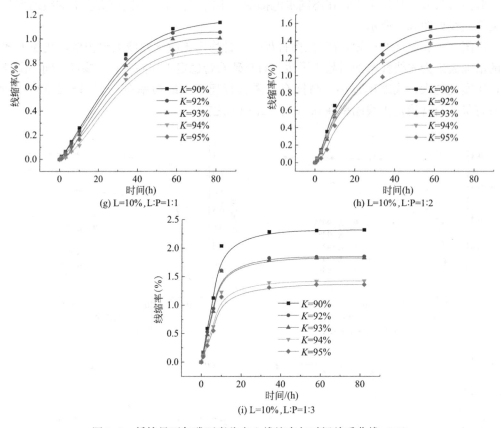

图 8.2　低掺量石灰磷石膏稳定土线缩率与时间关系曲线（二）

2. 线缩率随含水率变化关系

高掺石灰磷石膏稳定土，在不同水泥掺量、不同配合比、不同压实度下的线缩率与含水率关系曲线如图 8.3 所示。

低掺石灰磷石膏稳定土，在不同水泥掺量、不同配合比、不同压实度下的线缩率与时间关系曲线如图 8.4 所示。

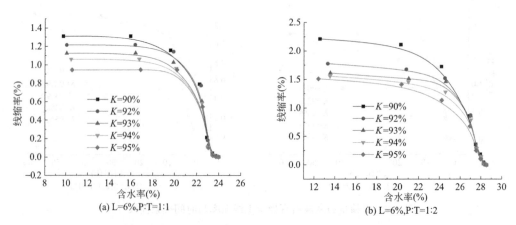

图 8.3　高掺石灰磷石膏稳定土线缩率与含水率关系曲线（一）

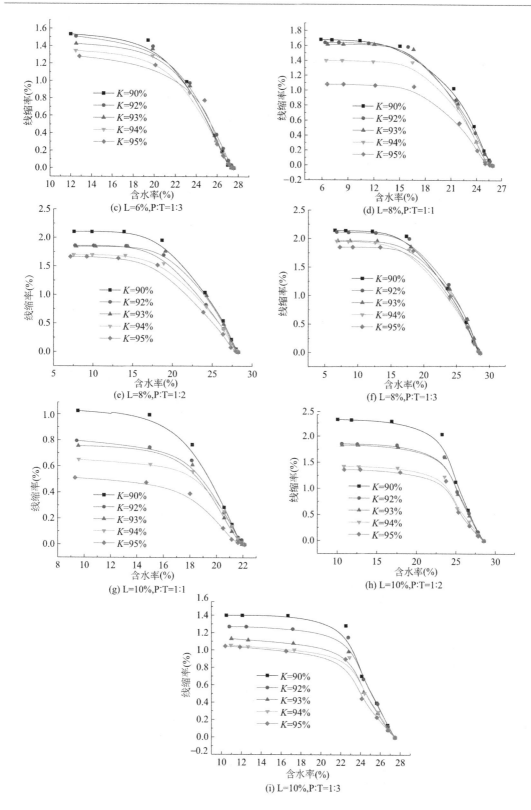

图 8.3　高掺石灰磷石膏稳定土线缩率与含水率关系曲线（二）

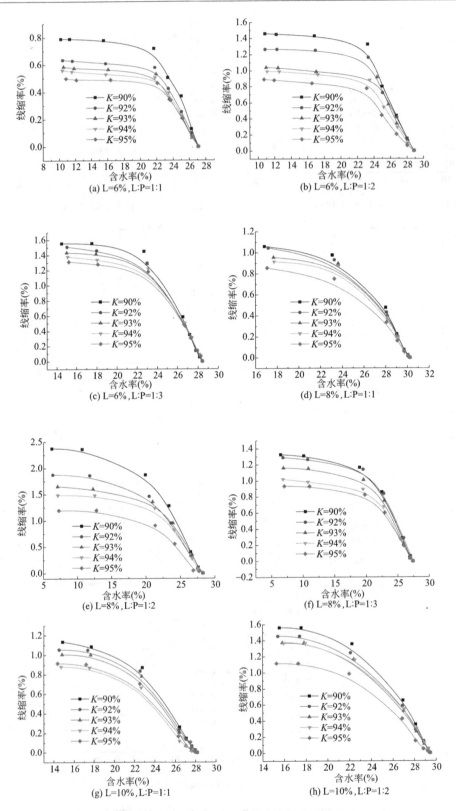

图 8.4　低掺石灰磷石膏稳定土线缩率与含水率关系曲线（一）

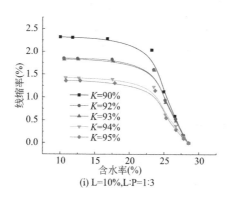

(i) L=10%,L:P=1:3

图 8.4　低掺石灰磷石膏稳定土线缩率与含水率关系曲线（二）

由图 8.3 和图 8.4 可知，高/低掺石灰磷石膏稳定土线缩率随含水率变化关系同样分为 3 个阶段，即线性收缩阶段、缓慢收缩阶段、收缩稳定阶段。混合料收缩变形主要发生在线性收缩阶段和缓慢收缩阶段，之后随着含水率的降低混合料只发生微小变形。石灰磷石膏稳定土收缩稳定时，含水率在 14%～24% 之间。

3. 线缩率随磷石膏掺量变化关系

石灰磷石膏稳定土线缩率与磷石膏掺量关系曲线如图 8.5 所示。

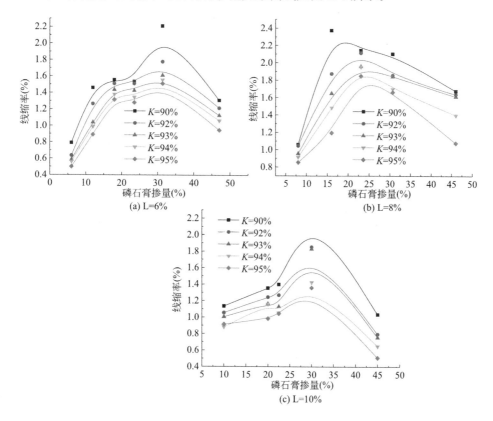

图 8.5　石灰磷石膏稳定土线缩率与磷石膏掺量关系曲线

由图 8.5 可知,石灰磷石膏稳定土线缩率随磷石膏掺量的增加先增加后减小。6％石灰掺量时,混合料在磷石膏掺量为 31％附近时线缩率最大,在磷石膏掺量为 6％时线缩率最小。8％石灰掺量时,混合料在磷石膏掺量为 23％附近时线缩率最大,在磷石膏掺量为 8％时线缩率最小。10％石灰掺量时,混合料在磷石膏掺量为 30％附近时线缩率最大,在磷石膏掺量为 45％时线缩率最小。

8.3.2　80℃下收缩变形试验结果

常温下试样收缩变形达到稳定所需时间在20h以上,加入石灰后,混合料中会发生一系列化学反应,时间越长反应越充分,对混合料线缩率的影响越大,同时考虑到磷石膏在温度过高时失去结晶水,影响对混合料试样线缩率的测定,故对 90％压实度下,不同石灰掺量、不同配合比混合料开展了 80℃下的收缩试验,试验结果如下。

1. 线缩率随时间变化关系

由图 8.6、图 8.7 可知,高/低掺石灰磷石膏稳定土在同一石灰掺量下,混合料线缩率随磷石膏掺量的增加而减小;在相同配合比下,混合料线缩率均随石灰掺量的增加而减小。高掺石灰磷石膏稳定土收缩变形稳定时,线缩率在 1.13％～2.31％之间;低掺石灰磷石膏稳定土收缩变形稳定时,线缩率在 1.69％～2.15％之间。对比可知,石灰磷石膏稳定红黏土在高掺磷石膏、P∶T＝1∶1 时,线缩率最小,混合料收缩特性最好;在低掺磷石膏、P∶T＝1∶3 时,线缩率最大,混合料收缩特性最差。

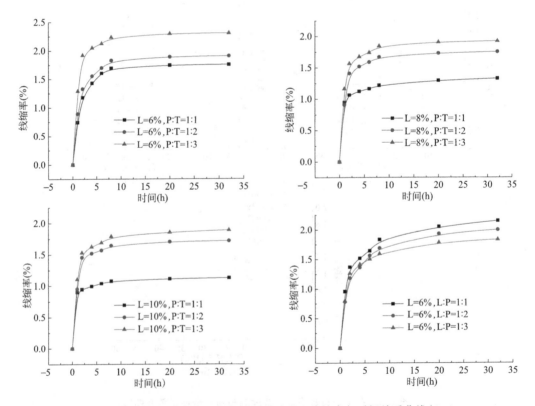

图 8.6　80℃下不同配合比石灰磷石膏稳定土线缩率与时间关系曲线(一)

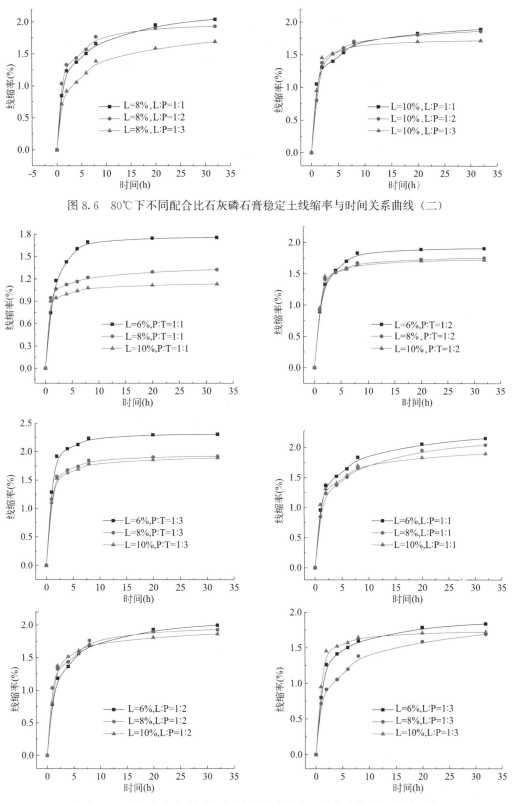

图 8.6 80℃下不同配合比石灰磷石膏稳定土线缩率与时间关系曲线（二）

图 8.7 80℃下不同石灰掺量石灰磷石膏稳定土线缩率与时间关系曲线

2. 线缩率随含水率变化关系

由图 8.8 可知，石灰磷石膏稳定土线缩率随含水率关系曲线形态大致相同，随含水率的降低，线缩率先迅速增大，在含水率为 15％附近逐渐趋于平缓。相较于常温下收缩变形稳定时含水率的变化幅度更小。

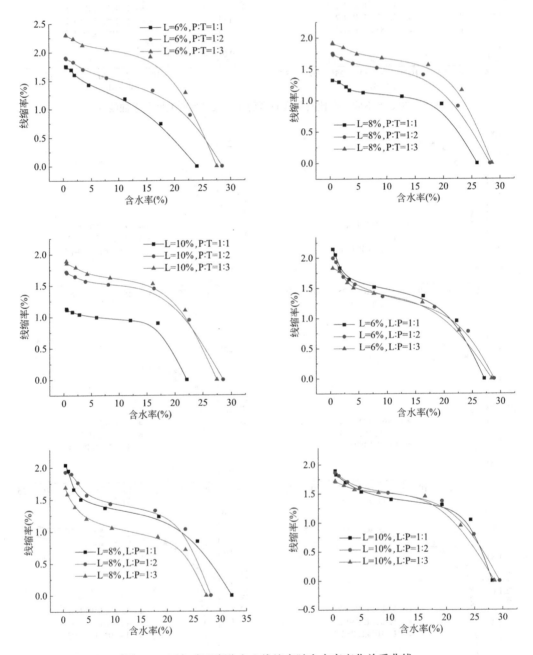

图 8.8　石灰磷石膏稳定土线缩率随含水率变化关系曲线

3. 线缩率与磷石膏掺量变化关系

石灰磷石膏稳定土线缩率与磷石膏掺量关系曲线如图 8.9 所示。

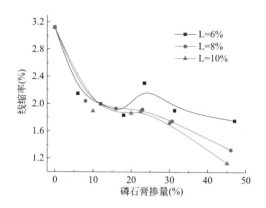

图 8.9　石灰磷石膏稳定土线缩率与磷石膏掺量关系曲线

由图 8.9 可知，对石灰磷石膏稳定土，随着磷石膏掺量的增加，线缩率整体上呈减小趋势；石灰磷石膏稳定土线缩率均比素红黏土小，且在 P：T＝1：1 时，线缩率最小。掺入磷石膏、石灰可以有效减小红黏土线缩率，改善其收缩特性。

4. 不同温度下线缩率变化关系

石灰磷石膏稳定土不同温度下线缩率与时间的关系曲线以 L＝8％，P：T＝1：1 混合料为例，如图 8.10 所示。

由图 8.10 可知，常温下混合料收缩变形主要发生 0～40h 范围内，80℃下混合料收缩变形主要发生在 0～5h 范围内。80℃下混合料收缩变形较常温下收缩阶段变形更加迅速，缓和阶段时程更短，收缩变形更早趋于稳定。

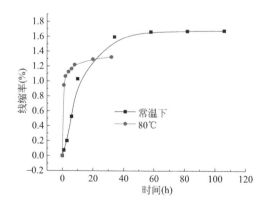

图 8.10　L＝8％、P：T＝1：1 线缩率与时间关系曲线

8.3.3　膨胀变形试验结果

石灰磷石膏稳定土无荷膨胀试验样品制备见表 7.1，试验结果如下。

1. 绝对膨胀率与浸水时间的关系

高掺石灰（L＝6％，8％，10％）磷石膏（磷石膏 P：红黏土 T＝1：1，1：2，1：3）稳定土绝对膨胀率随时间的变化关系曲线如图 8.11 所示。

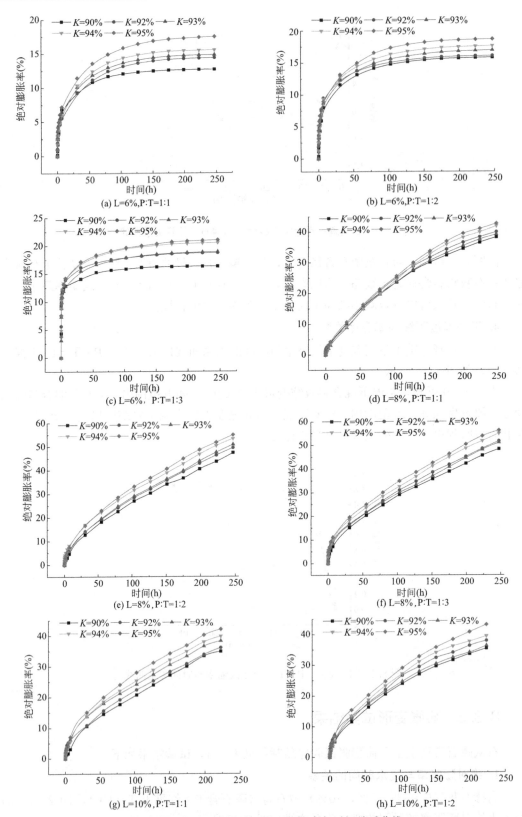

图 8.11 高掺石灰磷石膏稳定土绝对膨胀率与时间关系曲线（一）

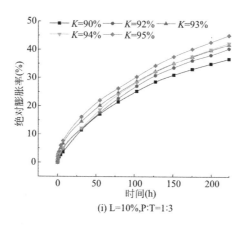

(i) L=10%,P:T=1:3

图 8.11　高掺石灰磷石膏稳定土绝对膨胀率与时间关系曲线（二）

低掺石灰（L＝6％，8％，10％）磷石膏（石灰 L：磷石膏 P＝1：1，1：2，1：3）稳定土绝对膨胀率随时间的变化关系曲线如图 8.12 所示。

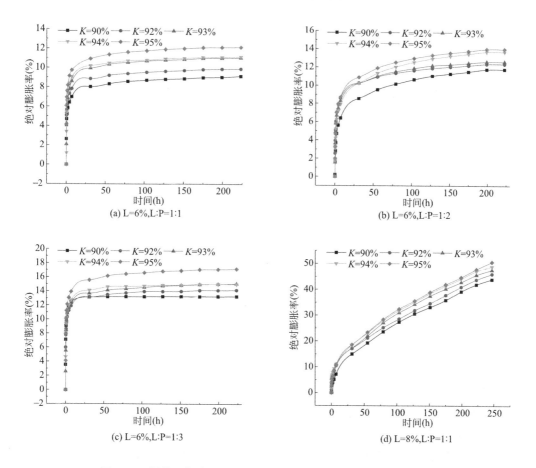

图 8.12　低掺石灰磷石膏稳定土绝对膨胀率与时间关系曲线（一）

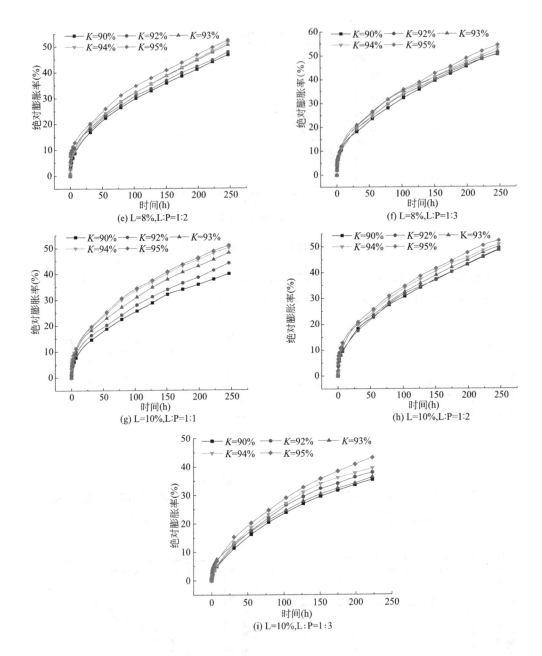

图 8.12　低掺石灰磷石膏稳定土绝对膨胀率与时间关系曲线（二）

由图 8.11 可知，对高掺石灰磷石膏稳定土，石灰掺量 6％时，绝对膨胀率在 12.70％～21.03％之间；石灰掺量 8％时，绝对膨胀率在 38.21％～56.23％之间；石灰掺量 10％时，混合料绝对膨胀率在 34.90％～45.15％之间。

由图 8.12 可知，对低掺石灰磷石膏稳定土，石灰掺量 6％时，混合料绝对膨胀率在 9.15％～17.18％之间；石灰掺量 8％时，混合料绝对膨胀率在 43.98％～54.43％之间；石灰掺量 10％时，混合料绝对膨胀率在 37.46％～51.25％之间。

2. 绝对膨胀率与磷石膏掺量的关系

不同压实度石灰磷石膏稳定土混合料膨胀变形稳定时，绝对膨胀率与磷石膏掺量变化关系曲线如图 8.13 所示。

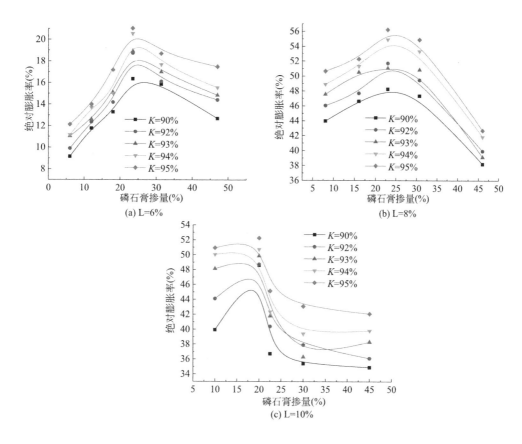

图 8.13　石灰磷石膏稳定土绝对膨胀率与磷石膏掺量关系曲线

由图 8.13 可知，石灰磷石膏稳定土绝对膨胀率随磷石膏掺量的增加，先增大后减小，L=6％时，L∶P=1∶1 绝对膨胀率最小，绝对膨胀率为 9.15％～12.14％；L=8％时，P∶T=1∶1 绝对膨胀率最小，绝对膨胀率为 36.48％～41.2％；L=10％时，P∶T=1∶1 绝对膨胀率最小，绝对膨胀率为 34.9％～42.10％。

3. 相对膨胀率与浸水时间的关系

试验时对混合料膨胀率的测定主要通过读取 5min、10min、20min、30min、1h、2h、3h、24h 之后依次间隔 24h 百分表读数得出，综合考虑混合料相对膨胀率的变化规律，本节绝对膨胀率与时间关系曲线起始点的相对膨胀率取为试验开始后 5min、10min、20min、30min、1h、2h、3h 共 7.08h 的相对膨胀率，之后各点均为间隔 24h 后的相对膨胀率。

高掺石灰磷石膏稳定土相对膨胀率随时间的变化关系曲线如图 8.14 所示。

低掺石灰磷石膏稳定土相对膨胀率随时间的变化关系曲线如图 8.15 所示。

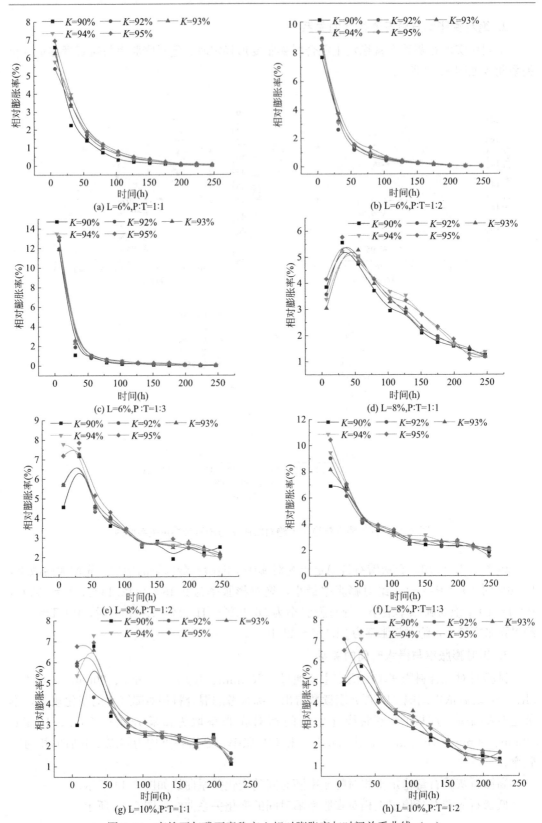

图 8.14　高掺石灰磷石膏稳定土相对膨胀率与时间关系曲线（一）

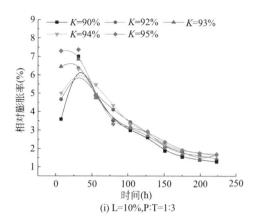

(i) L=10%,P:T=1:3

图 8.14　高掺石灰磷石膏稳定土相对膨胀率与时间关系曲线（二）

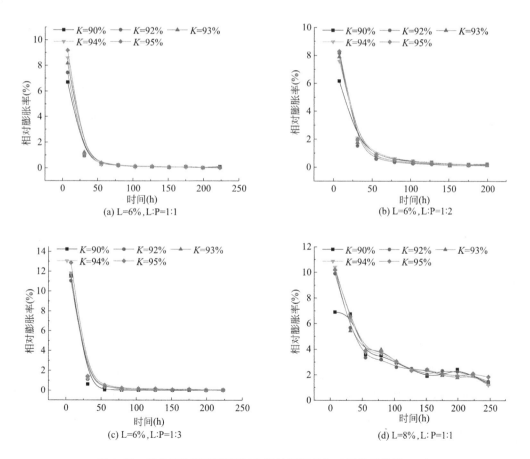

图 8.15　低掺石灰磷石膏稳定土相对膨胀率与时间关系曲线（一）

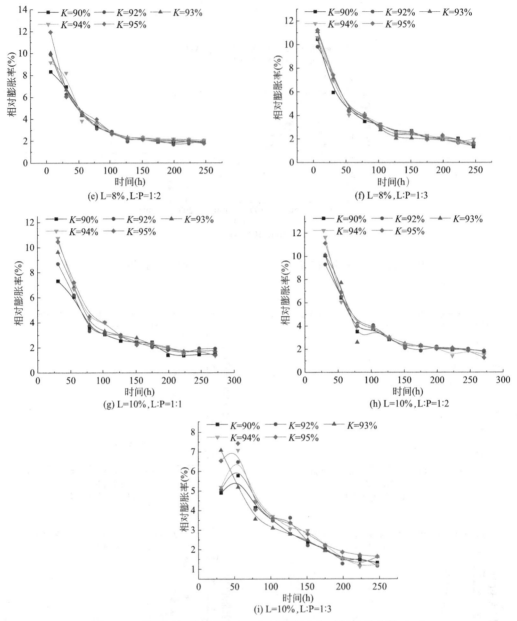

图 8.15　低掺石灰磷石膏稳定土相对膨胀率与时间关系曲线（二）

由图 8.14、图 8.15 可知，石灰磷石膏稳定土相对膨胀率随浸水时间的增加，逐渐减小；石灰掺量越多，混合料膨胀变形持续时间越长；不同压实度之间相对膨胀率没有明显差异，初步分析是由于混合料相对膨胀率均较大，膨胀性强，由压实度引起的混合料膨胀性变化较弱。

8.3.4　上覆荷载下膨胀变形试验结果

同水泥磷石膏稳定土上覆荷载膨胀试验方法，本节以最优含水率制备压实度 90％石灰磷石膏稳定土试样，开展上覆荷载 50kPa 下的膨胀试验，结果如图 8.16 所示。

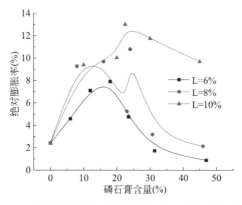

图 8.16　上覆荷载下绝对膨胀率与磷石膏掺量关系曲线

由图 8.16 可知，上覆荷载下石灰磷石膏稳定土绝对膨胀率大部分较素红黏土大，仅在磷石膏掺量 L＝6％、P＝31.33％、47％和 L＝8％，P＝46％时比素红黏土小；随着磷石膏掺量的增加，混合料绝对膨胀率呈现先增加后减小的趋势。在 P∶T＝1∶1 时，即磷石膏掺量最大时，混合料绝对膨胀率最小。在 P∶T＝1∶3 附近时，混合料绝对膨胀率最大。上覆荷载下石灰磷石膏稳定土绝对膨胀率在 0.88％～13.01％之间，相较于素红黏土绝对膨胀率 2.42％，石灰磷石膏稳定土大部分配合比下较素红黏土绝对膨胀率有较大增长。

以 80℃下石灰磷石膏稳定土稳定时线缩率与 50kPa 上覆荷载下的膨胀率计算得 90％压实度下胀缩总率与磷石膏掺量的关系，如图 8.17 所示。

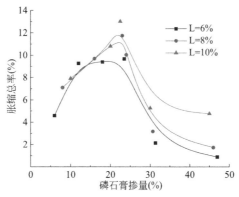

图 8.17　石灰磷石膏稳定土胀缩总率与磷石膏掺量关系曲线

由图 8.17 可知，石灰磷石膏稳定土混合料胀缩总率随磷石膏掺量的增加先增加后减小。混合料胀缩总率最小值出现在 P∶T＝1∶1 时，该磷石膏掺量下 L＝6％混合料胀缩总率为 0.88％，L＝8％混合料胀缩总率为 1.73％，属于弱膨胀土。

8.3.5　压缩变形试验结果

石灰磷石膏稳定土压缩试验选取不同石灰掺量，不同配合比 90％压实度的试样开展，样品制备见表 7.1，试验结果如下。

1. 孔隙比与上覆荷载的关系

90％压实度，不同配合比下石灰磷石膏稳定土孔隙比与垂直压力关系曲线如图 8.18 所示。

161

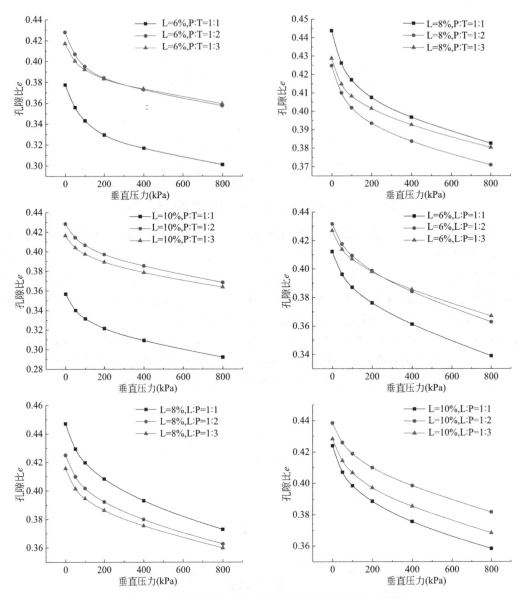

图 8.18　石灰磷石膏稳定土孔隙比与垂直压力关系曲线

由图 8.18 可知，混合料孔隙比均随垂直压力的增大而减小，不同混合料孔隙比与垂直压力关系曲线形态相似，在 $50\sim200\mathrm{kPa}$ 之间孔隙比随垂直压力的增大减小较快，$200\sim800\mathrm{kPa}$ 之间孔隙比随垂直压力的增大减小较慢。

由图 8.18 可知，高掺石灰磷石膏稳定土孔隙比在 $0.29\%\sim0.44\%$ 之间，低掺石灰磷石膏稳定土孔隙比在 $0.34\%\sim0.45\%$ 之间。

2. 孔隙比与磷石膏掺量的关系

由图 8.19 可知，对石灰磷石膏稳定土，$L=6\%$、10% 时，孔隙比随磷石膏掺量的增加先略有上升后逐渐减小，混合料在 $P:T=1:1$ 时孔隙比最小；$L=8\%$ 时，孔隙比随磷石膏掺量的增加先略有下降后逐渐增大，孔隙比整体变化较小。

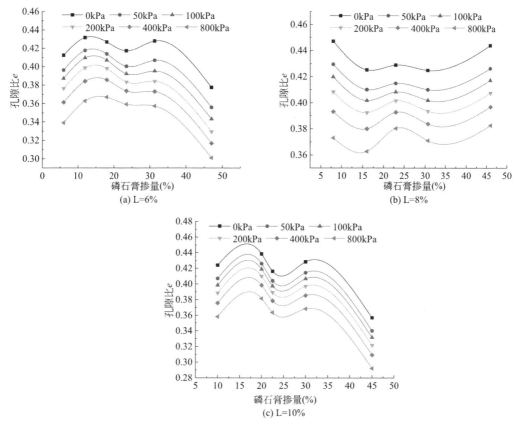

图 8.19　石灰磷石膏稳定土孔隙比与磷石膏掺量关系曲线

3. 压缩系数与上覆荷载的关系

石灰磷石膏稳定土压缩系数计算同式(7.10)。90％压实度，不同配合比下石灰磷石膏稳定土压缩系数与垂直压力关系曲线如图 8.20 所示。

由图 8.20 可知，混合料压缩系数均随垂直压力的增大而减小，在 50～200kPa 之间压缩系数随垂直压力的增大减小较快，200～800kPa 之间压缩系数随垂直压力的增大减小较慢。

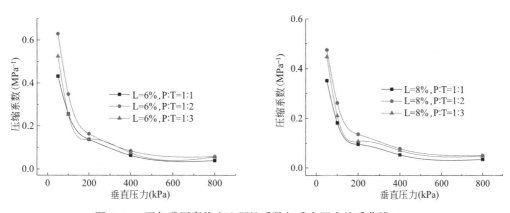

图 8.20　石灰磷石膏稳定土压缩系数与垂直压力关系曲线（一）

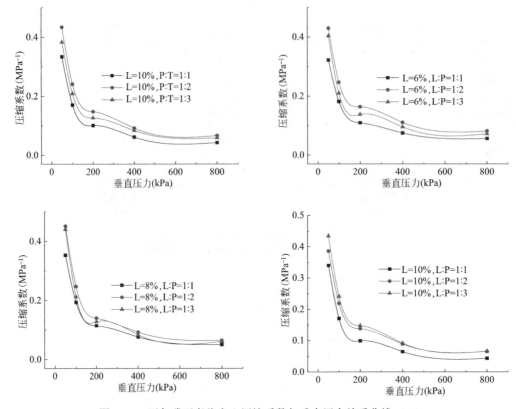

图 8.20 石灰磷石膏稳定土压缩系数与垂直压力关系曲线（二）

由图 8.20 可知，高掺磷石膏时，同一石灰掺量下，压缩系数随磷石膏掺量的增加而减小。低掺磷石膏时，同一石灰掺量下，压缩系数随磷石膏掺量的增加而增大。

根据规范规定，固结压力为 $100\sim200$kPa 时，压缩系数 $a_{1-2}<0.1$MPa^{-1}，混合料为低压缩性；0.1MPa$^{-1}\leqslant a_{1-2}<0.5$MPa^{-1}，混合料为中压缩性；$0.5MPa^{-1}<a_{1-2}$，混合料为高压缩性。石灰磷石膏稳定土压缩系数及其压缩性判定如表 8.1 所示。

石灰磷石膏稳定土压缩系数及其压缩性判定表   表 8.1

石灰掺量	配合比	压缩系数 a_{1-2}（MPa）	压缩性	配合比	压缩系数 a_{1-2}（MPa）	压缩性
素红黏土	—	0.143	中	—		
L=6%	P：T=1：1	0.137	中	L：P=1：1	0.109	中
	P：T=1：2	0.163		L：P=1：2	0.163	
	P：T=1：3	0.138		L：P=1：3	0.138	
L=8%	P：T=1：1	0.096	中	L：P=1：1	0.114	中
	P：T=1：2	0.136		L：P=1：2	0.140	
	P：T=1：3	0.108		L：P=1：3	0.128	
L=10%	P：T=1：1	0.101	中	L：P=1：1	0.099	低
	P：T=1：2	0.148		L：P=1：2	0.138	中
	P：T=1：3	0.127		L：P=1：3	0.148	

由表 8.1 可知，石灰磷石膏稳定土较素红黏土压缩系数有所降低，石灰掺量 L＝10%、L：P＝1：1 时，混合料表现为低压缩性。

4. 压缩模量与上覆荷载的关系

由图 8.21、图 8.22 可知，高掺石灰磷石膏稳定土，在同一垂直压力下，压缩模量随磷石膏掺量增大而减小；低掺石灰磷石膏稳定土，在同一垂直压力下，石灰掺量为 6% 和 8% 时，压缩模量随磷石膏掺量增大而增大，石灰掺量为 10% 时，L：P＝1：2 混合料压缩模量最大。

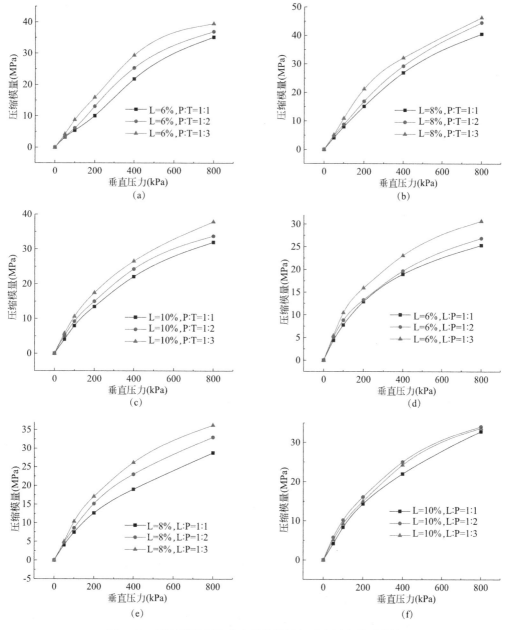

图 8.21　石灰磷石膏稳定土压缩模量与垂直压力关系曲线

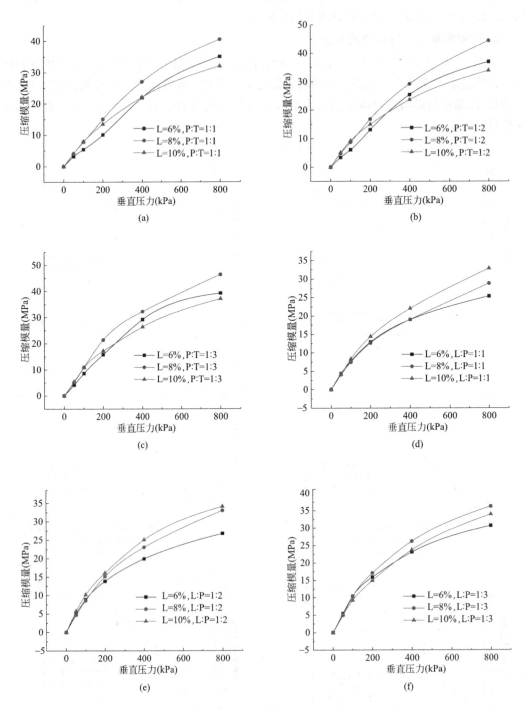

图 8.22　不同石灰掺量压缩模量与垂直压力关系曲线

5. 压缩模量与磷石膏掺量的关系

由图 8.23 可知，荷载越大，混合料对应的压缩模量越大；在同一荷载下，混合料压缩模量随磷石膏掺量的增加，大致呈现先增大后减小的规律。

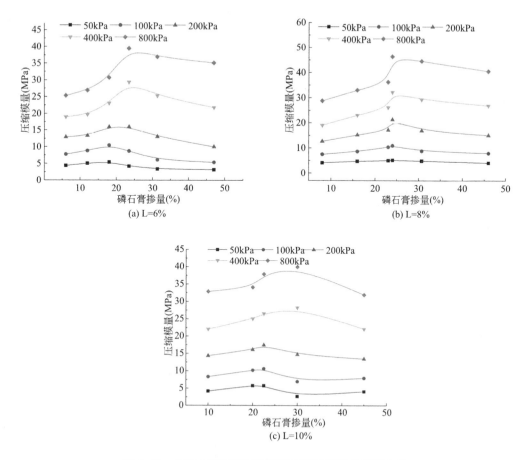

图 8.23　不同上覆荷载压缩模量与磷石膏掺量关系曲线

由图 8.24 可知，随着磷石膏掺量增加，石灰磷石膏稳定土压缩模量先增大后减小，压缩模量最大值出现在 L：P＝1：2～1：3 附近。

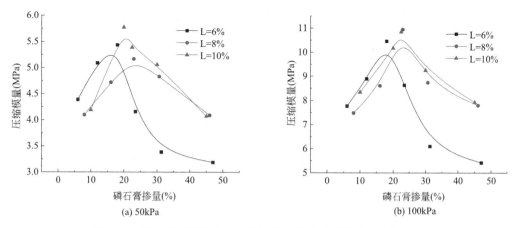

图 8.24　石灰磷石膏稳定土压缩模量与磷石膏掺量关系曲线（一）

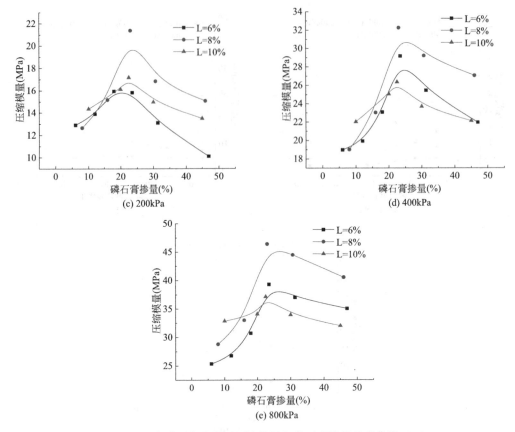

图 8.24　石灰磷石膏稳定土压缩模量与磷石膏掺量关系曲线（二）

8.4　本章小结

（1）常温下石灰磷石膏稳定土线缩率随时间的增加先线性增加后趋于平缓。高掺石灰磷石膏稳定土稳定时线缩率在 0.51%～2.32% 之间，低掺石灰磷石膏稳定土稳定时线缩率在 0.51%～2.38% 之间。

（2）80℃下石灰磷石膏稳定土线缩率在 0～5h 内线性增大，5h 之后基本趋于平稳，此时含水率在 15% 附近。

（3）石灰磷石膏稳定土膨胀变形在 79～250h 才达到稳定，绝对膨胀率较大在 9.15%～56.23% 之间。石灰磷石膏稳定土绝对膨胀率随磷石膏掺量的增加先增大后减小。

（4）上覆荷载下，石灰磷石膏稳定土绝对膨胀率在 0.88%～13.01% 之间，大部分较素红黏土绝对膨胀率 2.42% 大；随着磷石膏掺量的增加，混合料绝对膨胀率呈现先增加后减小的趋势。混合料胀缩总率在 P：T=1：1 时最小。

（5）石灰磷石膏稳定土较素红黏土压缩系数有所降低，石灰掺量 L=10%，L：P=1：1 时，混合料表现为低压缩性。磷石膏掺量高于 25% 后，同一磷石膏掺量下，石灰掺量越多，混合料压缩模量越大。在同一荷载下，石灰磷石膏稳定土压缩模量随磷石膏掺量的增加，大致呈现先增大后减小的规律。

第9章　干湿循环下磷石膏稳定土裂隙扩展规律试验

9.1　概述

路基填料在自然环境中受到晴雨天气的交替作用，会引起填料发生变形，产生裂缝，而裂缝的产生及发育会破坏土体的整体性，促进水分的浸入与原有水分的蒸发，进而导致土的强度逐渐降低，最终引起路基或边坡的破坏。故对磷石膏稳定红黏土裂隙扩展规律进行试验研究具有重要意义。

本章通过对不同水泥掺量（3％、5％、7％）、不同配合比（水泥：磷石膏＝1：1、1：2、1：1和磷石膏：红黏土＝1：1、1：2、1：3）的水泥磷石膏稳定红黏土和不同石灰掺量（6％、8％、10％）、不同配合比（石灰：磷石膏＝1：1、1：2、1：1和磷石膏：红黏土＝1：1、1：2、1：3）的石灰磷石膏稳定红黏土制备90％压实度的试样，样品制备见表7.1，研究了磷石膏稳定红黏土的裂隙扩展规律，分析了不同水泥/石灰掺量、不同配合比以及干湿循环次数对磷石膏稳定红黏土裂隙发育的影响。

9.2　试验方法

9.2.1　仪器设备

（1）环刀直径61.8mm，高20mm；
（2）灯管，提供恒定光源；
（3）铝盘、相机、烘箱、注射器、透水石、护环、滤纸等。

9.2.2　试样制备

裂隙扩展规律变形试验环刀样制备同收缩试验试样制备，环刀样制备完成后将其放入温度20±2℃，湿度≥95％的恒温恒湿养护箱中养护7d，试样养护完成后进行试验。

9.2.3　试验步骤

（1）将直径为79.8mm的透水石放置在水盘中，在其上方放置护环、滤纸，避免在浸水过程中土样颗粒流失或土样从底部松散脱落；将环刀样钝口端向下，放入护环，调整试样，使试样与透水石密切接触。

（2）为模拟施工实际工况和试样浸泡在水中的极端情况，干湿循环方式采用先干后湿，如图 9.1 所示。试样安放完成后放入 80℃ 的烘箱中进行烘干，烘干至恒重，取烘干后的试样放在恒定光源之下，采用相机保持恒定距离拍照。

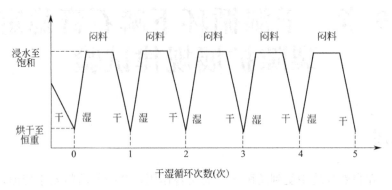

图 9.1　干湿循环方式

（3）烘干后试样放置 3h 以上，再浸水加湿，加湿时向铝盘中加水至液面高于透水石 1～2mm，避免土样底部与透水石存在间隔土样无法吸水，同时使试样通过毛细作用吸水加湿，加湿时间为土样自由吸水 24h，如图 9.2 所示。

图 9.2　试样加湿方式

（4）加湿完成后，吸净盘中多余的水，将试样放入 80℃ 的烘箱中进行烘干，烘干至恒重，取出拍照记录裂隙情况。保持以上步骤，依次反复进行，得到干湿循环后土样裂隙情况。

（5）将得到的裂隙图片进行背景去除、二值化、杂点去除等处理，获得试验裂隙扩展情况。

9.2.4　表面裂隙分析方法

（1）图像处理。试样裂隙图片采用 PCAS（颗粒及裂隙图像识别与分析系统）进行处理，图片处理流程如图 9.3 所示。

（2）定量分析。为了量化研究不同磷石膏稳定红黏土混合料试样之间表面的裂缝发展情况，本书选用裂隙率作为量化研究参数。裂隙率为裂隙面积占试样表面总面积的百分比，通过统计二值化图像中的黑白像素得到。

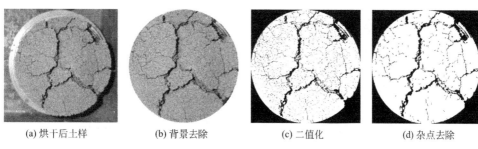

(a) 烘干后土样　　　　　(b) 背景去除　　　　　(c) 二值化　　　　　(d) 杂点去除

图 9.3　图片处理流程

9.3　试验结果

9.3.1　试样裂隙发育情况

对素红黏土土样进行了 90% 压实度下 5 次干湿循环试验，图 9.4 中从左至右分别是 0 次、1 次、2 次、3 次、4 次、5 次烘干后试样表面图片。

图 9.4　素红黏土 5 次干湿循环裂隙发育情况

由图 9.4 可知，随着干湿循环次数的增加，红黏土土样裂隙不断发育，在第一次干湿循环后，开始出现微小裂隙，在后续循环中裂隙持续发展；第三次循环后土样边缘出现掉块，裂隙数量基本保持稳定；第四、五次循环裂隙在原有裂隙基础上加宽加深延长；第五次循环后的土样可以明显地看到贯通至土样中心的 3 条较大的裂隙。

限于篇幅，对水泥磷石膏稳定红黏土土样 5 次干湿循环裂隙发育情况仅选取水泥掺量 5% 情况下的混合料进行分析，具体试验结果如图 9.5 所示。

由图 9.5 可知，对高掺磷石膏水泥稳定红黏土，在同一水泥掺量下，磷石膏掺量越少，混合料土样随干湿循环次数的增加裂隙发育越早，第五次循环后裂隙发育越多。P：T=1：1 试样在 5 次干湿循环后，未见明显裂缝出现；P：T=1：2 和 P：T=1：3 试样在 5 次干湿循环后均在土样边缘出现裂隙，试样中心未见明显开裂。

由图 9.6 可知，对低掺水泥磷石膏稳定红黏土，在同一水泥掺量下，磷石膏掺量越多，混合料土样随干湿循环次数的增加裂隙发育越晚，第五次循环后裂隙发育越少。C：P=1：1 试样在 5 次干湿循环后，裂缝较为发育且在土样边缘出现起皮、掉块，裂隙较为靠近土样中心；C：P=1：2 和 C：P=1：3 试样在 5 次干湿循环后均在土样边缘出现部分细微裂隙，试样中心未见明显开裂。

水泥磷石膏稳定红黏土土样第五次干湿循环后裂隙发育情况如图 9.7 所示，图中从上到下依次为水泥掺量 3%、5% 和 7%。

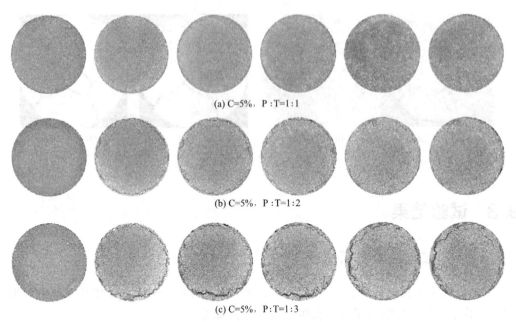

(a) C=5%，P：T=1：1

(b) C=5%，P：T=1：2

(c) C=5%，P：T=1：3

图 9.5　高掺水泥磷石膏稳定红黏土 5 次干湿循环裂隙发育情况

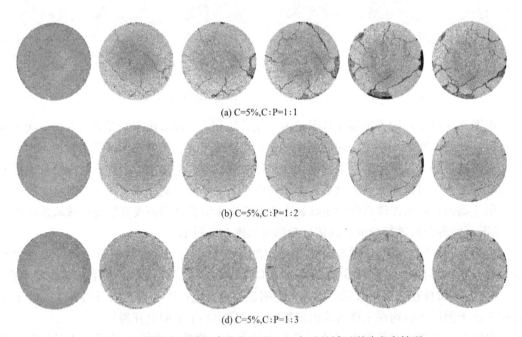

(a) C=5%,C：P=1：1

(b) C=5%,C：P=1：2

(d) C=5%,C：P=1：3

图 9.6　低掺水泥磷石膏稳定红黏土 5 次干湿循环裂隙发育情况

由图 9.7 可知，高掺水泥磷石膏稳定红黏土，在同一水泥掺量下，随磷石膏掺量减少，混合料土样裂隙数量、长度、宽度均增加，且在水泥掺量 3％时，土样边缘出现掉块；在同一配合比下，随着水泥掺量的增加，混合料土样掉块、裂隙数量、长度、宽度减小。低掺水泥磷石膏稳定红黏土，在 C：P=1：1 时，混合料裂隙发育，土样破坏较为严重；在同一水泥掺量下，随着磷石膏掺量增加，混合料土样掉块、裂隙数量、长度、宽度

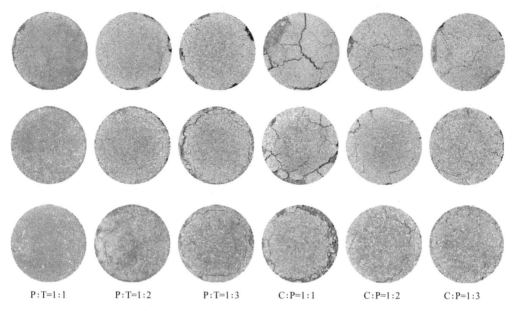

| P：T＝1：1 | P：T＝1：2 | P：T＝1：3 | C：P＝1：1 | C：P＝1：2 | C：P＝1：3 |

图 9.7　水泥磷石膏稳定红黏土第五次干湿循环后裂隙发育情况

均减少，同时在土样中心未出现贯通交织裂隙；在同一配合比下，随着水泥掺量的增加，混合料土样掉块、裂隙数量、长度、宽度减小。相较于素红黏土，高/低掺水泥磷石膏稳定红黏土样裂隙发育程度均有明显降低，说明掺入磷石膏和水泥能够明显抑制红黏土的裂隙发育，其中在磷石膏高掺，P：T＝1：1 时，混合料裂隙发育最少，抑制效果最好。

　　限于篇幅，对石灰磷石膏稳定红黏土土样 5 次干湿循环裂隙发育情况仅选取石灰掺量 8％情况下的混合料进行分析，具体试验结果如图 9.8 所示。

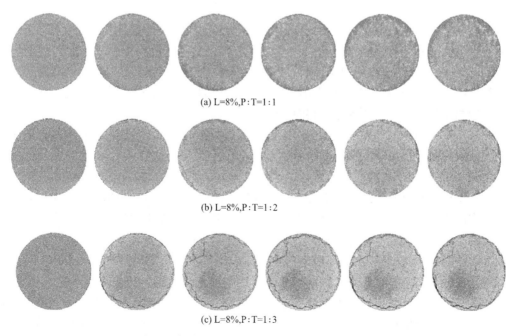

(a) L=8%,P：T＝1：1

(b) L=8%,P：T＝1：2

(c) L=8%,P：T＝1：3

图 9.8　高掺石灰磷石膏稳定红黏土 5 次干湿循环裂隙发育情况

由图 9.8 可知，对高掺石灰磷石膏稳定红黏土样，磷石膏掺量越少，混合料随干湿循环次数的增加裂隙发育越早，第五次循环后裂隙发育越多。P∶T＝1∶1 土样在经过 5 次干湿循环后均未出现明显裂隙，P∶T＝1∶2 土样出现细微裂隙，P∶T＝1∶3 土样在第一次干湿循环后即出现裂隙，第二次干湿循环后裂隙发育基本稳定，裂隙主要出现在土样边缘。

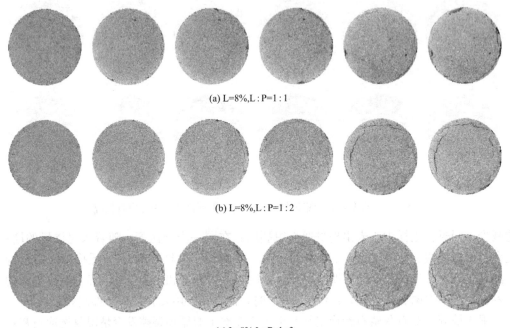

(a) L=8%,L∶P=1∶1

(b) L=8%,L∶P=1∶2

(c) L=8%,L∶P=1∶3

图 9.9　低掺石灰磷石膏稳定红黏土 5 次干湿循环裂隙发育情况

由图 9.9 可知，对低掺石灰磷石膏稳定红黏土样，磷石膏掺量越多，混合料第五次循环后裂隙发育、边缘掉块越少。L∶P＝1∶1 土样经过 5 次干湿循环后，边缘出现掉块；L∶P＝1∶2 土样经过 5 次干湿循环后，边缘出现两条较大的连续性裂隙，同时在边缘有少量细微掉块；L∶P＝1∶3 土样在第一次干湿循环后即出现细微裂隙，经过 5 次干湿循环后，边缘出现较多未贯通的细微裂隙，无掉块。

石灰磷石膏稳定红黏土土样第五次干湿循环后裂隙发育情况如图 9.10 所示，图中从上到下依次为石灰掺量 6%、8% 和 10%。

由图 9.10 可知，高掺石灰磷石膏稳定红黏土土样裂隙均出现在土样边缘，在土样中心部分均未出现明显的裂隙，大部分土样在经过 5 次干湿循环后均未出现明显裂隙，出现裂隙最多的为 L＝8%，P∶T＝1∶3 土样，土样裂隙均分布在土样外侧。低掺石灰磷石膏稳定红黏土土样，随着磷石膏掺量增加，裂隙数量、长度、宽度均减少，在 L＝10%，L∶P＝1∶3 时，土样经 5 次循环后未出现裂隙。L＝6%，L∶P＝1∶1、L∶P＝1∶2 土样裂隙较靠近土样中心，其余土样的裂隙主要集中在土样边缘。相较于素红黏土，高/低掺石灰磷石膏稳定红黏土样裂隙发育程度均有明显降低，说明掺入磷石膏和石灰能够明显抑制红黏土的裂隙发育，其中在磷石膏高掺时，大部分土样在经过 5 次干湿循环后均未出现明显裂隙，抑制效果更明显。

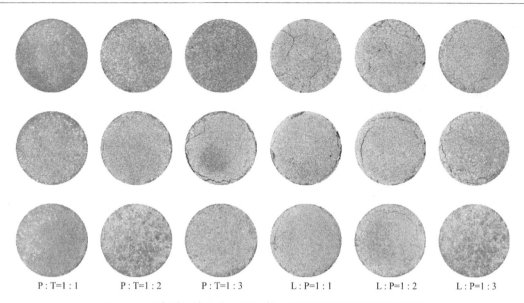

| P:T=1:1 | P:T=1:2 | P:T=1:3 | L:P=1:1 | L:P=1:2 | L:P=1:3 |

图 9.10　石灰磷石膏稳定红黏土第 5 次干湿循环后裂隙发育情况

混合料土样纵向变形以 C=5% 和 L=8% 试样为例（从左至右依次为 P：T＝1：1、1：2、1：3 试样），如图 9.11 和图 9.12 所示。

图 9.11　高掺水泥磷石膏稳定红黏土 C=5% 土样

图 9.12　高掺石灰磷石膏稳定红黏土 L=8% 土样

由图 9.11 和图 9.12 可知，高掺磷石膏，C=5% 土样表面未明显挤出环刀，试样纵向变形较小；高掺磷石膏，L=8% 土样表面明显挤出环刀并出现较大膨胀变形。综合考虑纵向变形情况可知，高掺水泥磷石膏稳定红黏土对红黏土裂隙发育抑制效果更好。

9.3.2　裂隙率变化情况

对经过 5 次干湿循环后的土样进行处理，得到水泥磷石膏稳定红黏土与石灰磷石膏稳定红黏土试样的裂隙率，如表 9.1 所示。由表 9.1 可知，素红黏土裂隙率为 8.36%，高掺水泥磷石膏稳定红黏土裂隙率在0～1.24％之间，低掺水泥磷石膏稳定红黏土裂隙率在1.03％～3.83％之间，高掺石灰磷石膏稳定红黏土裂隙率在0～1.70％之间，低掺石灰磷石膏稳定红黏土裂隙率在0～2.20％之间，相较于素红黏土水泥/石灰磷石膏稳定红黏土混合料裂隙率均有较大降低。

根据混合料裂隙率数据绘制裂隙率与磷石膏掺量关系曲线如图9.13所示。

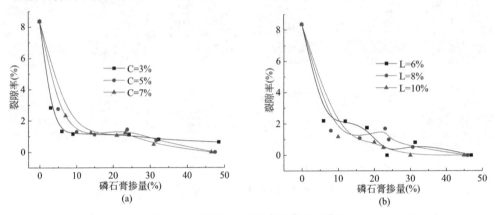

图9.13　裂隙率与磷石膏掺量关系曲线

由图9.13可知，随着磷石膏掺量的增加，水泥磷石膏稳定红黏土裂隙率减小，在P∶T=1∶1时混合料裂隙率最小；石灰磷石膏稳定红黏土裂隙率也呈减小趋势，在磷石膏掺量为20％时有所波动，也是在P∶T=1∶1时混合料裂隙率最小。

水泥/石灰磷石膏稳定红黏土裂隙率　　　　　　　　　　　　　表9.1

		水泥磷石膏稳定红黏土			石灰磷石膏稳定红黏土		
	水泥掺量C（％）	磷石膏P∶红黏土T	裂隙率（％）	石灰掺量L（％）	磷石膏P∶红黏土T	裂隙率（％）	
高掺磷石膏	3	1∶1	0.64	6	1∶1	0	
		1∶2	0.81		1∶2	0.82	
		1∶3	1.11		1∶3	0	
	5	1∶1	0	8	1∶1	0	
		1∶2	0.74		1∶2	0.52	
		1∶3	1.45		1∶3	1.00	
	7	1∶1	0	10	1∶1	0	
		1∶2	0.49		1∶2	0	
		1∶3	1.24		1∶3	0.49	
	水泥掺量C（％）	水泥C∶磷石膏P	裂隙率（％）	石灰掺量L（％）	石灰L∶磷石膏P	裂隙率（％）	
低掺磷石膏	3	1∶1	2.84	6	1∶1	2.20	
		1∶2	1.34		1∶2	2.17	
		1∶3	1.17		1∶3	1.76	
	5	1∶1	2.77	8	1∶1	1.57	
		1∶2	1.31		1∶2	1.09	
		1∶3	1.13		1∶3	1.70	
	7	1∶1	2.33	10	1∶1	1.18	
		1∶2	1.24		1∶2	0.83	
		1∶3	1.07		1∶3	0	

9.4　本章小结

（1）5 次循环后的素红黏土土样表面明显开裂，出现 3 条贯通至土样中心的较大裂隙，试样裂隙率为 8.36%。

（2）高/低掺水泥磷石膏稳定红黏土随磷石膏掺量增加或水泥掺量增加，土样裂隙数量、长度、宽度均减少；混合料试样较素红黏土裂隙发育程度均明显降低，大部分土样裂隙靠近土样边缘，未出现贯通土样中心的裂缝。混合料裂隙率在 P∶T＝1∶1 时最小。

（3）高/低掺石灰磷石膏稳定红黏土随磷石膏掺量增加，土样裂隙数量、长度、宽度减少。高掺石灰磷石膏稳定红黏土土样裂隙均出现在土样边缘，在土样中心部分均未出现明显的裂隙；低掺石灰磷石膏稳定红黏土土样在 L＝6%，L∶P＝1∶1、L∶P＝1∶2 土样裂隙较靠近土样中心，其余土样的裂隙主要集中在土样边缘。掺入磷石膏、石灰后的土样较素红黏土裂隙发育程度有较大改善。

（4）高掺水泥磷石膏稳定红黏土裂隙率在 0～1.24% 之间，低掺水泥磷石膏稳定红黏土裂隙率在 1.03%～3.83% 之间；高掺石灰磷石膏稳定红黏土裂隙率在 0～1.70% 之间，低掺石灰磷石膏稳定红黏土裂隙率在 0～2.20% 之间。相较于素红黏土混合料裂隙率均有较大降低；综合考虑纵向变形情况可知，高掺水泥磷石膏稳定红黏土未产生明显纵向变形，对红黏土裂隙发育抑制效果更好。

第10章 外加剂对磷石膏稳定土变形特性及裂隙发育的影响

10.1 外加剂改性水泥磷石膏稳定土

基于混合料压缩模量和膨胀变形考虑，水泥磷石膏稳定红黏土混合料在 C＝5％、C：P＝1：3 附近压缩模量最大，但其绝对膨胀率达到了 9.48％，同时其在干湿循环后会产生部分裂缝，故需对混合料进一步改良，使其膨胀变形降低。选定 C＝5％、C：P＝1：3 混合料进一步掺入外加剂进行试验研究，压实度取 90％，外加剂采用广州诚统建筑科技有限公司生产的 SCA-2 土壤固化剂，掺量取磷石膏、红黏土和水泥三者总质量的 5％，外加剂参数如表 10.1 所示。

SCA-2 外加剂基本参数　　　　　　　　　　　　　　　表 10.1

外观	二氧化硅(%)	密度(g/cm³)	水不溶物(%)	可溶性固体(%)
均质黏稠液体	27.4	1.16	0.05	99
水稳性(%)	铁(%)	pH 值(%)	氧化钠(%)	7d 无侧限抗压强度(MPa)
88	0.01	7.5	8.5	4.2

试样制备参照水泥磷石膏稳定红黏土收缩试验制备流程，其中 SCA-2 外加剂与预留的水混合均匀后再与水泥拌合均匀，加入混合料，在 1h 内完成试样制备，试验均采用标准养护 7d 后的试样进行。

掺入 SCA-2 后，混合料无荷膨胀试验结果如图 10.1 所示。

由图 10.1 可知，掺入 SCA-2 后，C＝5％、C：P＝1：3 混合料绝对膨胀率由 9.48％降到 0.21％有了极大的改变；说明 SCA-2 的掺入，有效降低了混合料的膨胀性。

掺入外加剂后，混合料上覆荷载下膨胀试验结果如图 10.2 所示。

由图 10.2 可知，上覆荷载作用下掺入外加剂后，C＝5％、C：P＝1：3 混合料绝对膨胀率由 0.18％变化至 −0.24％，即混合料未发生膨胀反而在上覆荷载作用下出现部分压缩变形。

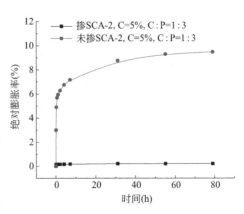

图 10.1　绝对膨胀率随时间变化关系曲线

上覆荷载下混合料膨胀试验结果也说明外加剂的掺入，有效降低了混合料的膨胀性。压缩变形的原因是外加剂加入后，混合料膨胀变形很微小，而试验时预先压缩是视其 2h 压缩变形不超过 0.01mm 为达到稳定，浸水后在荷载作用下试样会继续发生部分压缩变形，故有较小的压缩变形产生。

掺入 SCA-2 后，混合料压缩模量随上覆荷载关系如图 10.3 所示，由图可知 SCA-2 的掺入使混合料压缩模量降低，$100 \sim 200\text{kPa}$ 混合料压缩系数由 0.093MPa^{-1} 降至 0.085MPa^{-1}，表现为低压缩性。

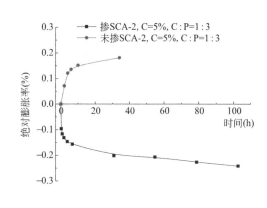

图 10.2　上覆荷载下绝对膨胀率
随时间变化关系曲线

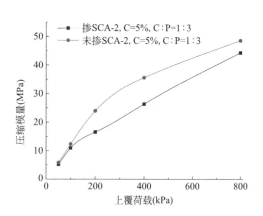

图 10.3　压缩模量与上覆
荷载关系曲线

掺入 SCA-2 后混合料裂隙扩展与未掺外加剂对比结果如图 10.4 所示，从左至右依次为第 1～5 次干湿循环烘干时试样照片。

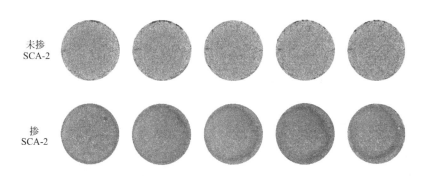

图 10.4　C＝5％、C：P＝1：3 混合料裂隙发育情况

由图 10.4 可知，掺入 SCA-2 后，C＝5％、C：P＝1：3 混合料较未掺外加剂时裂隙明显降低，在第四次烘干时才出现细微裂隙。

综合以上研究结果可知，掺入 SCA-2 后 C＝5％、C：P＝1：3 混合料膨胀性和裂隙发育均得到较大改善，对收缩变形特性和压缩变形特性影响较小，故认为掺入外加剂后混合料具有良好的性能，推荐该混合料作为路基填料。

10.2　外加剂改性石灰磷石膏稳定土

石灰磷石膏稳定红黏土无荷膨胀试验绝对膨胀率在 $9.15\% \sim 56.23\%$ 之间，较水泥磷石膏稳定红黏土 0.18%～12.82%大很多，考虑膨胀变形影响，需对石灰磷石膏稳定红黏土进一步掺外加剂改良。L＝8%，P：T＝1：1 混合料绝对膨胀率为 38.21%相对较小，其磷石膏利用量较高，同时从压缩特性和经济性考虑，其随荷载的增加表现出的压缩性更好，较 L＝10%更经济，故选用该混合料进一步开展试验研究。根据已有研究及市售外掺剂情况，采用外加西安鑫太白环保工程有限公司生产的污泥改性剂、外加济南宏泰化工有限公司生产的水玻璃以及用水玻璃硅化法处理 3 种方式进行改良。

10.2.1 外加西安鑫太白改性剂试验结果

西安鑫太白改性剂为灰色粉末状固体，是一种高分子聚合物。试样制备参照石灰磷石膏稳定红黏土收缩试验制备流程，其中西安鑫太白改性剂掺入 10%，直接与磷石膏、红黏土和石灰一起拌合均匀，闷料 1 昼夜后，进行制样。试验均采用标准养护 7d 后的试样进行。

掺入鑫太白改性剂后，混合料无荷膨胀试验结果如图 10.5 所示，上覆荷载下膨胀试验结果如图 10.6 所示。

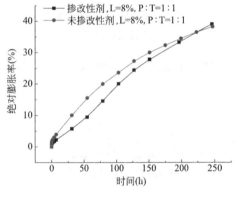

图 10.5　绝对膨胀率随时间
变化关系曲线

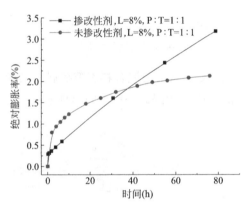

图 10.6　上覆荷载下绝对膨胀率
随时间变化关系曲线

由图 10.5 可知，掺入鑫太白改性剂后，混合料绝对膨胀率在浸水 0～220h 之间较未掺改性剂时绝对膨胀率小，稳定时较未掺改性剂时更大，并有持续膨胀的趋势。由图 10.6 可知，上覆荷载作用下，掺入鑫太白改性剂后，混合料绝对膨胀率浸水 0～37h 之间较未掺改性剂时小，37h 之后较未掺改性剂时更大，并且未掺改性剂混合料逐渐趋于稳定，掺改性剂混合料持续膨胀至 80h 未达到稳定。

掺入鑫太白改性剂后，混合料压缩模量随上覆荷载关系如图 10.7 所示，100～200kPa 混合料压缩系数如表 10.2 所示。

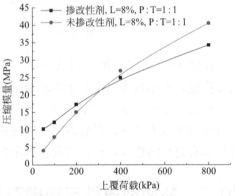

图 10.7　压缩模量与上覆荷载关系曲线

混合料压缩系数 a_{1-2}　　　　　　　　　　　　　表 10.2

未掺改性剂(MPa^{-1})	0.096
掺改性剂(MPa^{-1})	0.083

由图 10.7 可知，上覆荷载 50～300kPa 之间，掺入改性剂混合料压缩模量较未掺时大；上覆荷载 300～800kPa 之间，掺入改性剂混合料压缩模量较未掺时小。由表 10.2 可知，掺入改性剂后，混合料压缩系数减小，表现为低压缩性。

掺入鑫太白改性剂后混合料裂隙扩展与未掺改性剂对比结果如图 10.8 所示，从左至右依次为第 1～5 次干湿循环烘干时试样照片。

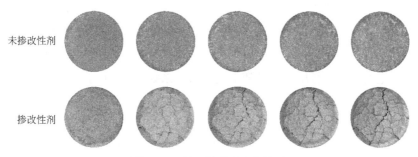

图 10.8　混合料裂隙发育情况

由图 10.8 可知，混合料掺入鑫太白改性剂后较未掺时，出现了非常明显的开裂，并在第 2 次干湿循环后就出现了清晰的裂隙网格，说明掺入改性剂后，对混合料裂隙发育具有促进作用而非抑制。

综合以上研究成果，掺入西安鑫太白改性剂后，L=8%，P：T=1：1 混合料收缩并未出现明显改善，反而其膨胀变形与裂隙扩展更大，故西安鑫太白改性剂不适用于石灰磷石膏稳定红黏土的改良。

10.2.2　硅化法固化处理试验结果

硅化法处理，即在试样制备完成后（参照水泥磷石膏稳定红黏土收缩试验制备流程）放入水玻璃中浸泡 3d，再标准养护 4d，完成试样制备。采用的水玻璃来自济南宏泰化工有限公司，具体参数如表 10.3 所示。

水玻璃基本参数　　　　　　　　　　　　　　　　表 10.3

密度(g/cm^3)	型号	水不溶物(%)	氧化钠 Na_2O(%)	二氧化硅 SiO_2(%)	模数
1.38	液-2	0.12	8.30	26.20	3.26

采用的水玻璃各项指标符合《工业硅酸钠》GB/T 4209—2008[88] 的规定。

硅化法处理混合料无荷膨胀试验结果见图 10.9，上覆荷载下膨胀试验结果见图 10.10。

由图 10.9 可知，硅化法处理混合料绝对膨胀率为 14.13%，较未掺时有非常明显的降低。由图 10.10 可知，上覆荷载作用下，硅化法固化混合料绝对膨胀率为 0.37%。硅化法固化处理有效降低了混合料的膨胀性。

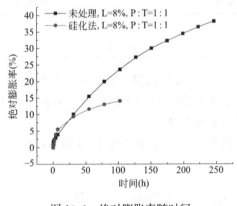

图 10.9　绝对膨胀率随时间
变化关系曲线

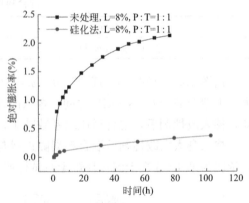

图 10.10　上覆荷载下绝对膨胀率随
时间变化关系曲线

硅化法固化处理混合料压缩模量随上覆荷载关系如图 10.11 所示，100～200kPa 混合料压缩系数如表 10.4 所示。

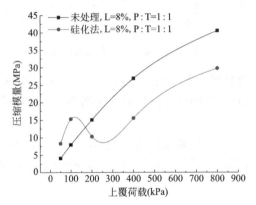

图 10.11　压缩模量与上覆荷载关系曲线

混合料压缩系数 a_{1-2}	表 10.4
未处理试样（MPa^{-1}）	0.096
硅化法处理试样（MPa^{-1}）	0.091

由图 10.11 可知，上覆荷载 50～100kPa 之间，硅化法固化处理混合料压缩模量较未掺时大；上覆荷载 100～800kPa 之间，硅化法固化处理混合料压缩模量较未掺时小。由表 10.4 可知，硅化法固化处理混合料压缩系数略有减小，表现为低压缩性。

硅化法固化处理混合料裂隙扩展与未掺外加剂对比结果如图 10.12 所示，从左至右依次为第 1～5 次干湿循环烘干时试样照片。

由图 10.12 可知，混合料经硅化法固化处理后，经第 1 次干湿循环后试样表面有硅酸钠晶体析出，在试样表面形成细小的颗粒，5 次循环后试样未出现裂隙，中部隆起变形。

综合以上研究成果，硅化法固化处理后，L＝8％、P：T＝1：1 混合料膨胀变形有所减小，干湿循环后表面有颗粒析出，表面出现明显隆起。硅化法对石灰磷石膏稳定红黏土膨胀性能有所改善，但其固化效果不佳。

图 10.12　混合料裂隙发育情况

10.2.3　外加水玻璃试验结果

试样制备参照水泥磷石膏稳定红黏土收缩试验制备流程，水玻璃基本参数同硅化法，其掺量为磷石膏、红黏土和水泥三者总质量的 10%，直接掺入水中混合均匀后，再加入混合料中拌匀，由于水玻璃凝结较快，故不再闷料处理，直接制备试样。试验均采用标准养护 7d 后的试样进行。

掺入水玻璃固化后，混合料无荷膨胀试验结果见图 10.13，上覆荷载下膨胀试验结果见图 10.14。

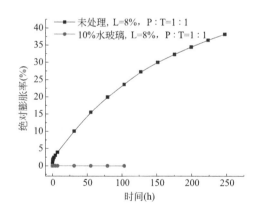

图 10.13　绝对膨胀率随时间
变化关系曲线

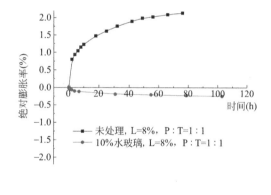

图 10.14　上覆荷载下绝对膨胀率
随时间变化关系曲线

由图 10.13 可知，掺入水玻璃处理后，混合料绝对膨胀率为 0.02%，较未掺时有非常明显的降低。由图 10.14 可知，上覆荷载作用下，掺入水玻璃处理后，混合料绝对膨胀率为 −0.25%，即出现压缩变形。这说明水玻璃掺入后，有效降低了混合料的膨胀性。

掺入水玻璃处理后，混合料压缩模量随上覆荷载关系如图 10.15 所示，100～200kPa 混合料压缩系数见表 10.5。

混合料压缩系数 a_{1-2}　　　　　　　　　　　　　　　　　　表 10.5

未掺水玻璃（MPa^{-1}）	0.096
掺入水玻璃（MPa^{-1}）	0.157

由图 10.15 可知，上覆荷载 50～100kPa 之间，掺入水玻璃处理后混合料压缩模量较未掺时大；上覆荷载 100～800kPa 之间，掺入水玻璃处理后混合料压缩模量较未掺时小。由表 10.5 可知，掺入水玻璃处理后，混合料压缩系数增大，表现为中压缩性。

掺入水玻璃处理混合料裂隙扩展与未处理对比结果如图 10.16 所示，从左至右依次为第 1～5 次干湿循环烘干时试样照片。

由图 10.16 可知，混合料掺入水玻璃处理后，第一次干湿循环后，试样表面就出现了较多突起，是试样浸水后，土样中部分晶体析出

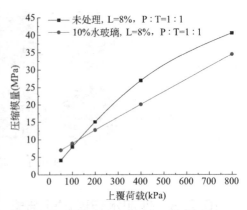

图 10.15　压缩模量与上覆荷载关系曲线

引起；随着干湿循环次数增加，试样表面突起逐渐变小，在试样表面形成凹凸不平的颗粒；5 次干湿循环后，试样表面未出现裂隙。

图 10.16　混合料裂隙发育情况

综合以上研究成果，掺入水玻璃处理后，L=8%、P∶T=1∶1 混合料膨胀变形明显减小，收缩变形和压缩模量变化不大，干湿循环后试样表面形成凹凸不平的颗粒，没有裂隙出现。故掺水玻璃处理混合料对石灰磷石膏稳定红黏土具有较好的改良效果。

10.3　本章小结

（1）SCA-2 外加剂可以明显抑制水泥磷石膏稳定红黏土的膨胀变形和裂隙发育，掺量 5% 的 SCA-2 混合料绝对膨胀率由 9.48% 降至 0.21%，5 次干湿循环试样未开裂。

（2）石灰磷石膏稳定红黏土，掺入西安鑫太白改性剂后，试样膨胀变形未降低且 5 次干湿循环试样出现大量裂隙，改良效果不佳；硅化法固化处理后，石灰磷石膏稳定红黏土膨胀性能有所改善，但其 5 次干湿循环试样中部由于膨胀变形隆起，改良效果不佳；掺入水玻璃处理后，混合料膨胀变形降低至 0.1% 以下，干湿循环后试样表面没有裂隙出现，具有较好的改良效果。

第 11 章 磷石膏稳定土微观结构

11.1 概述

石灰磷石膏稳定土在微观层面上发生了化学变化，生成了新的化合物是其强度提升的关键原因，为了能够具体分析生成的化合物如何使石灰磷石膏稳定土强度提高，本章利用扫描电镜（Scanning Electron Microscope，简称 SEM）测试技术和 XRD（X-Ray Diffraction）成分分析，对不同配合比的试样进行定性、定量分析和微观结构观察，研究磷石膏、石灰综合作用下红黏土强度提高的原因，通过观察磷石膏稳定土微观结构的变化探究磷石膏对红黏土的影响。

11.2 水泥磷石膏稳定土微观结构

11.2.1 试样制备

按照无侧限试验制样方法制样，试样在养护箱养护 7d 后取出，然后用木棍将样品碾碎，使其能通过 200 目的筛子，放入 25℃ 烘箱内烘干 1h，蒸发多余水分，便于观测形貌。

选取素红黏土、5%水泥和 5%、10%、15%、23.8%、31.7%、47.5%磷石膏对试样进行 XRD 定量分析及 SEM 电镜扫描，压实度为 90%，养护龄期为 7d，试验配合比见表 11.1，分析磷石膏掺量对混合料的影响。

微观结构试验样品制备表　　　　　　　　表 11.1

水泥(%)	磷石膏(%)	红黏土(%)	含水率(%)	压实度(%)
	5	90	26.15	
	10	85	27.41	
	15	80	26.35	
5	23.8	71.2	27.11	90
	31.7	63.3	25.92	
	47.5	47.5	22.88	

11.2.2 试验方法

1. XRD 成分分析

X 射线衍射技术已经成为最基本、最重要的一种结构测试手段，主要分为定性分析和定量分析，前者通过将所测材料的结果与已经标准的物相进行对比，得到所测材料中所含有的物质，后者根据被测物衍射图样的强度来确定物质的含量。

XRD 全称为 X 射线衍射（X-Ray Diffraction），由于 X 射线衍射发生在其进入晶体时，利用这一特点将衍射后的 X 射线采集、处理后得到晶体的衍射图谱。XRD 衍射仪适用于测量粉末状物体，由于其操作简单、适用性广、数据处理方便等，被广泛利用。

由于晶体内部的原子排列方式固定，所以得到的衍射图谱也是唯一的，进而就能对得到的衍射图谱进行物相分析，确定被测试样中的组成成分等信息[90]。

2. SEM 扫描电镜

为得到水泥磷石膏稳定红黏土的微观结构，可以使用显微镜进行观察，目前研究土体微观结构最主要就是扫描电镜。扫描电子显微镜能在距离被观察物体仅 0.1nm 处进行扫描观察，是目前使用的显微镜中观察距离最近的显微镜。不仅如此，它放大倍数跨度大，观察到样品视场宽，并且可直观观测到粗糙表面，同时扫描电子显微镜的制样也相对简单、操作方便，所以选择扫描电子显微镜用于观察磷石膏稳定红黏土的内部微观结构[91-92]。

3. SEM 图像的拍摄

电子显微镜的放大范围很广，所以对放大倍数的选择也是至关重要的，放大倍数太小无法看到微观结构、土样的孔隙及内部颗粒间的粘结方式，放大倍数太大无法看到整体的结构，所以应该谨慎选择放大倍数。

为了观察到磷石膏稳定红黏土混合料黏粒之间的结构，生成的晶体形状，分析混合料强度的提高，结合前人的研究成果[93]与作者送样结果，选取 2500 倍和 10000 倍放大倍数，这样既能观察到整体结构，也能看到混合料颗粒间的具体形貌，且便于对比各放大倍数的差异。

11.2.3 水泥磷石膏稳定土微观结构试验结果

水泥磷石膏稳定土 SEM 扫描图及 XRD 定性分析结果

由图 11.1、图 11.2 及表 11.2 可知，素红黏土形态单一，颗粒状明显，随着水泥和磷石膏的加入，混合料表面形态发生较大变化，改变了红黏土颗粒状特点，随着磷石膏含量增加，首先生成了针状或网状结构且在高倍电镜下更为平坦，含量进一步增大后，混合料表面网状结构消失，并含有大量板状结构，如图 11.1(c) 和图 11.1（d）所示，混合料的表面较素红黏土更为起伏，表面可看到许多团状物质和针状物质相互交织，将混合料填充得更为紧密。从定量分析表可以看出，随磷石膏含量增大后，物质含量变化较大，生成了许多新物质，这导致路用试验中力学性质和水稳性质的变化，基于此，在后文分析水泥磷石膏稳定红黏土的微观结构机理。

11.2.4 水泥磷石膏稳定土加固机理

1. 强度特性机理

（1）水泥水化、离子交换作用

水泥单掺改良土机理主要为水化反应、离子交换和火山灰反应。水泥中 CaO、土中 SiO_2 遇水时，发生水化反应分别生成水化硅酸钙（C-S-H 凝胶）、水化铝酸钙（CAH）和氢氧化钙[94-95]，化学反应式为：

$$3CaO \cdot SiO_2 + nH_2O = xCaO \cdot SiO_2 \cdot (n-3+x)H_2O + (3-x)Ca(OH)_2 \quad (11.1)$$

2500倍　　　　　　　　　　　　　　10000倍

(a) 100%红黏土

2500倍　　　　　　　　　　　　　　10000倍

(b) 5%水泥 + 5%磷石膏 + 90%红黏土

2500倍　　　　　　　　　　　　　　10000倍

(c) 5%水泥 + 10%磷石膏 + 85%红黏土

图 11.1　水泥磷石膏稳定土 SEM 扫描结果（一）

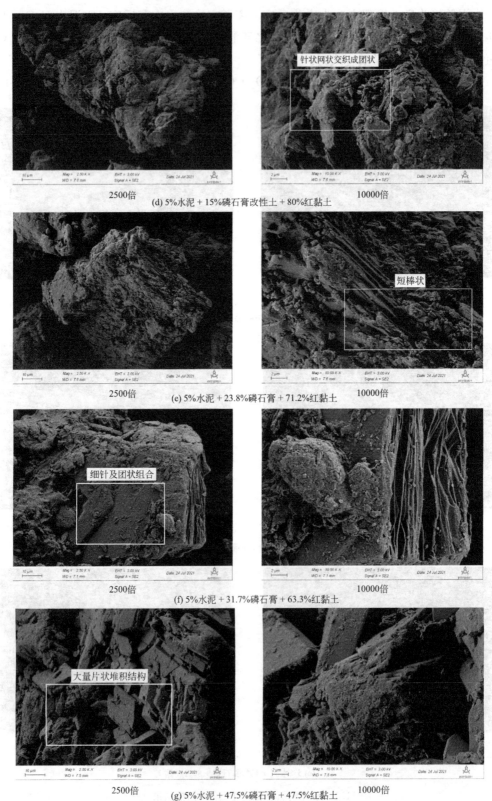

(d) 5%水泥＋15%磷石膏改性土＋80%红黏土

(e) 5%水泥＋23.8%磷石膏＋71.2%红黏土

(f) 5%水泥＋31.7%磷石膏＋63.3%红黏土

(g) 5%水泥＋47.5%磷石膏＋47.5%红黏土

图 11.1　水泥磷石膏稳定土 SEM 扫描结果（二）

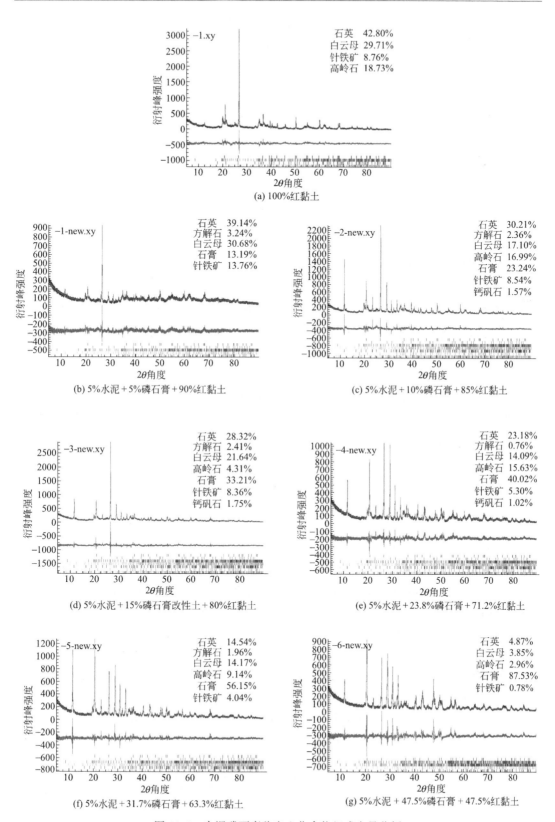

图 11.2　水泥磷石膏稳定土化合物组成定量分析

混合料化合物组成定量分析表　　　　　　　　表 11.2

磷石膏含量（%）	物相含量/重量百分比（%）						
	石英	方解石	白云母	高岭石	石膏	针铁矿	钙矾石
	SiO_2	$CaCO_3$	$(K,Na)Al_2(Si,Al)_4$ $O_{10}(OH)_2$	$Al_2(OH)_4$ Si_2O_5	$CaSO_4 \cdot 2(H_2O)$	$FeO(OH)$	$Ca_6Al_2(SO4)_3$ $(OH)_{12} \cdot 26H_2O$
0	42.8	0.0	29.7	18.7	0.0	8.8	0.0
5	39.1	3.2	30.7	13.1	13.2	13.8	0.0
10	30.2	2.4	17.1	17.0	23.2	8.5	1.6
15	28.3	2.4	21.1	4.3	33.2	8.4	1.8
23.8	23.2	0.8	14.1	15.6	40.0	5.3	1.0
31.7	14.5	2.0	14.2	9.1	56.2	4.0	0.0
47.5	4.9	0.0	3.9	3.0	87.5	0.8	0.0

氢氧化钙在水中进一步离解成 Ca^{2+}，Ca^{2+} 与红黏土表面吸附的 K^+、Na^+ 进行离子交换使得胶体颗粒发生聚集，促进了黏土的团聚化，填充了土颗粒之间的孔隙，改善了黏土的颗粒级配，使土体变得相对致密，颗粒间的相互作用增强，从而土体强度得以提高。

（2）混合料碳酸化作用

氢氧化钙在水的作用下会由原来的胶体状变为晶体状 $[Ca(OH)_2 \cdot nH_2O]$，然后又与红黏土颗粒结合成共晶体成为具有一定强度的整体结构。水泥水化生成氢氧化钙后还会不断吸收空气中的 CO_2 继续作用生成方解石，而方解石是较为坚硬的晶体，有较高的强度，这也是物相含量中新增方解石的来源。同时，碳酸钙的胶结作用也使土体得以加固。这也是水泥磷石膏稳定红黏土后期强度的来源。

（3）C-S-H 胶凝作用

水泥水化形成氢氧化钙，随后氢氧化钙与土中的 SiO_2、Al_2O_3 反应：

$$3Ca(OH)_2 + SiO_2 + (n-3)H_2O \rightarrow 3CaSiO_2 \cdot nH_2O, \tag{11.2}$$

$$3Ca(OH)_2 + Al_2O_3 + (n-3)H_2O \rightarrow 3CaAl_2O_3 \cdot nH_2O。 \tag{11.3}$$

氢氧化钙的生成会较大地提升混合料的碱性环境，而 C-S-H 凝胶（$CaSiO_2 \cdot nH_2O$）具有很强的物理胶结能力，可以将松散的土颗粒连接，提高混合料的胶结作用，同时凝胶充斥在混合料的孔隙处，大大提高了混合料结构密实度，使其强度增大。

（4）钙矾石支撑作用

水泥与磷石膏混合后，水化反应生成的水化铝酸钙，将与磷石膏中的主要成分二水硫酸钙（$CaSO_4 \cdot 2H_2O$）进一步反应，生成三硫型水化铝酸钙（$3CaO \cdot Al_2O_3 \cdot 3CaSO_4 \cdot 32H_2O$）（简称钙矾石 AFt）。

$$3CaO \cdot Al_2O_3 \cdot nH_2O + 3CaSO_4 \cdot 2H_2O + (26-n)H_2O \rightarrow$$

$$3CaO \cdot Al_2O_3 \cdot 3CaSO_4 \cdot 32H_2O \tag{11.4}$$

钙矾石对混合料强度发展特别是早期强度影响很大，硅酸盐水泥中水化铝酸钙全部形成钙矾石所需石膏量通常较大，一般情况下适当增加磷石膏掺量，会提高混合料早期强度[96]。

钙矾石（AFt）属三方晶系，呈柱状结构，具有膨胀且不稳定的特点[97]，其性质对水泥磷石膏改性土的性质有着很大的影响。水泥红黏土混合料中加入适量磷石膏,磷石膏激活混合料的活性,加速了水泥水化反应速度,并参与反应形成一定量的细针状钙矾石(AFt)。此外,钙矾石相互交叉的针柱状晶体与水化硅酸钙(C-S-H)一起形成空间网状结构,不仅减小了加固土孔隙的平均孔径,还能起到支撑孔隙的作用,使强度得到提高。但 Bizzozero[98] 等发现外掺磷石膏的水泥发生膨胀破坏的临界掺量,在铝酸盐水泥中为 38% 左右,在硫铝酸盐水泥为 15% 左右,可见磷石膏含量过大反而会使混合料强度下降。

钙矾石的稳定性主要受离子浓度、pH 和其他因素[96] 影响。钙矾石稳定需要 SO_4^{2-} 浓度保持在 1.00g/L 以上、pH 值保持在 10 以上,否则钙矾石难以形成或向低硫型的硫铝酸钙转化。当钙矾石暴露在 CO_2 环境下,其稳定性也会受到影响,钙矾石易被碳化而发生破坏。钙矾石通过如下碳化反应分解成碳酸钙、石膏和铝胶:

$$3CaO \cdot Al_2O_3 \cdot 3CaSO_4 \cdot 32H_2O + 3CO_2 \longrightarrow$$
$$3CaCO_3 + 3(CaSO_4 \cdot 2H_2O) + Al_2O_3 \cdot xH_2O + (26-x)H_2O$$

故由上述三个因素分析,磷石膏含量很小时,由于液相中 SO_4^{2-} 浓度不足,所以钙矾石难以生成或者向低硫型的硫铝酸钙转化。当浓度达到合适时,生成了一定的钙矾石增加混合料强度;但是当进一步增大磷石膏含量时,由于磷石膏是强酸性物质,将混合料的 pH 值降低,使其不能保持稳定,并分解。还有一种是混合物在 CO_2 环境下,钙矾石与空气反应,生成了石膏和方解石。这也解释了无侧限抗压强度试验和动力强度试验为什么强度会先增大后减小,并且存在一个磷石膏最佳掺量的缘故,也说明混合物定量分析会有方解石这一新物质和钙矾石在后续比例中没有检测出来的原因。

综上所述,混合料是因为多方面因素共同作用使其强度产生较大的变化。磷石膏含量偏小时,水泥水化反应充足,仅靠水化产物,早期混合料强度有小幅度提升;随着磷石膏达到最佳掺量时,生成较为适宜的钙矾石,配合 C-S-H 形成空间网状结构,使得混合料孔隙较小,并且建筑中的桁架结构能大大提高强度;相反,膨胀破坏已有凝胶体,导致早期、后期强度都有所降低;磷石膏过量时,磷石膏大幅度降低混合料的 pH 值,凝胶性能极差,使得混合料呈酸性,钙矾石溶解,最初"桁架"支撑处断裂,导致膨胀降低,使土颗粒间已形成的联结破坏,并且大量未反应的磷石膏呈片状结构,形成软弱夹层,导致强度降低[99-100]。

2. 水稳定性机理

(1) 物理稳定方面

①粒径加密作用

由于磷石膏相比红黏土来说结构更加致密、孔隙更加少,类似于粉砂,填充混合料的孔隙。故随着磷石膏含量增加,混合料中的细骨料含量进一步增加,通过压实后,混合料的结构更加紧密,透水通道变少。所以水稳定性随着磷石膏含量增加而增加,前期做的水稳定试验也验证了这一结论。

② 止水帷幕作用

通过图 11.1 可以发现,随着磷石膏含量的增大,混合料的微观结构从最初的颗粒分明逐渐变化为大量片状结构互相交错搭接。这是由于钙矾石与 C-S-H 凝胶"桁架"结构支撑断裂后,混合料倒塌形成的特殊结构,而由于磷石膏含量增大,混合料的平均粒径必然降低,而且孔隙处还有 C-S-H 凝胶类似"胶水"封闭,故此时混合料表面形成了一层止水帷幕，使得水稳定性增大。

（2）化学稳定方面

素红黏土中有石英、针铁矿、白云母、高岭石，其中石英是疏水矿物，针铁矿为凝胶状，基本对水稳定性无影响，则主导素红黏土水稳定性的因素主要为白云母和高岭石这两种亲水矿物，而随着磷石膏含量增加，混合料酸性增强，各类岩石矿物会相互转化，例如钠长石生成伊利石，伊利石生成高岭石[101]；所以需要计算白云母和高岭石的总量，以衡量混合料的水稳定性。根据表 11.2 计算出各掺量下白云母＋高岭石的总含量及方解石的含量，得到结果如表 11.3 所示。

磷石膏掺量变化岩石含量变化表　　　　　　　　　　　　　表 11.3

磷石膏含量（％）	白云母＋高岭石含量（％）	方解石含量（％）
0	48.4	—
5	30.7	3.2
10	34.1	2.4
15	25.9	2.4
23.8	29.7	0.8
31.7	23.3	2.0
47.5	6.9	—

由表 11.3 可以看出，在素红黏土中含有接近 50％的亲水矿物，并且这也导致红黏土的水稳性不良，浸水 30s 即完全溶解。

高岭石等黏土矿物亲水性强的原因主要是其高度的分散性、比表面积偏大、电荷不平衡等因素使黏土颗粒带有电荷，从而吸附周围水分[102]。而掺入水泥和磷石膏改良红黏土，主要是针对红黏土中的白云母和高岭石，水泥水化和磷石膏释放出的 Ca^{2+} 使其与矿物发生离子交换、矿物颗粒晶格键断裂，这样便使 C-S-H 凝胶等水化物在混合料表面聚集，经硬化结晶后，形成一层固化膜防止外面水分入侵，从而使混合料的亲水性降低，增大混合料的水稳性[103]。

随着磷石膏含量增多，两种亲水矿物含量逐渐降低，并且生成了疏水的方解石 $CaCO_3$，所以混合料的水稳定性随着磷石膏增加逐渐变好。

3. 变形特性机理

（1）收缩变形

由收缩试验可知，水泥磷石膏稳定土大部分配合比下线缩率均小于素红黏土，仅在 C＝7％时，部分配合比略大于素土；随磷石膏掺量增加，混合料线缩率减小；随水泥掺量增加，混合料线缩率增大。

究其原因是水泥磷石膏稳定土收缩变形主要是由红黏土中黏土矿物引起，随着水分蒸发黏粒表面结合水膜变薄，黏土颗粒靠拢，引起土样收缩。磷石膏、水泥的加入首先减小了红黏土的含量，其次水泥加入混合料后发生水化反应生成胶凝物质，胶凝物质粘结黏土颗粒形成较大的团粒，同时在混合料内形成颗粒骨架，使混合料收缩变形降低。

随着磷石膏掺量的增加，混合料中碎屑矿物含量增加，黏土矿物含量减小，部分配合比下有少量钙矾石生成充填混合料孔隙，使混合料线缩率降低。水泥水化吸收大量水分会引起混合料收缩，水泥掺量越多引起的收缩变形越明显，磷石膏掺量较低时，使混合料线缩率增大的因素强于使其减小的因素，出现部分配合比下，混合料线缩率较素红黏土大的情况。

（2）膨胀变形

由膨胀变形试验可知，水泥磷石膏稳定土混合料绝对膨胀率随磷石膏掺量的增加，先增加后减小，在 P∶T=1∶1 时，混合料绝对膨胀率最小且小于 2%。

究其原因，水泥磷石膏稳定土膨胀变形是由混合料中黏土颗粒引起。土样浸水后水分首先充填混合料颗粒间孔隙，然后混合料中的黏土矿物吸附周围的水分子和水化阳离子在其表面形成结合水膜，结合水膜增厚减小了颗粒间的引力作用，"楔开"黏土颗粒，使混合料体积膨胀。黏土矿物晶层间由弱化学键联结，彼此联结不牢靠，遇水很不稳定，土样浸入水中后水分子无定量进入晶层间，引起混合料体积膨胀。低掺磷石膏时，混合料膨胀变形主要受黏土颗粒和混合料中水泥水化反应生成的胶凝物质和膨胀性钙矾石影响。

水泥掺量为 5%，C∶P=1∶1 时，混合料中针铁矿含量较素红黏土有所提高，其后随着磷石膏掺量的增加，混合料中针铁矿减少，在 C∶P=1∶3 时，混合料中有少量膨胀性的钙矾石生成，而混合料中黏土颗粒含量还较大，故而使混合料膨胀性有所增加。

高掺磷石膏时，随着磷石膏掺量增加，混合料中碎屑矿物含量大量增加，黏土颗粒含量大量减少，同时水泥水化反应后会先中和掺入的磷石膏的弱酸性，混合料中不再有膨胀性的钙矾石生成，故混合料膨胀性降低。水泥掺量为 5%，P∶T=1∶1 时，混合料中黏土矿物含量极低，其填充在碎屑矿物之间，对混合料膨胀性影响较小，故此时混合料绝对膨胀率最低。

（3）压缩变形

水泥磷石膏稳定土压缩模量随磷石膏掺量的增加，先增大后减小，最大值出现在 C∶P=1∶3 附近。磷石膏掺量较低时混合料中黏土矿物含量较高，水泥水化反应产生的胶结作用效果有限；随着磷石膏掺量增加，混合料中黏土矿物含量减少，生成的胶凝物质含量也较多，在混合料中形成颗粒骨架，同时生成的少量钙矾石充填混合料孔隙，使混合料压缩模量增大；随着磷石膏掺量继续增加，混合料中生成的胶凝物质和钙矾石也很少，其强度主要由混合料中碎屑矿物提供，所以混合料压缩模量减小。

（4）裂隙扩展变形

由水泥磷石膏稳定土裂隙扩展规律可知，水泥磷石膏稳定土裂隙率较素红黏土有较大降低，随磷石膏掺量增加，混合料裂隙率逐渐降低。

究其原因是水泥磷石膏稳定土中水泥水化产物的胶结作用和生成钙矾石的填充加固作用，使混合料较为密实，孔隙较少，且混合料间粘结力较好。同时水泥掺入后，混合料中黏土矿物含量降低，混合料比表面积减小，因水分蒸发引起的基质吸力和不均匀形变减小。在干湿循环过程中，水分进入混合料中的通道较少，混合料孔隙扩展较慢，抗拉强度较大，由胀缩引起的试样破坏较少，部分试样没有破坏。

11.2.5　外掺 SCA-2 外加剂水稳性加强机理

在水稳试验中，发现在混合料中添加 5% 诚统牌 SCA-2 土壤外加剂能显著提高混合料的水稳性，为探究加固机理，将试样进行 XRD 与 SEM 检测，并对比不加外加剂的检测，结果如表11.4、图11.3所示。

混合料定量分析对比表			表11.4
矿物相含量/重量百分比(%)	15%磷石膏掺量混合料	15%磷石膏掺量并掺外加剂混合料	47.5%磷石膏掺量混合料	47.5%磷石膏掺量并掺外加剂混合料
---	---	---	---	---
石英	28.3	24.9	4.9	11.6
方解石	2.4	1.5	—	1.1
石膏	33.2	20.4	87.5	60.8
针铁矿	8.4	10.1	0.8	4.0
白云母	21.6	16.4	3.9	10.6
高岭石	4.3	24.9	3.0	12.0
蒙脱石	—	1.8		
钙矾石	1.8	—		

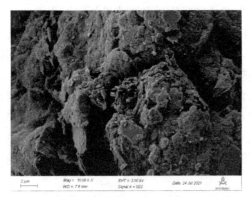

(a) 5%水泥＋15%磷石膏＋80%红黏土

(b) 5%水泥＋15%磷石膏＋80%红黏土＋5% SCA-2

(c) 5%水泥＋47.5%磷石膏＋47.5%红黏土＋47.5%P混合料

(d) 5%水泥＋47.5%磷石膏＋47.5%红黏土＋5% SCA-2

图11.3 外加剂改良混合料电镜扫描对比

混合料在加入外加剂后，由 XRD 及 SEM 结果可以看出，表面变化较大，特别是生成了更多的凝胶团状物质，像"盔甲"一般附着在混合料的表面；由 XRD 可以得出是反应生成针铁矿增多及水化硅酸钙的缘故，这一"盔甲"致密地包裹在混合料表面，使混合料渗水通道进一步减少，从而提高水稳定性；在47.5%磷石膏掺量对比图中可以发现，混合料未加外加剂时虽然是大量片状排列，但是呈不规则排列，这样虽然有一定水稳定性，但强度不高，加外加剂以后，板状堆积更为规则，这样也会提高水稳性。

土壤外加剂与混合料混合后，在空气中对应成分参与反应的情况下碳化和结晶，在土壤中形成网格状稳固结构，穿插在土壤颗粒空隙间形成强度骨架。土壤外加剂的成分和土壤颗粒发生化学反应，激发土壤的自身物质生成不溶于水的坚硬物质，填充在强度骨架之中，使稳定土形成不可逆的坚实板体，这也是在电镜扫描图中观测到"盔甲"的缘故。

前面已讨论过，黏土中电荷不平衡会使亲水性强，而诚统外加剂溶液中的高价离子可以改变土壤颗粒表面电性，降低土壤颗粒的水膜厚度，提高土壤颗粒间的吸附力，增大密实度，降低渗水性，使混合料中黏土矿物的亲水性变差，甚至成为疏水矿物，从而增大改良土的水稳性。

11.3　石灰磷石膏稳定土微观结构

11.3.1　试样制备

制样方法同水泥磷石膏稳定土，试样制备见表 11.5。

微观结构试验试样制备表　　　　表 11.5

石灰(%)	磷石膏(%)	红黏土(%)	最优含水率(%)	压实度(%)
0	0	100	30.41	
8	8	84	30.24	
8	16	76	28.01	90
8	24	68	27.41	
8	31	61	27.59	
8	46	46	25.94	

11.3.2　试验方法

试验方法同水泥磷石膏稳定土。

11.3.3　石灰磷石膏稳定土微观结构试验结果

石灰磷石膏稳定土 SEM 扫描图及 XRD 定性分析结果

素红黏土及石灰磷石膏稳定土化合物组成定量分析表　　　　表 11.6

矿物相含量 重量百分比(%)	化学式	磷石膏含量(%)					
		0	8	16	24	31	46
石英	SiO_2	42.8	29.0	21.3	15.6	12.6	10.5
方解石	$CaCO_3$	0	9.8	7.6	6.9	3.9	5.7
钙矾石	$Ca_6Al_2(SO_4)_3(OH)_{12} \cdot 26H_2O$	0	16.8	13.2	12.4	9.5	6.6
石膏	$CaSO_4 \cdot 2H_2O$	0	9.5	28.5	45.6	61.1	69.6
高岭石	$Al_2(OH)_4Si_2O_5$	18.7	0.3	0.2	0.2	0.1	0.1

矿物相含量 重量百分比(%)	化学式	磷石膏含量(%)					
		0	8	16	24	31	46
针铁矿	FeO(OH)	8.8	15.6	13.4	8.0	4.5	2.2
白云母	$(K,Na)Al_2(Si,Al)_4O_{10}(OH)_2$	29.7	17.9	15.4	11.4	8.3	5.4
蒙脱石	$(Na,Ca)_{0.3}(Al,Mg)_2Si_2O_{10}(OH)_2 \cdot nH_2O$	0	1.0	0.5	0	0	0

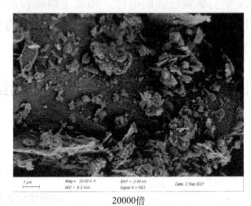

5000倍   20000倍

(a) 素红黏土

4000倍   20000倍

(b) 8%石灰+8%磷石膏+84%红黏土

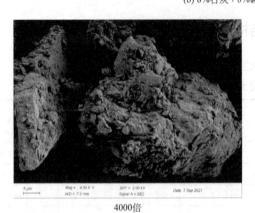

4000倍   20000倍

(c) 8%石灰+16%磷石膏+76%红黏土

图 11.4　石灰磷石膏稳定土 SEM 图（一）

(d) 8%石灰 + 24%磷石膏 + 68%红黏土

(e) 8%石灰 + 31%磷石膏 + 61%红黏土

(f) 8%石灰 + 46%磷石膏 + 46%红黏土

图 11.4　石灰磷石膏稳定土 SEM 图（二）

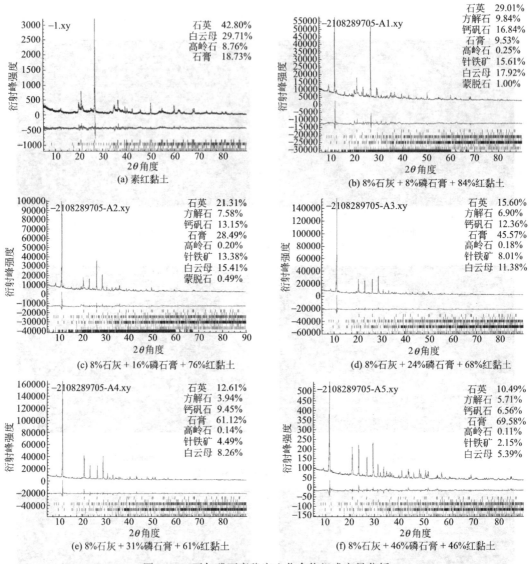

图 11.5　石灰磷石膏稳定土化合物组成定量分析

由图 11.4(a) 可以看出相同放大倍数下，素红黏土的颗粒较为分散，颗粒间距也很大，这是红黏土类软土的普遍特点。在加入石灰后，发生了一系列化学反应，生成了具有胶凝作用的水化硅酸钙以及水化铝酸钙，这些化学生成物将土颗粒黏聚在一起，提供强度，同时填充了土颗粒间的孔隙。因此在图 11.4(b)～图 11.4(f) 中可以看见基本不存在大的孔隙。再继续加入磷石膏，将进一步生成钙矾石，其性质对石灰磷石膏稳定土的性质有着很大的影响。在图 11.4(b)～图 11.4(f) 中可以看到大量的针状、柱状结构，这些都是加入石灰和磷石膏后特有的生成物。

由图 11.5 及表 11.6 不难看出，随着磷石膏掺量的增加，石英（SiO_2）含量逐渐减小，这是由于磷石膏含量减小，相应的红黏土质量就增加了。由表 11.6 可知 SiO_2 主要来源于红黏土，二水石膏（$CaSO_4 \cdot 2H_2O$）来源于逐渐增加的磷石膏，可见虽然试样养护了 7d，但大量原材料仍然没有参与到化学反应中来，仍然以最初形态存在着，磷石膏与红黏土之间大多只是物理压实。钙矾石是石灰磷石膏稳定土的强度来源，它的含量在磷石膏掺量为 8% 时达到最大，之后随着磷石膏掺量的增加而逐渐减小，而由第 3 章得知当石灰掺量为 8% 时，磷石膏的最优掺量是 31%，可以看出，钙矾石虽然是石灰磷石膏稳定土强度的主要来源，但存在一个最佳含量，过多或过少都会抑制稳定土强度的形成。这是因为钙矾石生成量过少时膨胀量不足以填充全部孔隙故强度较低，而钙矾石生成量过多时膨胀量在填充孔隙后仍有剩余，过多的膨胀又使得原先已经填充的孔隙被重新撑坏导致强度较低。白云母、高岭石以及蒙脱石都具有亲水性，这 3 种矿物质的总质量随着磷石膏掺量的增加而减小，亲水性逐渐较弱，这也解释了第 4 章中水稳定性随着磷石膏掺量增加越来越好的现象。

11.3.4　石灰磷石膏稳定土加固机理分析

1. 强度特性机理

石灰磷石膏稳定土的强度来源主要有离子交换作用、氢氧化钙的结晶及碳酸化作用、胶凝作用以及反应过程中的膨胀发热作用，磷石膏的加入起到促进作用。

（1）离子交换作用

石灰遇水产生氢氧化钙，氢氧化钙在水中进一步离解成 Ca^{2+}，Ca^{2+} 与红黏土表面吸附的 K^+、Na^+ 进行离子交换使胶体颗粒发生聚集，促进了黏土的团聚化，填充了土颗粒之间的孔隙，改善了黏土的颗粒级配，使土体变得相对致密，颗粒间的相互作用增强，从而使土体强度得以提高。

（2）氢氧化钙结晶及碳酸化作用

氢氧化钙在水的作用下会由原来的胶体状变为晶体状 $[Ca(OH)_2 \cdot nH_2O]$，然后又与红黏土颗粒结合成共晶体，成为具有一定强度的整体结构。此外，石灰遇水生成氢氧化钙后还会不断吸收空气中的 CO_2 继续作用生成碳酸钙，而碳酸钙是较为坚硬的晶体，有较高的强度。同时，碳酸钙的胶结作用也使土体得以加固，这是石灰磷石膏稳定土后期强度的来源。

（3）胶凝作用

红黏土中加入石灰再加水拌合后，石灰首先遇水生成 $Ca(OH)_2$，随后 $Ca(OH)_2$ 会与红黏土中的活性氧化硅和活性氧化铝发生反应，分别生成水化硅酸钙（$3Ca \cdot SiO_2 \cdot nH_2O$）和水化铝酸钙（$3CaO \cdot Al_2O_3 \cdot nH_2O$），水化硅酸钙和水化铝酸钙具有胶结作用，一般情况下以纤维状粒子或网格状粒子的形式存在，水化硅酸钙与水化铝酸钙胶体粘结混合料中的小颗粒，将其粘结为大颗粒，粘结后颗粒间的孔隙也相应减少，使颗粒间的孔隙封闭，同时，石灰消耗部分水分，也使得结合水减少，土颗粒间的粘结力增大，提高土体整体性，使强度提高。化学反应式如下：

$$3Ca(OH)_2 + SiO_2 + (n-3)H_2O \rightarrow 3CaSiO_2 \cdot nH_2O;$$
$$3Ca(OH)_2 + Al_2O_3 + (n-3)H_2O \rightarrow 3CaAl_2O_3 \cdot nH_2O_{\circ}$$

石灰与红黏土发生一系列反应之后，生成物水化硅酸钙将进一步与磷石膏中的主要成分二水硫酸钙（$CaSO_4 \cdot 2H_2O$）进一步反应，生成三硫型水化铝酸钙（$3CaO \cdot Al_2O_3 \cdot$

$3CaSO_4 \cdot 32H_2O$）（简称钙矾石）。其化学反应式为：

$$3CaO \cdot Al_2O_3 \cdot nH_2O + 3CaSO_4 \cdot 2H_2O + (26-n)H_2O \rightarrow$$
$$3CaO \cdot Al_2O_3 \cdot 3CaSO_4 \cdot 32H_2O。$$

钙矾石形成所产生的体积膨胀，进一步填充部分孔隙，降低土体的孔隙率，起到支撑孔隙的作用，其强度得到大大提升，这不仅有利于早期强度提高，而且还可以降低基层材料的干缩率，改善其抗裂性。

（4）膨胀发热作用

在石灰遇水生成氢氧化钙的过程中会有膨胀发热现象，膨胀使土体进一步紧密，发热降低了土中的含水量，提高了土体密实度。

2. 水稳定性机理

同水泥磷石膏稳定土，与稳定土中亲水矿物含量息息相关。

3. 变形特性机理

（1）收缩变形

由收缩试验结果可知，石灰磷石膏稳定土线缩率随磷石膏掺量的增加，先增大后减小。

究其原因，是石灰磷石膏稳定土收缩变形主要由红黏土中黏土矿物引起，随着水分蒸发黏粒表面结合水膜变薄，黏土颗粒靠拢，引起土样收缩。掺入石灰后，混合料中黏土颗粒含量大量减少，胶凝物质针铁矿含量增加，具有膨胀性的钙矾石大量生成，故在掺入石灰后混合料线缩率较素红黏土有较大的降低。

低掺磷石膏时，随着磷石膏掺量增加，掺入的石灰先中和混合料中的酸性，使生成的胶凝物质和钙矾石含量降低，而混合料中黏粒含量变化较小，故混合料线缩率增大。高掺磷石膏时，随着磷石膏掺量的增加，混合料中胶凝物质和钙矾石含量持续减少，但此时混合料中黏土颗粒较少，并逐渐降低，故混合料线缩率降低。

（2）膨胀变形

由无荷膨胀试验可知，石灰磷石膏稳定土绝对膨胀率先增大后减小，且其绝对膨胀率远大于石灰磷石膏稳定土。

究其原因，首先石灰磷石膏稳定土绝对膨胀率受胶凝物质和钙矾石含量影响较大，其次受混合料中黏土矿物影响。L：P＝1：1时，混合料中磷石膏掺量较少，石灰掺入混合料后，先在混合料中发生一系列反应，生成水化硅酸钙胶体。水化硅酸钙胶体与磷石膏中的硫酸钙反应生成钙矾石，在此配合比下，石灰相对于磷石膏掺量最大，生成的水化产物最多，同时为钙矾石的生成提供了一个较好的碱性环境，所以在此配合比下混合料钙矾石生成最多，过量钙矾石的生成破坏了混合料结构，引起混合料产生较大膨胀，同时混合料中生成了较多的针铁矿，针铁矿具有胶结混合料颗粒，在一定程度上降低了混合料膨胀性。

L：P＝1：3时，磷石膏掺量增加，石灰首先中和混合料的酸性，故生成的钙矾石和针铁矿含量有所减少，在此配合比下，生成的钙矾石就已破坏了混合料土体结构，同时由于混合料粘结力降低，所以在此配合比下混合料相对L：P＝1：1时膨胀性更强。

P：T＝1：1时，磷石膏含量较高，石灰中和混合料酸性后，生成钙矾石较少，同时混合料中黏粒含量较低，混合料膨胀性降低。故混合料绝对膨胀率随磷石膏掺量的增加呈现先增大后减小的趋势，并且混合料绝对膨胀率受石灰掺入量的影响较大。

（3）压缩变形

石灰磷石膏稳定土压缩模量随磷石膏掺量增加呈现出先增大后减小的规律，其压缩模量最大值出现在 L∶P＝1∶1 附近。究其原因是磷石膏掺量较低时，石灰掺入后在混合料中生成了大量的钙矾石，导致混合料结构膨胀破坏，同时其中黏土矿物含量较高使混合料压缩模量较小；随着磷石膏掺量的减少，混合料中钙矾石生成量减少，对混合料结构破坏降低，同时针状钙矾石联结混合料颗粒，与胶凝物质共同作用，使混合料压缩模量增加；随着磷石膏掺量继续增加，混合料中钙矾石持续减少，其联结作用降低，同时混合料中胶凝物质较少，混合料压缩模量减小。

（4）裂隙扩展变形

由石灰磷石膏稳定土裂隙扩展规律可知，石灰磷石膏稳定土裂隙率较素红黏土有较大降低，随着磷石膏掺量增加，混合料裂隙率大致呈现逐渐减小的规律。

究其原因是石灰掺入混合料中生成的胶凝物质提高了混合料的粘结性，同时由于石灰掺入后，很好地改善了混合料的酸性，使混合料中有大量的钙矾石生成，钙矾石较少时，混合料表现为加固作用，钙矾石较多时，混合料表现结构被过量的钙矾石膨胀破坏，混合料表现出较大的膨胀性。在干湿循环过程中混合料试样受侧向约束，试样开裂主要是由于混合料试样收缩时的基质吸力和不均匀形变引起，而石灰稳定红黏土混合料主要表现为膨胀性，故在经过干湿循环后混合料裂隙率较素红黏土有较大降低，相较于石灰磷石膏稳定土有较大的纵向变形。随磷石膏掺量的增加，混合料中黏土矿物含量降低，故混合料裂隙率随磷石膏掺量增加，逐渐减小。

11.4　本章小结

（1）磷石膏稳定土强度随着磷石膏含量增大先增大后减小的具体机理：初期磷石膏含量低，主要靠水泥水化反应产生的 C-S-H 凝胶粘结结构、拉联结构、小孔隙被胶凝物质填充等增大强度；随着磷石膏含量进一步增大，混合料生成钙矾石，与凝胶形成空间网状结构，大大提高强度，但磷石膏掺量过大时，稳定土发生一系列反应，导致钙矾石溶解，原有支撑结构断裂，反而使得强度大幅度降低。

（2）磷石膏稳定土水稳性随着磷石膏含量增大逐渐增大的具体机理：物理方面是由于磷石膏粒径比红黏土小，随着磷石膏含量增大，混合料粒径逐渐变小，从而形成粒径加密效果，还有便是磷石膏板状结构互相搭接，加之 C-S-H 凝胶封堵孔隙，形成止水帷幕增大水稳性；化学方面是混合料中亲水矿物的减少，加之混合料中水泥水化和大量磷石膏释放出的 Ca^{2+} 使亲水矿物晶格键断裂，亲水矿物的亲水性大大降低，从而增大水稳性。

（3）外掺 SCA-2 土壤外加剂进一步增大水泥磷石膏稳定土水稳性机理：外加剂会与混合料发生反应，使混合料碳化表面形成板体，加之水泥水化凝胶附着在表面，形成类似"盔甲"的保护层附着在混合料表面，降低渗水性，增大水稳定性；另一方面外加剂中的高价离子会进一步改变混合料的电荷性能，提高混合料颗粒间的吸附力，减少透水通道，并且使亲水矿物亲水性降低，从而进一步增大混合料水稳性。

第 12 章 磷石膏稳定土路基试验

12.1 概述

项目实施地点：国道 G210 都匀阳安至影山公路改扩建工程 K35＋146 处（独山县影山镇境内）。G210 都匀阳安至影山公路改扩建工程独山段，起点位于（阳安）京寨，经两路口、影山（原为兔场镇）、石板寨、苗渊、黄桥、甘塘，止于独山县深河桥，顺接 G210 深河桥至独山公路，起讫桩号 K20＋300～K36＋459.817，总里程为 16.16km。本标段采用一级公路标准，设计速度 60km/h，都匀境 K0＋200～K20＋300 基宽度采用 26m，双向六车道；为确保行车安全，路基渐变段过完交界处弯道后在直线段实现过渡，过渡段桩号 K20＋300～K21＋520，独山境 K21＋520～K26＋820km 路基宽度采用 21.5m，双向四车道，K26＋820～K36＋459.817km 路基宽度采用分离式路基，半幅宽度为 13m、全宽 26m，双向六车道。

12.2 原材料性能

红黏土取自贵州省都匀市影山镇，土样主要由黄褐色颗粒状土组成，土样中含有少量小石子，土质比较均匀，黏聚力较大，含水率较高，基本物理及力学指标见表 12.1～表 12.4。

红黏土基本物理指标　　　　　　　　　　　　　　表 12.1

物理指标	取值	物理指标	取值
天然含水率（%）	48.05	曲率系数	1.01
天然湿密度（g/cm³）	1.64	液限（%）	76.92
天然干密度（g/cm³）	1.10	塑限（%）	44.67
不均匀系数	15.03	塑性指数	32.25
最优含水率（%）	30.41	最大干密度（g/cm³）	1.452

石灰组成成分　　　　　　　　　　　　　　表 12.2

物质	CaO	SiO_2	Na_2O	MgO	SO_3	Al_2O_3	Fe_2O_3
质量分数（%）	97.950	0.460	0.439	0.384	0.382	0.122	0.083
SrO	Cl	CeO_2	Ag_2O	P_2O_5	TiO_2	Dy_2O_3	其他
0.033	0.028	0.022	0.017	0.015	0.014	0.011	0.041

水泥基本参数　　　　　　　　　　　　　　表 12.3

烧失量（%）	三氧化硫（%）	碱含量（%）	初凝时间（min）	终凝时间（min）	安定性
1.58	2.87	2.42	302	322	合格
氯离子（%）	石膏含量（%）	3d 抗折强度（MPa）	28d 抗折强度（MPa）	3d 抗压强度（MPa）	28d 抗压强度（MPa）
0.018	5.00	5.0	6.7	24.9	43.7

磷石膏有害物质检测结果　　　　　　　　　　　　　　　表 12.4

测试元素	定容体积 V_0(mL)	测试溶液元素浓度 C_0(μg/L)	稀释倍数	消解液/原样品溶液元素浓度 C_1(mg/L)	样品元素含量 C_x(mg/kg)
镉(Cd)	10	0.0620	50	3.10	0.26
钯(Pb)	10	1.5270	50	76.35	6.33
铬(Cr)	10	0.2920	50	14.60	0.96
砷(As)	10	0.1284	50	6.42	0.42
汞(Hg)	10	0.0484	50	2.42	0.16

OTS-02 型外加剂由佛山市蓝叶环保科技有限公司生产，有微弱气味的灰色粉末状固体外加剂，基本指标见表 12.5。

OTS-02 型外加剂的重金属溶出量检测结果　　　　　　　　表 12.5

检测项目		检验结果	标准要求	单项结论	检验依据
浸出液中危害成分	汞(mg/L)	未检出	≤0.1	符合	《危险废物鉴别标准 浸出毒性鉴别》 GB 5085.3—2007
	砷(mg/L)	未检出	≤5	符合	
	镍(mg/L)	未检出	≤5	符合	
	锌(mg/L)	0.0238	≤100	符合	
	总铬(mg/L)	0.304	≤15	符合	
	镉(mg/L)	未检出	≤1	符合	
	铅(mg/L)	未检出	≤5	符合	
	铜(mg/L)	未检出	≤100	符合	

12.3　配合比设计

（1）配合比一：磷石膏 20%，红黏土 80%，西安鑫太白 OTS-02 粉末固化剂为总质量（磷石膏＋红黏土）8%。所需总质量（磷石膏＋红黏土）270×1.55×0.93＝389.2t，其中磷石膏 77.8t，红黏土 311.4t，固化剂 31.2t。施工长度 100m，宽度 3m，高度 0.9m。试验路平面铺筑示意图见图 12.1。

（2）配合比二：水泥 5%，磷石膏 47.5%，红黏土 47.5%。所需总质量（水泥＋磷石膏＋红黏土）270×1.59×0.93＝399.2t，其中水泥 20t，磷石膏 189.6t，红黏土 189.6t。施工长度 100m，宽度 3m，高度 0.9m。

（3）配合比三：石灰 8%，磷石膏 46%，红黏土 46%，西安鑫太白 OTS-02 粉末固化剂为总质量（石灰＋磷石膏＋红黏土）10%。所需总质量（石灰＋磷石膏＋红黏土）270×1.52×0.93＝381.7t，其中石灰 30.5t，磷石膏 175.6t，红黏土 175.6t，固化剂 38.2t。施工长度 100m，宽度 3m，高度 0.9m。

上述配合比设计均在混合料最优含水率，压实度 93% 的情况下进行施工。

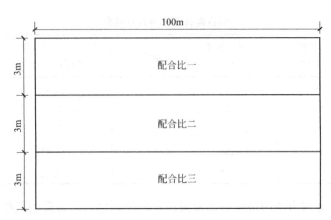

图 12.1　试验路平面铺筑示意图

12.4　施工工艺

（1）测量放线

按照路基长度 100m，宽 9m，高度 0.9m 填筑，每 30cm 分层填筑，分层压实。用全站仪按坐标法测量恢复中线，每 10m 设一排桩，并根据路基设计宽度，放出路基边线，为保证路基有效压实度和边坡的稳定，在放路基边线时应使两侧边线各宽出 30cm（图 12.2）。原路基按照标高，机械压实平整后，按照比例人工打田字格，田字格尺寸为 5m×3m（长×宽）。

图 12.2　现场测量放线

（2）施工机械及人员的准备

本次试验路铺筑根据石灰磷石膏综合稳定路基土具体施工情况配置的主要设备有：挖掘机、装载机、振动式压路机、平地机、自卸车、旋耕机、铧犁、路拌机、洒水车等（图 12.3）。

人员：黔南交建集团技术人员和贵州大学硕士研究生开展工作。

（3）原路基进行处理

经压路机处理后，用灌砂法对原地基压实度进行检测，凿出直径 15cm、深度 15cm

图 12.3　现场施工机械

图 12.4　原地基处理

空洞，在凿除过程中，原地基中含有大量石子，称取 8650g（砂＋桶），凿除完成后向里灌砂，称量剩余砂与桶质量并记录，经计算原地基干密度为 1.81g/cm³，经击实试验，原地基最大干密度为 1.87 g/cm³，原地基压实度为 96.79%，达到要求（图 12.4、图 12.5）。

（4）防排水处理

对磷石膏和固化剂重金属含量和放射性进行了外委检测，检测结果对环境无影响。为了保险起见，原路基处理完毕后，铺筑土工布＋土工格栅，并在四周和磷石膏稳定土层铺筑完毕后上层铺设土工布＋土工格栅，计划选定一块区域，长度 10m，宽度 9m，总面积

205

(a) 选择平坦地面　　　　　　　　(b) 凿洞　　　　　　　　(c) 称取凿松混合料

(d) 检测含水率　　　　　　　　(e) 装砂　　　　　　　　(f) 流砂

(g) 取砂筒内剩余砂　　　　　　(h) 取出试坑内剩余砂　　　　　(i) 取走基板

图 12.5　压实度检测

约 90m²。将磷石膏稳定土层中的水引流至积水池中，不定期地对渗滤液进行磷、氟和重金属含量检测（图 12.6）。

（5）混合料初拌

将消解过筛后的石灰、水泥、磷石膏和土样根据混合料配合比计算各材料所需质量，使用装载机及自卸式汽车运送所需材料至拌和场地，采用挖掘机对配制好的混合料初拌，保证拌合均匀，根据配合比，加水搅拌均匀（图 12.7）。

图 12.6　防排水施工

图 12.7　混合料初拌

（6）运输摊铺

图 12.8　混合料运输、摊铺

混合料在拌合场地预拌均匀后，由自卸式汽车运送至试验路段，并按计算的土方量分批定量放入方格网内，随后采用装载机进行摊铺。摊铺过程中保证摊铺均匀，并严格控制摊铺时间以减少水分损失。为保证拌合均匀，必要时采用摊铺过程人工辅助（图 12.8）。

（7）整平

摊铺后的混合料首先结合设计高程确定的高程控制墩和松铺厚度，采用推土机粗平。部分低洼处及时补充混合料成品，消除摊铺产生的波浪和沟槽等，使路床表面大致平整。粗平过后采用平地机进行精平，精平前设置高程控制墩，用平地机根据测量高程由两侧向中心进行刮平。对于局部低洼处，将其表层 8cm 以上的混合料翻松，并用备好的混合料进行找补平整。在整平过程中，严禁任何车辆通行，平地机应"带土"作业，切忌薄层找补。拌和混合料时要适当考虑富余量，整平时宁刮勿补。为便于施工排水，整平过程中应控制路基表面横坡在 3% 左右（图 12.9）。

图 12.9　混合料整平

（8）碾压

碾压采用振动压路机完成。整平完成后，先用振动压路机由路基边部向路中心逐次静压 2 遍，静压完成后采用全轮错位法（搭接 15～20cm）先低频振压、后高频振压、再低频振压各 2 遍。振动压实结束后改用静压低速碾压 2 遍，达到无明显轮迹印、路基表面平整光洁、边沿顺直为止。在碾压过程中，压路机不得长时间停驻在未压实的路基上，不得在未压实的路基上急刹车、急转弯和掉头。终压前应检测一次标高，若发现标高超过规定时，应用平地机刮至规定值，再整平碾压。拌和完毕马上进行摊铺碾压成型，压实时间建议控制在 6h 内完成（图 12.10）。

图 12.10　混合料碾压

（9）检验

每层碾压完成后，试验员应立即取样检验压实度，并及时拿出检测结果，经静压 2 次，振动压实 6 次，再静压 2 次，经检测，压实度在 93% 以上，每层合格后方可填筑下一层。对于存在翻浆、轮迹明显、表面松散、起皮严重、土块超标等有外观缺陷的路段不准验收，碾压至路面平整，无明显轮迹后停止（图 12.11）。

图 12.11　压实度检验

（10）养护

由于石灰、水泥磷石膏综合稳定土路基在压实结束后，洒水养护 7d，养护期间封闭交通，天气晴朗，温度较高时每天洒水 3 次（图 12.12）。

图 12.12　洒水养护

12.5 施工质量控制

在采用石灰磷石膏综合稳定路基土施工过程中，应对施工过程中的每个环节进行把控，保证施工质量。主要从以下几点进行控制：

（1）含水率控制措施

根据不同配合比、红黏土及磷石膏的初始含水率，算出应加水量，搅拌均匀后采用酒精法进行含水率检测，经检测，含水率在最佳含水率 $w_{op} \pm 2\%$ 以内。

（2）磷石膏

为分析不同性能评价指标对磷石膏力学性能影响的基础上，结合现有规范中对磷石膏的技术性能要求，提出适用于稳定红黏土路基的磷石膏技术性能评定标准，如表 12.6 所示。

磷石膏技术性能评定标准　　　　　表 12.6

级别	品位（%）	pH	细度（%）	附着含水量（%）
一级	≥85	≥5	≤20	≤25
二级	<85	<5	>20	>25

采用水泥、石灰磷石膏稳定红黏土用作路基填料时，可参考表 12.7。

磷石膏稳定红黏土用作路基填料推荐级别　　　　　表 12.7

路基部位	公路等级	磷石膏级别
上路床	高速公路和一级公路	一级
	二级及二级以下公路	一级
下路床	高速公路和一级公路	一级
	二级及二级以下公路	一级
上路堤	高速公路和一级公路	一级、二级
	二级及二级以下公路	一级、二级
下路堤	高速公路和一级公路	一级、二级
	二级及二级以下公路	一级、二级

（3）红黏土

塑限大于 50%、塑性指数大于 26 的红黏土不得直接作为路堤填料，其中压缩系数大于 0.5MPa 的红黏土用于填筑路堤，经处治的红黏土可用于路床之下的路堤填料。

（4）水泥

综合水泥磷石膏稳定红黏土混合料力学强度及经济效益，水泥推荐采用 PC32.5 普通硅酸盐水泥，水泥的参数如表 12.8 所示。

水泥基本参数　　　　　表 12.8

烧失量（%）	三氧化硫（%）	碱含量（%）	初凝时间（min）	终凝时间（min）	安定性
1.58	2.87	2.42	302	322	合格
氯离子（%）	石膏含量（%）	3d 抗折强度（MPa）	28d 抗折强度（MPa）	3d 抗压强度（MPa）	28d 抗压强度（MPa）
0.018	5.00	5.0	6.7	24.9	43.7

（5）石灰

生石灰在搅拌时需要加入大量的水，不便于施工，同时，生石灰遇水会产生大量的热，危害施工人员身体健康。因此，推荐采用熟石灰，石灰成分如表 12.9 所示。

石灰基本参数 表 12.9

物质	CaO	SiO_2	Na_2O	MgO	SO_3	Al_2O_3	Fe_2O_3
质量分数（%）	97.950	0.460	0.439	0.384	0.382	0.122	0.083
SrO	Cl	CeO_2	Ag_2O	P_2O_5	TiO_2	Dy_2O_3	其他
0.033	0.028	0.022	0.017	0.015	0.014	0.011	0.041

（6）土壤固化剂

土壤固化剂在进入施工现场时，需提供产品合格证，产品质保单及三方检测报告。检测报告需包含重金属含量检测结果，重金属含量参考限值参照《水泥窑协同处置固体废物技术规范》GB/T 30760—2014，如表 12.10 所示。

重金属含量参考限值参数 表 12.10

重金属元素	砷（As）	铅（Pb）	镉（Cd）	铬（Cr）	铜（Cu）	镍（Ni）	锌（Zn）	汞（Hg）
参考限值（mg/kg）	7.59	11.8	ND	34.4	10.00	9.2	95.5	0.044

12.6 试验路检测

（1）含水率检测

磷石膏：红黏土＝2：8、水泥：磷石膏：红黏土＝5：47.5：47.5、石灰：磷石膏：红黏土＝8：46：46 三个配合比最佳含水率分别为 23.53%、18.74%、25.9%，根据不同配合比、红黏土及磷石膏的初始含水率，算出应加水量，搅拌均匀后采用酒精法进行含水率检测，经检测，含水率分别为 22.19%、19.54%、24.14%，在最佳含水率 $w_{op}\pm2\%$ 以内（图 12.13）。

图 12.13 现场含水率检测

211

（2）压实度检测

采用灌砂法对路基压实度检测，进行压实度试验时，凿出直径为15cm，深度为15cm的混合料，把凿出的混合料进行称重并记录，用灌砂筒称量8650g（砂＋桶），凿除完成后向里灌砂，称量剩余砂与桶质量并记录，经计算，各层压实度均大于93％，符合要求（图12.14）。

图12.14　压实度检测

（3）弯沉和平整度检测

试验前把贝克曼梁中间连接部分固定，不会产生上下左右的晃动，同时准备两个百分表放到支架上，百分表可以在支架上上下滑动，仪器安装完成后进行划点定桩号。初始桩号为ZK29＋020，每隔20m测一次，测量时应将贝克曼梁一端放入两轮隙之间，另一端与百分表接触，为便于读数，通过上下移动百分表，调整读数在400～600，固定好百分表，轻轻拨动与百分表相连的一段，观察稳定后读数是否有变化，无变化后启动后轴为10t的汽车，汽车驶出一定距离，读数稳定后读数并记录，这样完成一次测量，其余弯沉按照该步骤进行（图12.15）。测量结果如表12.11～表12.13所示。

素土弯沉测量结果　　　　　　　　　　　　表12.11

桩号	表一初始读数	表一末读数	表二初始读数	表一末读数
ZK29＋030	533	523	532	499
ZK29＋050	528	491	560	512
ZK29＋070	430	395	580	545
ZK29＋090	715	678	564	548
ZK29＋110	281	246	571	536

图 12.15　弯沉检测

水泥土弯沉测量结果　　　　　　　　　　　　　　　表 12.12

桩号	表一初始读数	表一末读数	表二初始读数	表一末读数
ZK29+030	302	236	587	571
ZK29+050	384	335	530	508
ZK29+070	185	140	401	371
ZK29+090	305	260	470	435
ZK29+110	271	225	495	451

石灰土弯沉测量结果　　　　　　　　　　　　　　　表 12.13

桩号	表一初始读数	表一末读数	表二初始读数	表一末读数
ZK29+030	265	210	421	368
ZK29+050	483	440	580	526
ZK29+070	462	421	479	439
ZK29+090	453	400	541	499
ZK29+110	437	405	356	314

经计算，素土弯沉平均值为 0.642mm，弯沉代表值为 0.923 mm；水泥土弯沉平均值为 0.776mm，弯沉代表值为 1.101mm；石灰土弯沉平均值为 0.750mm，弯沉代表值为 1.448mm。

用 3m 尺测平整度时，尺的位置应放在点旁 80～100mm，并且放在轮迹上，把塞尺放在 3m 尺下端缝隙最大处进行读数记录，注意读数时末位是"0"或"5"，测完后一端固定，另一端前进方向，保持两次测量在同一直线，连续测 10 次并做好记录。经计算，素土平均值为 8mm，最大值为 10.5mm；水泥土平均值为 7.6mm，最大值为 11mm；石灰土平均值为 8.8mm，最大值为 13mm，小于规范要求 15mm，符合要求（图 12.16）。

图 12.16　平整度检测

（4）石灰、水泥及磷石膏剂量及均匀性控制

对混合料进行初拌时，在素土摊铺结束后，计算出石灰、水泥、磷石膏用量及土方数量，划方格网，根据计算好的石灰和磷石膏用量进行布置。混合料拌和均匀后，采用EDTA 剂量滴定法检测石灰剂量和水泥剂量，经测定，理想条件下水泥混合料与石灰混合料分别需消耗 12mL、42mL，此消耗量即为设计值，实际施工混合料分别消耗滴定液12.6mL、48mL，实际消耗量大于设计值，符合要求（图 12.17）。

图 12.17　滴定法检测石灰水泥剂量

12.7　试验路监测

1. 监测目的及内容

为检验磷石膏稳定土路基的施工质量，试验路施工完毕后，对 3 个配合比路段进行监测，监测内容包括土压力、孔隙水压力、含水率、沉降以及渗滤液中磷、氟和重金属含量情况。

2. 监测方法

试验路铺筑完毕后，在路基顶面进行钻孔，埋设孔隙水压力计、土压力计、含水率计等应力应变元件，观测路基施工后的孔隙水压力、土压力及沉降情况，每一个配合比方案选 2 个断面进行监测，对压实度、孔隙水压力、含水率监测前期 1～2d/次，监测 3 次过后每隔 3d 监测一次，含水率计测量时有一个 1.64 修正系数。渗滤液监测是将路基中排出的水引入集水池中不定期监测磷、氟和重金属含量情况。

距离试验路两端约 30m 的位置选择两个截面，给 3 个不同配合比试验路挖孔，每个配合比每个断面 3 个孔，为了避免各孔之间的相互影响，两相邻径之间的距离为 3m，孔径约 20cm，深度 50cm。挖孔完成后将土压力计、孔隙水压力计、含水率计从下向上依次埋设，每相邻两元件相差 15cm，埋设土压力计时，预留适当测量用线以避免回填时测量用线与土压力计脱落，放置土压力计时光面朝上放平，为了提高测量准确性，用较细的土粒完全覆盖土压力计，回填 15cm 土，摊平后适当压实；孔隙水压力计放置于土压力计回填土上方，透水石朝上，回填方法与土压力计回填方法一样；含水率计埋设时，把尖端插入竖直土体，用全部回填挖出的土体进行压实。

元件埋设设计图及沉降测点平面布置图见图 12.18～图 12.20。

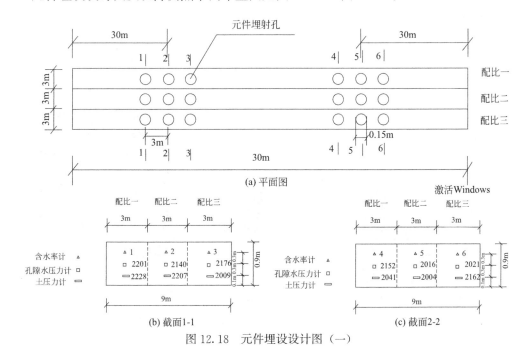

图 12.18　元件埋设设计图（一）

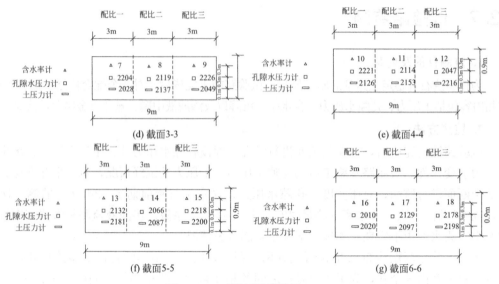

图 12.18　元件埋设设计图（二）

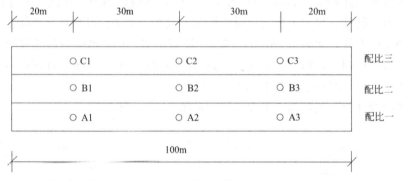

图 12.19　沉降测点平面布置图

 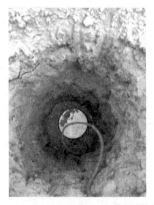 

图 12.20　现场埋设元件（一）

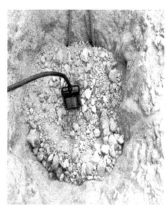

图 12.20　现场埋设元件（二）

3. 监测结果

（1）配合比一（磷石膏：红黏土＝2：8，OTS-02 8%）

土压力监测结果（Pa）　　　　　　　　　　　　　　　　　　　　表 12.14

测量次数（次）	1	2	3	4	5
日期　　　土压力计编号	2022.9.21	2022.9.22	2022.9.24	2022.9.28	2022.10.2
2228	330.47	361.24	358.42	344.23	352.45
2041	352.42	358.48	362.11	368.49	362.74
2028	342.48	351.63	355.11	352.56	356.14
2126	347.62	335.49	358.49	348.28	355.48
2181	345.28	365.24	351.29	349.74	355.28
2020	339.58	348.24	359.15	368.47	355.81

续表

测量次数（次）	6	7	8	9	10
日期 土压力计编号	2022.10.4	2022.10.6	2022.10.8	2022.10.9	2022.10.11
天气	晴	晴	晴	阴	晴
2228	363.65	352.47	357.27	342.87	378.27
2041	366.47	354.27	359.48	352.64	375.56
2028	348.59	355.74	348.21	343.58	365.75
2126	348.94	349.32	354.29	341.28	357.16
2181	352.57	361.24	359.87	347.54	368.77
2020	349.61	352.87	356.81	347.64	354.81

测量次数（次）	11	12	13	14	15
日期 土压力计编号	2022.10.13	2022.10.15	2022.10.17	2022.10.19	2022.10.21
天气	晴	晴	晴	晴	晴
2228	367.61	384.94			
2041	383.26	371.53	428.58	436.25	436.25
2028	373.66	364.92			
2126	362.48	349.57			
2181	355.62	372.38			
2020	362.35	362.95			

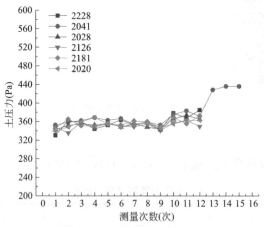

图 12.21 土压力变化水平

孔隙水压力监测结果（Pa）　　　　　　　　　　表 12.15

测量次数（次）	1	2	3	4	5
日期 孔隙水压力编号	2022.9.21	2022.9.22	2022.9.24	2022.9.28	2022.10.2
2201	36.25	37.07	32.14	33.43	35.57
2152	35.12	33.84	34.69	34.87	36.41
2204	35.68	36.01	36.44	35.87	35.82

续表

测量次数(次)	1	2	3	4	5
日期 孔隙水压力编号	2022.9.21	2022.9.22	2022.9.24	2022.9.28	2022.10.2
2221	34.22	35.85	33.28	36.47	30.28
2132	38.24	37.26	36.58	37.41	36.51
2010	35.26	36.59	34.28	35.26	37.43
测量次数(次)	6	7	8	9	10
日期 孔隙水压力编号	2022.10.4	2022.10.6	2022.10.8	2022.10.9	2022.10.11
天气	晴	晴	晴	阴	晴
2201	36.48	35.81	35.26	35.04	37.59
2152	36.04	35.49	36.21	35.84	35.84
2204	35.48	36.24	34.58	35.24	36.51
2221	34.59	35.21	36.57	37.48	36.24
2132	36.57	35.49	36.24	35.49	35.94
2010	34.68	35.79	36.54	37.81	36.24
测量次数(次)	11	12	13	14	15
日期 孔隙水压力编号	2022.10.13	2022.10.15	2022.10.17	2022.10.19	2022.10.21
天气	晴	晴	晴	晴	晴
2201	36.74	36.26	41.58	44.29	43.27
2152	34.59	35.76	43.26	46.33	45.79
2204	37.64	39.48	46.48	43.27	44.35
2221	35.68	37.81			
2132	36.52	38.65			
2010	35.61	37.53			

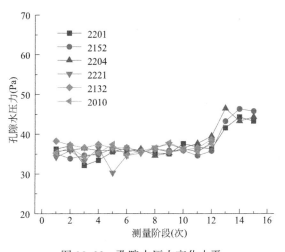

图 12.22 孔隙水压力变化水平

含水率监测结果（％）　　　　　　　　　　表 12.16

测量次数(次)	1	2	3	4	5
含水率计编号 ＼ 日期	2022.9.21	2022.9.22	2022.9.24	2022.9.28	2022.10.2
1	12.4	12.2	12.3	12.6	12.5
4	12.5	12.1	12.1	12.3	12.0
7	11.9	11.9	12.3	12.4	12.4
10	13.6	14.2	14.1	13.8	14.0
13	13.1	13.4	13.2	13.3	13.5
17	12.5	12.3	12.3	12.4	12.1

测量次数(次)	6	7	8	9	10
含水率计编号 ＼ 日期	2022.10.4	2022.10.6	2022.10.8	2022.10.9	2022.10.11
天气	晴	晴	阴	阴	晴
1	11.8	11.4	12.0	12.5	12.4
4	12.2	11.4	11.7	12.5	12.3
7	12.3	12.4	12.5	12.6	12.0
10	11.9	12.0	12.3	12.7	11.8
13	11.8	12.3	12.0	12.5	11.7
17	12.3	12.2	12.4	12.8	12.1

测量次数(次)	11	12			
含水率计编号 ＼ 日期	2022.10.13	2022.10.15			
天气	晴	晴			
1	12.1	11.8			
4	11.4	11.9			
7	12.0	12.2			
10	12.2	12.3			
13	12.1	12.1			
17	12.3	12.3			

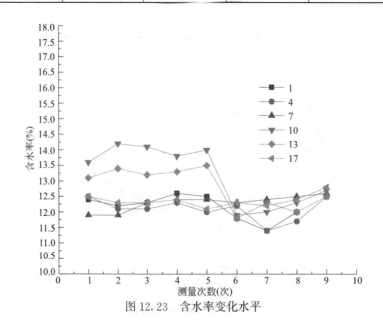

图 12.23　含水率变化水平

路基沉降监测结果（cm）　　表 12.17

日期 ＼ 测点	A_3	A_2	A_1
2022.9.25	0.3	0.3	0.4
2022.10.1	0.3	0.2	0.2
2022.10.4	0.3	0.1	0.2
2022.10.6	0.1	0.1	0.1
2022.10.8	0	0.1	0.1
2022.10.9	0.1	0	0.1
2022.10.11	0	0	0
2022.10.13	0	0	0.1

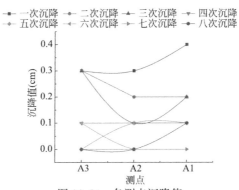

图 12.24　各测点沉降值

（2）配合比二（水泥∶磷石膏∶红黏土＝5∶47.5∶47.5，不掺 OTS-02）

土压力监测结果（Pa）　　表 12.18

测量次数（次）	1	2	3	4	5
土压力计编号 ＼ 日期	2022.9.21	2022.9.22	2022.9.24	2022.9.28	2022.10.2
2227	362.52	383.74	374.56	382.51	378.23
2004	344.65	331.28	327.74	335.29	340.29
2137	364.58	376.51	382.47	376.25	383.48
2153	374.62	382.56	364.91	394.28	384.06
2087	391.26	384.57	368.16	379.51	388.49
2097	364.58	379.41	352.64	384.21	391.26

测量次数（次）	6	7	8	9	10
土压力计编号 ＼ 日期	2022.10.4	2022.10.6	2022.10.8	2022.10.9	2022.10.11
天气	晴	晴	阴	阴	晴
2227	378.24	381.26	392.47	384.26	385.37
2004	365.27	362.14	358.49	367.25	362.48
2137	374.24	381.52	388.35	385.24	369.54
2153	389.25	394.26	401.51	392.71	412.25
2087	382.59	398.62	410.52	394.27	395.61
2097	395.34	421.35	416.28	394.52	431.26

测量次数（次）	11	12		
日期 土压力计编号	2022.10.13	2022.10.15		
天气	晴	晴		
2227	394.58	386.57		
2004	373.64	384.21		
2137	394.37	384.65		
2153	406.75	401.58		
2087	415.32	408.62		
2097	416.34	407.59		

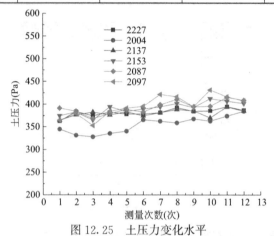

图 12.25 土压力变化水平

孔隙水压力监测结果（Pa） 　　　　　　　　　　　　　　表 12.19

测量次数（次）	1	2	3	4	5
日期 孔隙水压力计编号	2022.9.21	2022.9.22	2022.9.24	2022.9.28	2022.10.2
2140	42.12	40.24	44.58	46.35	45.37
2016	42.56	44.35	46.24	45.14	44.81
2119	48.69	45.27	47.21	46.82	49.35
2114	45.26	47.14	46.35	44.28	47.51
2066	45.36	47.15	46.25	45.31	48.24
2129	46.25	45.31	42.59	47.35	46.28
测量次数（次）	6	7	8	9	10
日期 孔隙水压力计编号	2022.10.4	2022.10.6	2022.10.8	2022.10.9	2022.10.11
天气	晴	晴	阴	阴	晴
2140	47.32	45.28	46.51	44.29	48.34
2016	41.27	44.52	43.59	46.24	43.26
2119	46.31	47.22	48.36	45.21	48.57
2114	45.21	47.46	48.55	46.53	47.97
2066	48.86	46.27	47.61	49.51	49.25
2129	46.25	48.69	47.31	49.26	46.25

续表

测量次数（次）	11	12	13	14	15
孔隙水压力计编号 ＼ 日期	2022.10.13	2022.10.15	2022.10.17	2022.10.19	2022.10.21
天气	晴	晴	晴	晴	晴
2140	47.56	46.85			
2016	45.31	46.57	54.18	53.64	53.64
2119	46.55	48.27			
2114	48.67	49.33			
2066	48.61	47.61	52.34	54.36	53.16
2129	49.27	48.65			

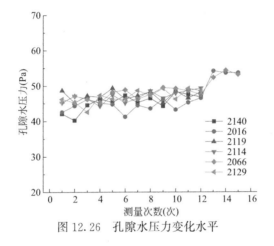

图 12.26　孔隙水压力变化水平

含水率监测结果（%）　　　　　　　　　　　　　　　　　表 12.20

测量次数（次）	1	2	3	4	5
含水率计编号 ＼ 日期	2022.9.21	2022.9.22	2022.9.24	2022.9.28	2022.10.2
2	13.3	13.6	13.5	14.2	13.9
5	13.2	13.5	13.1	13.6	13.2
8	12.3	12.6	12.3	12.8	12.4
11	13.8	13.8	13.2	13.5	13.4
14	13.3	13.5	13.4	13.3	13.6
17	12.2	12.2	12.2	12.4	12.1
测量次数（次）	6	7	8	9	10
含水率计编号 ＼ 日期	2022.10.4	2022.10.6	2022.10.8	2022.10.9	2022.10.11
天气	晴	晴	阴	阴	晴
2	12.4	12.2	12.6	12.5	12.5
5	12.3	12.3	12.4	12.3	12.1
8	12.4	12.1	12.1	12.3	12.0
11	12.5	12.0	12.3	12.3	12.2
14	12.8	12.6	12.6	12.5	12.5
17	12.3	12.4	12.4	12.7	12.2

续表

测量次数（次）	11	12			
日期 含水率计编号	2022.10.13	2022.10.15			
天气	晴	晴			
2	12.3	12.3			
5	12.4	12.2			
8	12.3	11.9			
11	12.2	12.3			
14	12.7	12.4			
17	12.5	12.3			

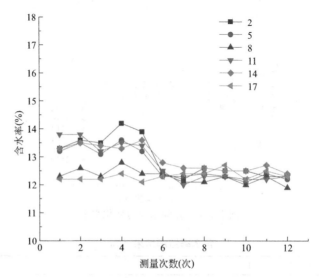

图 12.27　含水率变化水平

路基沉降监测结果（cm）　　　　　　　　　　表 12.21

测点 日期	B₃	B₂	B₁
2022.9.25	0.3	0.3	0.4
2022.10.1	0.3	0.2	0.3
2022.10.4	0.1	0.1	0.2
2022.10.6	0	0.1	0.1
2022.10.8	0	0.1	0.1
2022.10.9	0	0.1	0
2022.10.11	0	0.1	0
2022.10.13	0	0	0

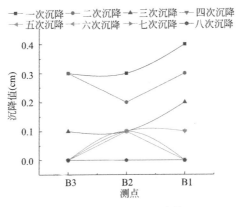

图 12.28　各测点沉降值

（3）配合比三（石灰∶磷石膏∶红黏土＝8∶46∶46，OTS-02 10％）

土压力监测结果（Pa）　　　　　　　　　　　　　　　　　　表 12.22

测量次数（次）	1	2	3	4	5
日期 土压力计编号	2022.9.21	2022.9.22	2022.9.24	2022.9.28	2022.10.2
2216	456.21	423.47	462.87	445.83	456.94
2200	465.32	456.14	458.28	467.36	459.15
2197	482.37	476.49	492.35	476.58	486.95
2009	486.28	473.95	492.62	477.31	481.25
2162	487.24	472.36	495.31	486.35	479.21
2049	475.36	482.68	492.31	472.32	482.16
测量次数（次）	6	7	8	9	10
日期 土压力计编号	2022.10.4	2022.10.6	2022.10.8	2022.10.9	2022.10.11
天气	晴	晴	晴	阴	晴
2216	478.59	486.87	482.28	487.31	486.58
2200	468.27	478.36	456.25	465.38	479.78
2197	479.26	483.54	468.69	475.38	476.27
2009	497.51	492.37	487.34	491.81	486.34
2162	486.54	482.37	489.27	493.55	476.84
2049	481.47	496.35	500.44	496.37	468.97
测量次数（次）	11	12	13	14	15
日期 土压力计编号	2022.10.13	2022.10.15	2022.10.17	2022.10.19	2022.10.21
天气	晴	晴	晴	晴	晴
2216	496.32	503.46	533.84	526.37	526.37
2200	497.26	476.24	523.48	513.79	518.65
2197	486.51	493.27			
2009	502.34	492.87			
2162	493.57	485.37			
2049	512.37	496.49			

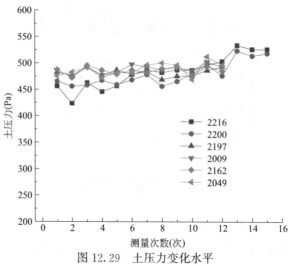

图 12.29 土压力变化水平

孔隙水压力监测结果（Pa） 表 12.23

测量次数（次）	1	2	3	4	5
日期 孔隙水压力计编号	2022.9.21	2022.9.22	2022.9.24	2022.9.28	2022.10.2
2047	46.15	48.74	45.28	49.33	47.61
2218	47.24	48.36	48.05	47.27	48.62
2178	52.38	55.27	56.34	58.66	59.17
2176	48.26	49.31	47.36	47.95	48.26
2121	48.68	50.62	49.34	48.62	49.62
2226	49.21	48.36	47.33	46.85	48.52
测量次数（次）	6	7	8	9	10
日期 孔隙水压力计编号	2022.10.4	2022.10.6	2022.10.8	2022.10.9	2022.10.11
天气	晴	晴	晴	阴	晴
2047	47.61	49.21	48.51	47.59	48.62
2218	48.21	48.68	49.27	50.24	49.76
2178	49.24	51.61	49.24	48.67	48.57
2176	47.31	49.54	51.35	48.26	46.57
2121	47.25	51.24	50.27	51.34	48.65
2226	49.33	48.36	52.26	50.49	47.54
测量次数（次）	11	12			
日期 孔隙水压力计编号	2022.10.13	2022.10.15			
天气	晴	晴			
2047	51.24	49.57			
2218	52.31	48.62			
2178	5027	51.49			
2176	48.67	50.73			
2121	49.82	51.64			
2226	46.37	49.53			

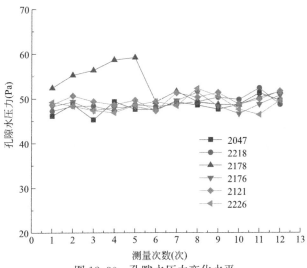

图 12.30 孔隙水压力变化水平

含水率监测结果 （%） 表 12.24

测量次数(次)	1	2	3	4	5
日期 含水率计编号	2022.9.21	2022.9.22	2022.9.24	2022.9.28	2022.10.2
3	14.7	15.2	14.9	15.3	15.5
6	14.8	15.2	15.0	15.2	15.3
9	15.4	15.2	15.5	15.2	15.6
12	15.6	15.4	15.0	15.5	15.4
15	15.4	15.4	15.9	15.6	15.7
18	15.5	15.7	14.1	14.3	14.5
测量次数(次)	6	7	8	9	10
日期 含水率计编号	2022.10.4	2022.10.6	2022.10.8	2022.10.9	2022.10.11
天气	晴	晴	晴	阴	晴
3	15.4	15.7	15.2	15.4	15.1
6	15.2	15.0	15.4	15.7	15.3
9	15.3	15.7	15.4	15.4	15.7
12	15.3	15.5	15.2	15.6	14.8
15	15.1	15.1	15.4	15.2	15.3
18	15.2	15.4	15.4	15.5	15.5
测量次数(次)	11	12			
日期 含水率计编号	2022.10.13	2022.10.15			
天气	晴	晴			
3	15.4	15.4			
6	15.5	15.2			
9	15.5	15.5			
12	15.1	15.2			
15	15.2	15.6			
18	15.2	15.1			

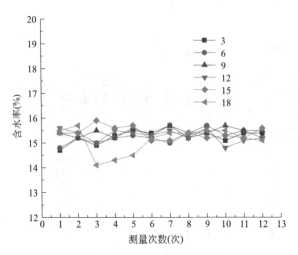

图 12.31　含水率变化水平

路基沉降监测结果（cm）　　　　　　　　　　　　　　　　表 12.25

日期 \ 测点	A_3	A_2	A_1
2022.9.25	0.3	0.3	0.4
2022.10.1	0.3	0.1	0.2
2022.10.4	0.1	0.1	0.2
2022.10.6	0.1	0	0.1
2022.10.8	0	0.1	0.1
2022.10.9	0	0.1	0
2022.10.11	0	0.1	0
2022.10.13	0	0	0

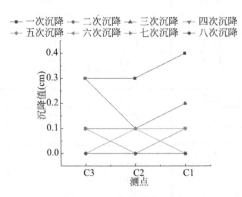

图 12.32　各测点沉降值

4. 结果分析

根据测量结果，配合比一的平均土压力为 363.41Pa，平均孔隙水压力为 36.86Pa，含水率平均值为 12.94%，根据修正系数 1.64，得到实际含水率为 21.64%，最佳含水率为 23.53%，测量值与最佳含水率误差为 1.89%，总沉降值为 1.03cm。配合比二平均土

图 12.33　埋设元件试验段

压力为 373.57Pa，平均孔隙水压力为 46.72Pa，含水率平均值为 13.31%，根据修正系数 1.64，得到实际含水率为 21.67%，最佳含水率为 20.45%，测量值与最佳含水率误差为 1.22%，总沉降值为 0.93cm。配合比三平均土压力为 478.52Pa，平均孔隙水压力为 50.21Pa，总沉降值为 0.83cm。配合比一、配合比二、配合比三的土压力、孔隙水压力依次增大，说明密实度在不断增大，而沉降值依次减小，沉降值越小，路基越好，配合比一表面出现雨水冲刷的痕迹，配合比二、配合比三表面无明显变化。因此，配合比三最好，配合比二次之，配合比一最差。

12.8　磷石膏稳定土路基数值模拟

1. 概述

红黏土用作路基填料时，由于路基形式、红黏土物理力学特性、路基尺寸等因素，在交通荷载和干湿循环作用下，红黏土路基动力响应问题十分复杂，容易导致路基开裂、失稳和崩塌等工程灾害发生，尤其是路基的沉降变形现象尤为突出。显然，在工程实践中，直接将水泥磷石膏稳定红黏土用作路基填料时，需要面临很大的风险。因此，为保证水泥/石灰磷石膏稳定红黏土试验路基在后续运营过程中能够满足设计要求，可利用数值模拟软件提前研判，以解决此问题。

以项目即将开展的试验路为模拟对象，采用 ABAQUS 软件模拟水泥/石灰磷石膏稳定红黏土路基应力应变情况。ABAQUS 拥有丰富的单元库和与之相对应的各种类型的材料模型库，利用其可模拟任意的实际形状。同时，ABAQUS 还具备岩土力学分析功能，能够得到非常直观的效果。

2. 数值计算理论基础

（1）静力分析理论

水泥磷石膏稳定红黏土视为弹塑性体。根据弹塑性理论，总应变分为弹性应变和塑性应变两部分，可用下式表示：

$$d\varepsilon_{ij} = d\varepsilon^e + d\varepsilon^p \tag{12.1}$$

式中，$d\varepsilon^e$ 表示弹性应变；$d\varepsilon^p$ 表示塑性应变。对于弹性应变 $d\varepsilon^e$，可采用广义胡克定律计算得到，广义胡克定律如下式所示：

$$\varepsilon_x = \frac{1}{E}\left[\sigma_x - \nu(\sigma_y + \sigma_z)\right] \tag{12.2}$$

$$\varepsilon_y = \frac{1}{E}\left[\sigma_y - \nu(\sigma_x + \sigma_z)\right] \tag{12.3}$$

$$\varepsilon_z = \frac{1}{E}\left[\sigma_z - \nu(\sigma_x + \sigma_y)\right] \tag{12.4}$$

对于塑性应变 $d\varepsilon^P$，需要用塑性增量理论计算，塑性增量与屈服准则、屈服面、流动规则、硬化定律、弹塑性模量矩阵有关。弹塑性的本构关系：

$$d\sigma_{ij} = D_{ijkl}^{ep} d\varepsilon_{kl} \tag{12.5}$$

式中，D_{ijkl}^{ep} 表示塑性张量。在描述水泥磷石膏稳定红黏土混合料变形时，将材料的本构模型设置为摩尔-库仑本构模型，破坏函数为：

$$F(p,q,\theta_\sigma) = q - \frac{3c\cos\psi + 3p\sin\psi}{\sqrt{3}\cos\theta_\sigma + \sin\theta\sin\psi} \tag{12.6}$$

式中：q——球应力；

p——广义剪应力；

θ_σ——Load 角（$-\pi/6 \leqslant \theta_\sigma \leqslant \pi/6$）。

且 $\theta_\sigma = -\pi/6$ 时对应的三轴压缩状态，当 $\theta_\sigma = \pi/6$ 时对应的是三轴拉伸状态。传统的摩尔-库仑本构模型的屈服面，在主应力空间上为不等角的六边棱柱体，在 π 平面上为等边不等角的六边形，在子午面（p-q）上为拉压不等的两条直线，如图 12.34 所示。

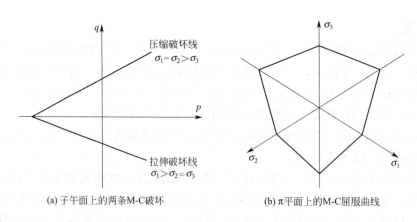

(a) 子午面上的两条M-C破坏　　　　(b) π平面上的M-C屈服曲线

图 12.34　摩尔-库仑（M-C）破坏面

（2）动力分析理论

汽车荷载对于公路路基填料的振动具有周期性、随埋深衰减性等特征，利用ABAQUS 中的时程分析动力模型进行分析。

时程分析（Time History Analysis）是对结构物的运动微分方程直接进行逐步积分求解的一种动力分析方法。由时程分析可得到各质点随时间变化的位移、速度和加速度动力反应，并进而可计算出构件内力的时程变化关系。ABAQUS 的时程分析（Time History

Analysis）中采用动力平衡方程。

3. 计算模型与条件

（1）计算模型

计算采用三维模型（图 12.35），根据试验路施工参数，模型几何尺寸如图 12.36 所示。

图 12.35　模型整体概貌

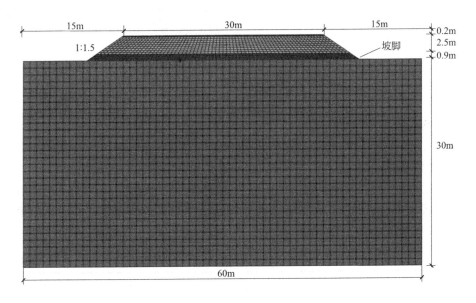

图 12.36　模型具体尺寸

试验路位于一级公路标段，设计速度 100km/h，采用双向六车道，根据《公路工程技术标准》JTG B01—2014 设置模型路面宽 30m。由于实际工程中路堤高度低于 20m，根据《公路路基设计规范》JTG D30—2015 设置路堤坡度为 1∶1.5，计算得到路堤底部宽度为 40.8m，设置地基宽度为 60m。考虑到车辆荷载对岩石地基影响范围较小，地基厚度取 30m。路基长度沿道路方向取 6m（即曲线几何波长）。根据实际工况，该模型由 4 种材料组成，从上往下依次为是 0.2m 厚的沥青面层、2.5m 厚的碎石稳定土层、0.9m 厚的水泥/石灰磷石膏稳定红黏土层和 30m 厚的岩石地基。为使模型计算准确、迅速，地基网格尺寸为 1m×1m×1m，划分网格数量为 9000 个；水泥磷石膏稳定红黏土层网格尺寸为 0.5m×0.5m×0.5m，划分网格数量为 2340 个；碎石稳定土层网格尺寸为 0.5m× 0.5m×0.5m，划分网格数量为 6120 个；沥青面层网格尺寸为 0.2m×0.2m×0.2m，划分网格数量为 7550 个。

（2）边界条件

岩石地基底部采用固定约束，由于岩石的弹性模量远大于上部筑路材料的弹性模量，交通荷载对岩石的影响范围较小。因此，只在岩石地基两侧施加支承约束即可（图 12.37）。

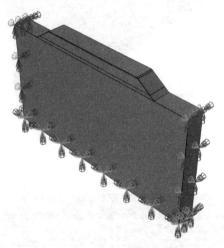

图 12.37　边界条件

（3）材料参数

为了对比分析干湿循环前后水泥/石灰磷石膏稳定红黏土强度劣化对路基沉降变形的影响，其他材料参数都取固定值，只改变水泥磷石膏稳定红黏土混合料的材料参数。为了使模拟结果准确性较高，本书对干湿循环下水泥磷石膏稳定红黏土混合料开展了静三轴试验，得到了经历不同干湿循环次数后水泥磷石膏稳定红黏土的黏聚力和内摩擦角变化规律。试验结果见表 12.26～表 12.29。

水泥磷石膏稳定红黏土路基材料参数　　　　　　　表 12.26

路基填料	弹模 (kN/m^2)	泊松比	黏聚力 (kN/m^2)	内摩擦角 (°)
沥青路面	50000	0.3	84	34
碎石稳定土	45000	0.3	25	34
水泥磷石膏稳定红黏土	38000	0.3	181	18
岩石地基	500000	0.2	200	35

干湿循环后水泥磷石膏稳定红黏土参数　　表 12.27

干湿循环次数(次)	弹模 (kN/m²)	泊松比	黏聚力 (kN/m²)	内摩擦角 (°)
1	35000	0.3	158	17
2	32000	0.3	138	17
3	30000	0.3	103	16
4	27000	0.3	87	15
5	25000	0.3	65	15

石灰磷石膏稳定红黏土 (C∶P∶T=8∶46∶46) 路基材料参数　　表 12.28

路基填料	厚度(m)	泊松比	弹性模量(MPa)	密度(kg/m³)
沥青混凝土路面层	0.20	0.25	1000	2250
级配碎石基层	2.50	0.25	400	2050
C∶P∶T=8∶46∶46	0.90	0.30	180	1500
天然地基	30	0.35	40	1460

干湿循环石灰磷石膏稳定红黏土黏聚力与内摩擦角　　表 12.29

干湿循环次数(次)	黏聚力(kPa)	内摩擦角(°)
0	177.29	26.56
1	114.07	25.78
2	85.40	25.35
3	63.21	25.24
4	47.25	24.76
5	39.37	24.27

(4) 加载方式

由于试验路为一级公路，依据《公路工程技术标准》JTG B01—2014，路面荷载采用公路-I级车道荷载，均布荷载标准值为 $10.5kN/m^2$，而且为满布；根据《公路工程技术标准》JTG B01—2014 表 7.0.4 规定，车轮荷载横向间距取 2m，前轮重力标准值为 30kN，前轮着地面积为 $0.3×0.2=0.06m^2$，得到前轮施加荷载为 30/($0.06×2$)＝250kPa。同理可得，中轮施加荷载为 500kPa，后轮施加荷载为 583.34kPa。由于公路在运营过程中会同时承受由前轮、中轮和后轮向下传递的车辆荷载，因此在数值模拟过程中，仅采用前轮荷载和后轮载荷加载都会导致公路所受应力结果偏小或偏大。鉴于此，本书以中轮荷载为动荷载幅值。动荷载波形采用正弦波，动荷载表达式如下：

$$P_d = P_{dmax} \cdot \sin(\omega t) \tag{12.7}$$

$$\omega = \frac{2\pi v}{L} \tag{12.8}$$

式中，P_d 为动荷载；P_{dmax} 为动荷载最大幅值，大小为 500kPa；ω 为振动圆频率；v 是行车速度；L 是几何曲线波长 (6m)。

由于试验路位于一级公路标段，设计速度 $v=100km/h$，根据式（12.8）可得，振动圆频率 $\omega=9.26\pi$。行车荷载采用带状分布荷载模拟，加载方式如图 12.38 所示。

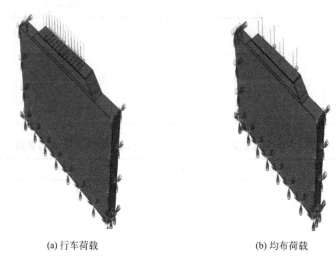

(a) 行车荷载　　　　　　　　　　　　　(b) 均布荷载

图 12.38　荷载加载方式

4. 模拟结果分析

（1）水泥磷石膏稳定土路基沉降特性

从图 12.39 可以看出，一方面，随着深度增加，沉降量逐渐降低；另一方面，随着干湿循环次数增加，路堤中心最大沉降量由 7.709mm 增加到了 7.977mm，总的增加了 0.268mm，增加量并不大，导致这一现象的主要原因是水泥磷石膏稳定红黏土混合料经历多次干湿循环后抗剪强度降低，弹性模量减小，车辆荷载对路基的影响范围进一步加深。然而，经历 5 次干湿循环后，总的沉降量增加值不超过 1mm，这是因为上部沥青的弹性模量、碎石稳定土层弹性模量较大，碎石稳定层达到 2.5m，而水泥磷石膏稳定红黏土层仅有 0.9m，干湿循环对混合料的强度劣化作用降低，说明干湿循环作用下水泥磷石膏稳定红黏土用作路基填料是可行的。

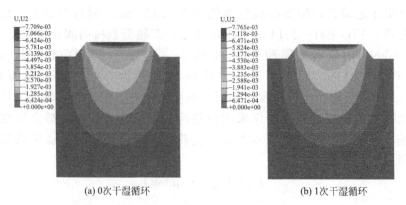

(a) 0次干湿循环　　　　　　　　　　　(b) 1次干湿循环

图 12.39　不同干湿循环次数下路基沉降云图（一）

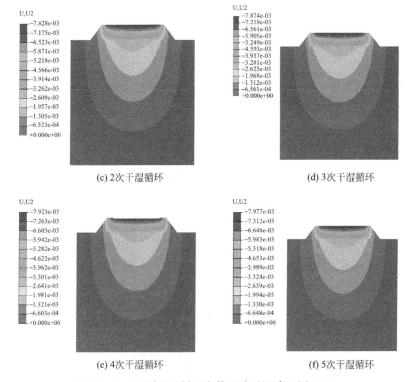

图 12.39　不同干湿循环次数下路基沉降云图（二）

（2）石灰磷石膏稳定土路基沉降特性

图 12.40、图 12.41 表明，随着干湿循环次数的增加，路基最大沉降量不断增大。随着深度加深，沉降量逐渐变小，深度在 5m 以内沉降量减速快；深度大于 5m 后，沉降量减速较慢，且同一深度，沉降量随着干湿循环次数的增加而增加。经过 5 次干湿循环后，最大沉降量为 9.23cm，根据《公路路基设计规范》JTG D30—2015，公路路基变形不大于 30cm，因此此次模拟符合要求。根据第 6 章现场试验路的检测结果，路基最大沉降值为 8.3cm，未经干湿循环时，数值模拟沉降值为 7.5cm，相差 0.7cm，与实际情况相符。

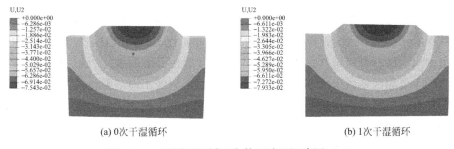

图 12.40　不同干湿循环次数下路基沉降图（一）

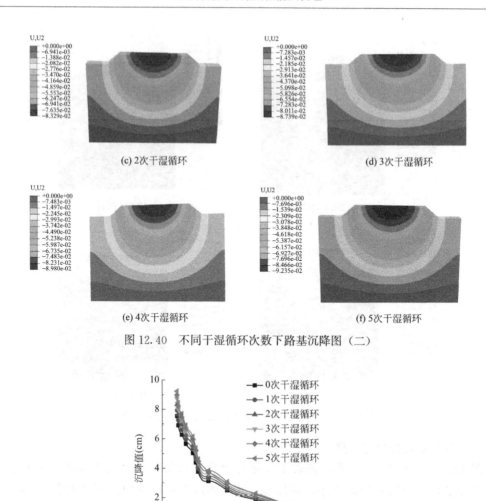

(c) 2次干湿循环   (d) 3次干湿循环

(e) 4次干湿循环   (f) 5次干湿循环

图 12.40   不同干湿循环次数下路基沉降图 （二）

图 12.41   沉降量与深度关系

（3）水泥磷石膏稳定土竖向应力

从图 12.42 可知，随着循环次数增加，路基中心处最大竖向应力逐渐减小，当干湿循环次数从 0 次增加到 5 次时，路基中心处最大竖向应力从 72.43kPa 降至 71.55kPa。另外可以看出，水泥磷石膏稳定红黏土混合料与地基接触部分会产生应力集中现象，导致这一现象发生的主要原因是由于地基上部材料的弹性模量远低于地基弹性模量。当干湿循环次数增加时，上部材料弹性模量降低，相同荷载条件下产生的动应变增大，而地基部分的弹性模量并未发生变化，导致地基上部应力集中。

（4）石灰磷石膏稳定土竖向应力

图 12.43 表明，路基剪应力随着深度的增加呈减小趋势，经过前两次干湿循环，路基最大剪应力与没有经过干湿循环的一致；经过 3 次干湿循环后，剪应力缓慢增大，但变化不大。因此，干湿循环作用对路基剪应力影响非常小。

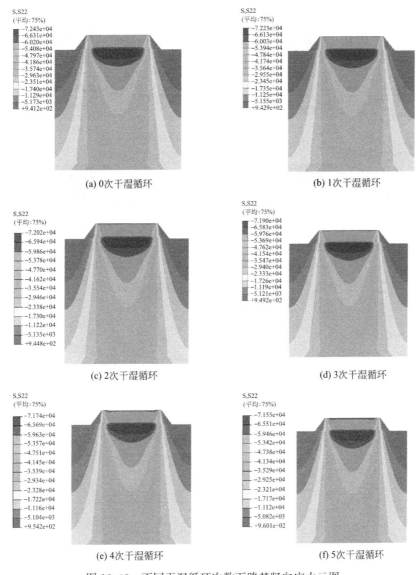

(a) 0次干湿循环　　　　　(b) 1次干湿循环

(c) 2次干湿循环　　　　　(d) 3次干湿循环

(e) 4次干湿循环　　　　　(f) 5次干湿循环

图 12.42　不同干湿循环次数下路基竖向应力云图

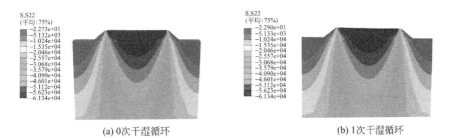

(a) 0次干湿循环　　　　　(b) 1次干湿循环

图 12.43　不同干湿循环次数下路基剪应力（一）

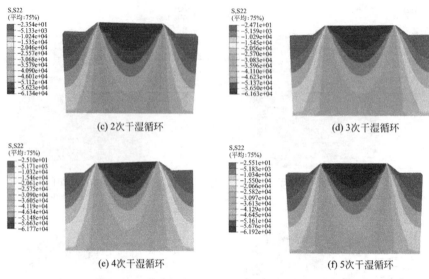

(c) 2次干湿循环   (d) 3次干湿循环

(e) 4次干湿循环   (f) 5次干湿循环

图 12.43 不同干湿循环次数下路基剪应力（二）

参考文献

[1] 贵州省质量技术监督局，贵州省红黏土和高液限土路基设计与施工技术规范：DB 52/T 1041—2015 [S]．

[2] 谭罗荣，孔令伟．某类红黏土的基本特性与微观结构模型 [J]．岩土工程学报，2001，23（4）：458-462.

[3] 赵颖文，孔令伟，郭爱国，等．广西原状红黏土力学性状与水敏性特征 [J]．岩土力学，2003，24（4）：568-572.

[4] 刘前明．贵州红黏土工程地质特征探讨 [J]．中国煤田地质，2002，14（2）：48-49+56.

[5] 吴立坚，卞晓琳，马昱红．贵州特殊土填方路基设计与施工 [M]．北京：人民交通出版社，2015.

[6] 廖若博，徐晓燕，纪罗军，等．我国磷石膏资源化应用的现状及前景 [J]．硫酸工业，2012（3）：1-7.

[7] WANG J N. Utilization effects and environmental risks of phosphogypsum in agriculture：A review [J]．Journal of Cleaner Production，2020，276.

[8] REIJNDERS L. Cleaner phosphogypsum，coal combustion ashes and waste incineration ashes for application in building materials：A review [J]．Building and Environment，2005，42（2）．

[9] 叶学东．2019 年我国磷石膏利用现状及形势分析 [J]．磷肥与复肥，2020，35（7）：1-3.

[10] 白海丹．我国磷石膏综合利用形势及对策建议 [J]．磷肥与复肥，2020，35（12）：1-3.

[11] 李纯，薛鹏丽，张文静，等．我国磷石膏处置现状及绿色发展对策 [J]．化工环保，2021，41（1）：102-106.

[12] 郭彪，李亚军，王云，等．机制砂及生石灰改良红黏土试验研究 [J]．公路交通科技（应用技术版），2016，12（9）：90-92.

[13] 刘之葵，郭彤，王剑．粉煤灰和二灰对桂林红黏土力学性质的影响 [J]．水文地质工程地质，2017，44（3）：86-92.

[14] 颜椿钊，张雁，郭利勇．废弃轮胎橡胶颗粒改良红黏土强度试验研究 [J]．内蒙古农业大学学报（自然科学版），2015，36（4）：114-117.

[15] 肖桂元，龙建云，钟倩丽，等．水泥外加剂对红黏土强度的影响 [J]．桂林理工大学学报，2016，36（2）：260-263.

[16] 李家成．纳米石墨粉对红黏土力学与渗透性质的影响 [D]．桂林：桂林理工大学，2017.

[17] 万友元，彭学先．玻璃纤维和石灰对红黏土压缩特性影响的试验研究 [J]．公路工程，2017，42（4）：281-284+293.

[18] 陈学军，胡舒伟，黄耀意，等．纳米碳酸钙影响下红黏土强度特性试验研究 [J]．工程地质学报，2017，25（5）：1293-1298.

[19] 王海湘，张金团，于冬升，等．废弃混凝土颗粒改良红黏土的击实与抗压性能试验研究 [J]．吉林建筑大学学报，2017，34（2）：33-38.

[20] 唐庆黔，凌天清，董满生．工业废料磷石膏在路基路面工程中的应用 [J]．山东交通学院学报，2002，10（2）：49-52.

[21]　沈卫国，周明凯，吴少鹏，等．水泥粉煤灰稳定粒料基层的研究［J］．粉煤灰综合利用，2003（2）：34-36.

[22]　沈卫国，周明凯，余崇峻，等．磷石膏改性二灰路面基层材料的性能研究［J］．武汉理工大学学报，2003，25（10）：34-38.

[23]　黄新，周国钧．水泥加固土硬化机理初探［J］．岩土工程学报，1994，16（1）：62-68.

[24]　黄新，周国钧．工业废石膏在地基加固中的应用［J］．工业建筑，1994（9）：24-28.

[25]　黄新，胡同安．工业废石膏与水泥配合加固软土地基［J］．建筑技术，2001，32（3）：161-163.

[26]　黄新，胡同安．水泥-废石膏加固软土的试验研究［J］．岩土工程学报，1998，20（5）：75-79.

[27]　徐雪源．磷石膏及其混合料的工程特性研究［D］．南京：河海大学，2005.

[28]　徐雪源，朱建航，于小军，等．磷石膏-粉煤灰-石灰-黏土混合料的膨胀量试验研究［J］．公路交通科技（应用技术版），2008，47（11）：85-87.

[29]　徐雪源，朱建航，荀勇．正交法在磷石膏-粉煤灰-石灰-黏土混合料配合比设计中的应用［J］．公路交通科技（应用技术版），2008，4（12）：78-80.

[30]　徐雪源，徐玉中，陈桂松，等．工业废料磷石膏的工程特性试验研究［J］．岩石力学与工程学报，2004，23（12）：2096-2099.

[31]　HUANG Y，LIN Z S．Investigation on phosphogypsum-steel slag-granulated blast-furnace slag-limestone cement［J］．Construction & Building Materials，2010，24（7）：1296-1301.

[32]　MOHAMMAD M，SMADI，et al．Potential use of phosphogypsum in concrete［J］．Cement and Concrete Research，1999，29（9）：1419-1425.

[33]　TOVAZHNYANSKY L L，MESHALKIN V P，KAPUSTENKO P O，et al．Energy efficiency of complex technologies of phosphogypsum conversion［J］．Theoretical Foundations of Chemical Engineering，2013，47（3）：225-230.

[34]　REIJNDERS L．Cleaner phosphogypsum，coal combustion ashes and waste incineration ashes for application in building materials A review［J］．Building & Environment，2007，42（2）：1036-1042.

[35]　MOTZ H，GEISELER J．Produets of steel slags an opportunity to save natural resources［J］．Waste Manement，2001，21（2）：285-293.

[36]　DUTTA R K，KHATRIB V N，PANWARA V．Strength characteristics of fly ash stabilized with-lime and modified with phosphogypsum［J］．Journal of Building Engineering，14（2017）：32-40.

[37]　AHMED KI．Effect of gypsum on the hydro-mechanical characteristics of partially saturated sandy soil［D］．Cardiff School of Engineering，UK：Cardiff University，2013.

[38]　李丽华，肖衡林，唐辉明，等．轮胎颗粒混合土动力特性参数影响规律试验研究［J］．岩土力学，2014，35（2）：359-364＋422.

[39]　何奇宝．EPS颗粒混合轻质土（LCEC）与黏土动力特性的对比试验研究［D］．南京：河海大学，2007.

[40]　李庆冰．橡胶水泥土动力特性的试验研究［D］．沈阳：沈阳建筑大学，2011.

[41]　尚守平，岁小溪，周志锦，等．橡胶颗粒-砂混合物动剪切模量的试验研究［J］．岩土力学，2010，31（2）：377-381.

[42]　刘方成，陈璐，王海东．橡胶砂动剪模量和阻尼比循环单剪试验研究［J］．岩土力学，2016，37（7）：1903-1913.

[43]　王能．青海玉树机场路震后边坡土体动力特性研究［D］．成都：西南交通大学．2015.

[44]　刘启旺，杨玉生，刘小生，等．考虑原位结构效应确定深厚覆盖层土体的动力变形特性参数［J］．水利学报，2015，46（9）：1047-1054.

[45]　贺建清．石灰改良土路基填料的动力特性及应用研究［D］．长沙：中南大学，2005.

[46] 李章锋，曹新文，王春雷．磷石膏改良土作路基填料可行性试验研究 [J]．路基工程，2008，140 (5)：157-158.

[47] 李章锋．磷石膏改良土用作路基及基层填料的试验研究 [D]．成都：西南交通大学，2007.

[48] 董满生，凌天清，徐基立．磷石膏对半刚性基层材料的作用机理 [J]．中国公路学报，2002 (2)：14-18.

[49] 董满生，凌天清．磷石膏基层室内试验研究 [J]．重庆交通学院学报，2001 (4)：69-72＋91.

[50] 克高果，夏正求，罗辉，等．煅烧磷石膏改性磷石膏废料的路用性能 [J]．土木工程与管理学报，2018，35 (4)：58-64.

[51] 冯巧云．电石渣-磷石膏改良膨胀土的 CBR 试验研究及机理分析 [J]．中国水运（下半月），2018，18 (12)：219-220.

[52] 李志清．碱磷渣胶凝材料的研究 [D]．南京：河海大学，2006.

[53] 王云，张静波，吴万平，等．云南蒙自地区改良红黏土击实与收缩特性分析 [J]．工程勘察，2016，44 (8)：24-28.

[54] 叶琼瑶，陶海燕．高液限红黏土的改良试验研究 [J]．公路，2007 (1)：148-151.

[55] 张宏，何灵灵．内蒙古地区改良红黏土击实与收缩特性研究 [J]．河北工业大学学报，2021，50 (4)：78-86.

[56] 曹豪荣，李新明，樊友杰，等．考虑干湿循环路径的石灰改性红黏土路用性能试验研究 [J]．岩土力学，2012，33 (9)：2619-2624.

[57] 刘磊，董薇，李秉宜．消石灰改良红黏土室内试验研究 [J]．人民珠江，2017，38 (3)：25-28.

[58] 唐朝生，崔玉军，TANG A M，等．膨胀土收缩开裂过程及其温度效应 [J]．岩土工程学报，2012，34 (12)：2181-2187.

[59] BAER J U，KENT T F，ANDERSON S H. Image Analysis and Fractal Geometry to Characterize Soil Desiccation Cracks [J]．Geoderma，2009，154 (1)．

[60] PRESTON S，GRIFFITHS B S，YOUNG I M. An Investigation Into Sources of Soil Crack Heterogeneity Using Fractal Geometry [J]．European Journal of Soil Science，1997，48 (1)．doi：10. 1111/j. 1365-2389. 1997. tb00182. x.

[61] VOGEL H J，HOFFMANN H，ROTH K. Studies of Crack Dynamics in Clay Soil. I. Experimental Methods，Results and Morphological Quantification [J]．Geoderma，2005，125 (3-4)：203-211.

[62] TIWARI A，SINGH S P，ROUT S. Quantification of Surface Cracks and Surface Shrinkage Using Image Analysis Technique [C]．2015.

[63] 王继宇．电石渣对磷石膏的性能影响及机理研究 [D]．济南：济南大学，2020.

[64] 马玉莹，黄重阳，丁庆荣，等．片碱-磷石膏对电石渣-粉煤灰体系活化和微观结构的影响 [J]．建材世界，2013，34 (5)：13-14＋28.

[65] 梁少欢，卢玉东，潘网生，等．基于 SEM 的贵州黔南红黏土微观结构研究 [J]．水电能源科学，2020，38 (2)：151-154.

[66] 刘志华，杨久俊，陈兵．磷石膏粉煤灰改性生土材料试验研究 [J]．粉煤灰综合利用，2016 (1)：3-6＋11.

[67] 中华人民共和国交通运输部．公路路面基层施工技术细则：JTG/T F20—2015 [S]．北京：人民交通出版社，2015.

[68] 彭波，尚文勇，赵宏伟，等．磷石膏综合稳定土力学性能及合理掺量研究 [J]．新型建筑材料，2020，47 (8)：86-90.

[69] 陶松．工业废渣磷石膏用作道路填料的性能研究 [D]．武汉：武汉工业学院，2012.

[70] 陈阳．废石膏气泡土静动力学特性试验研究 [D]．沈阳：沈阳建筑大学，2019.

[71] 王丙杰，贺诚，崔东. 石膏＋水泥联合改良软黏土的水稳定性研究 [J]. 中外公路，2020，40 (6)：286-290.

[72] 孙家瑛. 废石膏改性二灰碎石基层的设计与施工工艺 [J]. 中外公路，2004 (5)：85-87.

[73] 胡文华，刘超群，刘中启，等. 水泥或石灰改良红黏土的力学强度特性试验研究 [J]. 路基工程，2017 (5)：11-14＋19.

[74] 张英富，童红明，沈卫国，等. 废石膏粉煤灰石灰结合料的研究 [J]. 建材世界，2009，30 (5)：45-47＋59.

[75] 杨和平，李宏泉. 石灰改良处治高液限土的路用特性试验研究 [J]. 公路工程，2013，38 (4)：227-229＋268.

[76] 徐雪源，徐玉中，陈桂松，等. 磷石膏-粉煤灰-石灰-黏土混合料的干缩试验研究 [J]. 中南公路工程，2006 (4)：113-114＋119.

[77] 徐雪源，徐玉中，陈桂松，等. 工业废料磷石膏的工程特性试验研究 [J]. 岩石力学与工程学报，2004 (12)：2096-2099.

[78] 中华人民共和国交通运输部. 公路工程无机结合料稳定材料试验规程：JTG E51—2009 [S]. 北京：人民交通出版社，2009.

[79] 中华人民共和国交通运输部. 公路路基设计规范：JTG D30—2015 [S]. 北京：人民交通出版社，2015.

[80] 吴立坚，钟发林，吴昌兴，等. 高液限土的路用特性研究 [J]. 岩土工程学报，2003，25 (2)：193-195.

[81] 李晓军，张登良. 路基填土单轴受压细观结构 CT 监测分析 [J]. 岩土工程学报，2000，22 (2)：205-209.

[82] 马晓文，梁庆国，赵涛，周稳弟. 土动力学研究综述及思考 [J]. 世界地震工程，2021，37 (4)：217-230.

[83] HARDIN B O，DRNEVICH V P. Shear modulus and damping in soils：measurement and parameter effects [J]. Jour. of the Smf Div. proc. asce，1972，98 (6)：603-624.

[84] MARTIN P P，SEED H B. One-dimensional dynamic ground response analyses [J]. Journal of the Geotechnical Engineering Division，1982，108 (7)：935-952.

[85] JR L，MACARI E J，MAYNE P W，et al. Dynamic Properties of Piedmont Residual Soils [J]. Journal of Geotechnical Engineering，1998，122 (10)：813-821.

[86] ZHANG J，ANDRUS R D，JUANG C H. Normalized Shear Modulus and Material Damping Ratio Relationships [J]. Journal of Geotechnical & Geoenvironmental Engineering，2005，131 (4)：453-464.

[87] 陈国兴，刘雪珠. 南京及邻近地区新近沉积土的动剪切模量和阻尼比的试验研究 [J]. 岩石力学与工程学报，2004 (8)：1403-1410.

[88] 中华人民共和国国家质量监督检验检疫总局. 工业硅酸钠：GB/T 4209—2008 [S]. 北京：中国标准出版社，2008.

[89] 耿乾. 磷石膏焙烧改性、硫酸钙晶须制备及应用 [D]. 绵阳：西南科技大学，2020.

[90] 黄雨，周子舟，柏炯，等. 石膏添加剂对水泥土搅拌法加固软土地基效果影响的微观试验分析 [J]. 岩土工程学报，2010，32 (8)：1179-1183.

[91] 施斌，姜洪涛. 黏性土的微观结构分析技术研究 [J]. 岩石力学与工程学报，2001 (6)：864-870.

[92] 卢震. 公路工程压实红黏土回弹模量试验研究 [D]. 贵州：贵州大学，2016.

[93] 许士钊，查甫生，潘东冬. 水泥-碱渣加固软土试验研究 [J]. 山西建筑，2019，45 (16)：

44-46.

[94] 许士钊. 水泥-碱渣加固软土的试验研究 [D]. 合肥：合肥工业大学，2019.

[95] 钱觉时，余金城，孙化强，等. 钙矾石的形成与作用 [J]. 硅酸盐学报，2017，45（11）：1569-1581.

[96] 王露，刘数华. 钙矾石相的研究综述 [J]. 混凝土，2013（8）：83-86.

[97] BIZZOZERO J，GOSSELIN C，SCRIVENER K L. Expansion mechanisms in calcium aluminate and sulfoaluminate systems with calcium sulfate [J]. Cement and Concrete Research，2014，56（2）：190-202.

[98] 张庆. 固化疏浚淤泥-磷石膏混合土工程性质及膨胀特性研究 [D]. 昆明：昆明理工大学，2013.

[99] 张晓乔. 磷石膏基路面基层材料的组成设计与性能研究 [D]. 武汉：武汉理工大学，2016.

[100] 王岩. 酸性环境下红黏土工程特性变化规律及化学作用机制研究 [D]. 成都：西南交通大学，2020.

[101] 范秋雁. 膨胀岩与工程 [M]. 北京：科学出版社，2008.

[102] 章李坚. 膨胀土膨胀性与收缩性的对比试验研究 [D]. 成都：西南交通大学，2014.